比较

COMPARATIVE STUDIES

总第124辑

2023年第1辑

吴敬琏 主编

中信出版集团 | 北京

比较

COMPARATIVE STUDIES

主管 中信集团

主办 中信出版集团股份有限公司

出版 中信出版集团股份有限公司

主编 吴敬琏

副主编 肖梦 吴素萍

编辑部主任 孟凡玲

编辑 马媛媛 栗源

封面设计 李晓军 / **美编** 杨爱华

发行总监 周广宇

独家代理：财新传媒有限公司

电话：（8610）85905000 传真：（8610）85905288

广告热线：（8610）85905088 85905099 传真：（8610）85905101

电邮：ad@caixin.com

邮发代号：16-1509

订阅及客服热线：400-696-0110 传真：（8610）85905190

订阅电邮：circ@caixin.com 客服电邮：service@caixin.com

地址：北京市朝阳区工体北路 8 号院三里屯 SOHO 6 号楼 5 层 （**邮编**：100027）

目 录
Contents

I

新时代中国财政体系改革和未来展望

楼继伟

新时代（New Era）在中国的语境中是指从 2012 年 11 月中共十八大开始的时期。2013 年十八届三中全会通过的《中共中央关于全面深化改革若干重大问题的决定》（以下简称《决定》），规划了直到 2020 年的重大改革任务和实施路线图，财税体制改革列入其中，规划已基本按期完成。但改革只有进行时，没有完成时，财税改革的任务仍旧很重。

《决定》有专节论述财政改革，第一句话就是："财政是国家治理的基础和重要支柱，科学的财税体制是优化资源配置、维护市场统一、促进社会公平、实现国家长治久安的制度保障。"第一次从国家治理的高度定义了财政的基础和重要支柱作用，并提出各方面的具体任务："必须完善立法、明确事权、改革税制、稳定税负、透明预算、提高效率，建立现代财政制度，发挥中央和地方两个积极性。"下面我结合这些具体任务，向大家介绍新时代中国财政体系改革。

一、关于"完善立法"

1995 年第一部《中华人民共和国预算法》（以下简称《预算法》）实施生效，在规范预算管理、深化分税制改革等方面发挥了重要作用，是 1994 年财

＊ 本文根据作者 2023 年 1 月 11 日在新加坡国立大学东亚研究所年会上的演讲整理而成。

税体制改革的重要成果。当时改革的重点是税制和分税制，主要是初步建立起适应市场经济的税收体系和中央—地方财税关系，预算管理体制不是重点。为增强预算编制和执行的完整性和科学性，20 世纪 90 年代末以来持续推出部门预算、政府收支分类、预算公开、国库集中收付、政府采购、预算绩效管理、取消政府预算外资金等一系列重大的公共预算管理改革。

2015 年第二部《预算法》生效，从七十九条扩充为一百零一条。新版《预算法》系统总结了公共预算管理改革的成果，用法律的形式确定下来，对预算内容的完整性、预算编制的科学性、预算执行的规范性、预算监督的严肃性和预算活动的公开性等重要问题做了严格的规定，并加强了立法部门对预算的审查和监督。

新版《预算法》第一条规定："为了规范政府收支行为，强化预算约束，加强对预算的管理和监督，建立健全全面规范、公开透明的预算制度，保障经济社会的健康发展，根据宪法，制定本法。"第二条规定："预算、决算的编制、审查、批准、监督，以及预算的执行和调整，依照本法规定执行。"

通过预算改革建立了复式预算制度，预算包括一般公共预算、政府性基金预算、国有资本经营预算、社会保险基金预算。《预算法》确认了这项制度，并规定相互之间的平衡关系。还要求"政府的全部收入和支出都应当纳入预算"，加强了预算的完整性。经过持续不断的改革，2011 年已将预算外资金全部取消，这一条规定相当于画上了句号。

新版《预算法》还明确规定了预算编制的时间起点、预算报送审查的时间节点、预算审查通过后下达执行的时间点、各级总预算和部门预算向社会公开的时间，以及预算执行中需要做出调整时的审查程序，从而提高了预算编制和执行的效率，加强了立法机构对预算的审查监督和预算透明度。

按照《决定》要求，新版《预算法》将"审核预算的重点由平衡状态、赤字规模向支出预算和政策拓展"，规定了支出预算的刚性约束，政府的各项财政支出需按批复的预算执行，并将收入预算由任务性转为预期性。收入预算为任务性时，预算收入征收部门常常采取提前征收或者免征、缓征的办法，保证按时足额完成收入任务。新版《预算法》规定"各级政府不得向预算收入征收部门和单位下达收入指标"，预算收入征收部门"必须依照法律、行政法规的规定，及时、足额征收应征的预算收入。不得违反法律、行政法规规定，多征、提前征收或者减征、免征、缓征应征的预算收入"。以往任务性收入预算具有计划经济特征，还产生了"顺周期"机制，改为预期性收入预算是转为市场经济的必然要求。

新版《预算法》还对与中央和地方财政预算赤字相关的发债做出了规定。1995 年版《预算法》规定中央地方预算都不得有赤字，同时又规定中央和地方财政按一定程序可以发债，这显然是不合理的。实际上此法生效后，中央预算每年都有赤字，也都报全国人大审议批准了。1998 年为了应对亚洲金融危机冲击，实行扩张性财政政策，增加了中央和地方预算赤字。在此之后每年上报全国人大的预算案，除列出中央赤字外，还列出地方赤字及全国赤字，都获得了批准。这也说明，1995 年版《预算法》已落后于实际。新版《预算法》规定，中央财政、地方财政都可列赤字，分别通过发行国债和地方一般债券筹资，终于弥补了这一缺陷。地方预算赤字，只能对应公益性资本支出部分资金的不足，这是"黄金法则"，即不能用于经常性支出，因为不能让后代受益。中央财政赤字没有这一限制，中央财政需要安排大量的经常性支出，对地方进行转移支付。

根据全国人大授权，国务院在全国人大批准的总额度内，向各地方分配专项债额度。各地方可以在额度内发行专项债券，用于有一定收益的公益性项目投资，项目收益不足的，以对应的政府性基金或专项收入偿还。专项债券融资资金不必列入地方一般预算赤字，类似于美国地方政府的"市政债"。

总之，2015 年对《预算法》的修订，体现了十八届三中全会的要求，在法律层面保证了预算的完整性、科学性、公开性，加强了立法机构对预算管理的全面监督。

二、关于"明确事权"

《决定》提出："建立事权和支出责任相适应的制度。适度加强中央事权和支出责任，国防、外交、国家安全、关系全国统一市场规则和管理等作为中央事权；部分社会保障、跨区域重大项目建设维护等作为中央和地方共同事权，逐步理顺事权关系；区域性公共服务作为地方事权。中央和地方按照事权划分相应承担和分担支出责任。"这段表述十分经典，完全符合财政学、经济学的基本逻辑。其中"事权"是中国财政专门用语，特指各级政府的职责（function）。

十年来按照上述要求在经济社会安全各领域做了大量工作，在金融监管、环保监察、司法管辖、内贸流通、优抚安置、外交、外援、海域海岛管理等各方面明确了中央和地方的事权与支出责任。此外，还配套出台了一些改革举措，比如设立最高法院巡回法庭，实施环保监察省以下垂直管理、环境监测全覆盖和环境督察制度，整合海警队伍，建立国家公园体制等，实施效果明显，成为全面深化改革中的亮点。

这项改革最大的难点是，长期以来从中央到地方都行使类似的功能，"上下一般粗"，由中央通过文件和指示，要求地方贯彻执行，部门机关化。建立事权和支出责任相适应的制度，常常出现一些属于中央事权的事务仍交由地方对口机构管理，中央财政通过专项转移支付承担支出责任，仍旧是部门机关化而不是实体化。

在这些方面有的采取一步到位的改革措施，例如统一由海警部队实施近海管理，不再由各部门、各地方分散管理。有的采取过渡性措施，例如最高法院巡回法庭，由于中国各级法院由同级立法机构管辖，司法地方化，在处理跨区域法律纠纷时会出现司法不公。设立巡回法庭，有利于提高跨区域司法公正性，但巡回法庭是最高法院的派出机构而非独立的巡回法院，履职权受限。

目前规模最大的中央和地方事权和支出责任划分事项是企业职工基本养老保险体系。按照《决定》要求，"关系全国统一市场规则和管理等作为中央事权"。企业职工社会养老保险，关乎劳动力的跨区域流动，应作为中央事权并由中央政府统一管理。包括全国统收统支，所有地区统一缴费率，并由国家税务总局统一征缴，所有地区统一退休金替代率，由国家单一机构统一发放。这样的社会养老保险体系具有可携带性，劳动力流动是顺畅开放的，退休人员选择养老之地是无障碍的。各市场经济国家社会养老保险的行政管理体制大同小异，都由中央政府统一管理。

中国的分级管理体系在可比国家中是唯一的，高度层级碎片化，中央做政策指导，各地方分散管理，从由市县管理为基础，再过渡到省级管理。各个地方缴费、给付的办法和标准是不同的，社会养老保险跨地区接续难，妨碍劳动力流动。从2018年起向中央统一管理逐步过渡。

一是从2018年开始，通过中央调剂金方式，以省为单位向全国统一管理过渡，应缴费基数乘以国家统一规定的企业缴费率再乘以调剂金比例，按3.5%起步，每年递增0.5%。全国调剂金再按各地应发放退休金的缺口给予返还，这一做法是公平的，2020年名义规模超过7 000亿元，净转移超过1 700亿元，弥补了人口流出地区的养老金缺口，也有利于过渡到全国统支、统管。

二是从 2019 年起，社会保险缴费全部由国家税务总局统一核征，不再采取社保管理部门核定、地方税务部门征收的方式，加强了制度的统一性，实现了社会养老金国家统收。

企业职工基本养老保险制度，最终过渡到中央统一管理还有很长的路要走。在其他领域"明确事权"，也有不少难点，就不再一一列举。

国家治理体系在中央和地方事权和支出责任划分上的缺陷，在财政上综合表现为中央本级支出占比过低，2018 年约为 12%，而成熟市场经济国家普遍在 50% 以上，OECD（经济合作与发展组织）国家平均约为 61%；在中央公务员占比上表现为比例过低，剔除军人及涉及国家安全部门人员等不可比因素，中央公务员仅占全国公务员总数的 6%，如果计入公立学校教工则更有国际可比性，我国仅为 4%（2011 年），OECD 国家平均值为 41.41%。

三、关于"改革税制、稳定税负"

我国目前的税制框架是 1994 年全面综合配套改革时确立的，新时代以来做了一定程度的改进。

一是改进了增值税。1994 年设计增值税时，经济正处于过热状态，为抑制投资采用了生产型增值税，既未将不动产、设备纳入征税范围，也未采用期末留抵退税制度，如果存在期末留抵则转为下期作为进项继续抵扣。当时为了简化操作，确保成功，仅将商品生产、批发、零售纳入增值税范围。其他劳务和服务仍征收营业税并作为地方税。这些做法符合当时的经济场景，但降低了增值税的中性化程度。

2016 年将增值税改为消费型，并将营业税改为增值税。但更加缺乏适合于地方税的税种，只好将增值税改为中央和地方五五分的共享税，增值税改为消费型后，不动产、设备纳入抵扣范围，期末留抵大量增加，应当及时留抵退税，但很难操作。目前暂时的做法是中央财政负担 82% 的留抵退税。

二是改进了个人所得税。在 1994 年之前，只对外籍人士征收个人所得税，对居民征收个人收入调节税，其中对国有企业职工还加征奖金税，对个体工商户征收个体工商业所得税。1994 年税制改革统一为个人所得税，按 11 个分类征收，不设专项扣除项，改革迈出了重要一步。当时没有采用综合所得税的条件，不同所有制的企业职工实行不同的体制，国有企业改革还没有起步，税收征管能力也比较弱，分类征收有利于适应不同的体制，税收征管也相对简单。

《决定》提出，"逐步建立综合与分类相结合的个人所得税制"。按照这一方向，新时代以来逐步推行改革。2018年全国人大常委会对《中华人民共和国个人所得税法》做了第七次修订，在次年实施，建立了综合与分类相结合的个人所得税制。

对部分劳动性所得实行综合征税，设立了六项专项附加扣除项目。将基本减除费用标准从每月3 500元提高到5 000元。实际上在增加专项附加扣除项目后，基本减除费用标准应当有所下降，至少维持不变。综合所得，适用于3%~45%的累进税率。

对各项分类所得规定了不同的税率，对存款利息免征，对股息收入实行20%的比例税，对资本利得不征税。这使得个人所得税的累进性很低，例如80%的银行存款由10%的人持有，富人获得的资本利得也更多。现行个人所得税的累进性质更多体现在收入较高的工薪阶层上。这次修法后个人所得税的纳税人占城镇就业人员的比例由44%下降至15%。在财政收入中个人所得税占比较低，仅占全部税收的8%左右，占全部财政收入的5%左右。OECD国家都在20%以上，发展中国家一般也超过10%。

三是《决定》还提出，"完善地方税体系，逐步提高直接税比重"。按照这项要求应当建立房地产税。十八届三中全会做出决定后很快就启动了房地产税立法工作，立法由全国人大预算工作委员会牵头，财政部、国家税务总局予以配合。立法工作的难点有很多，最大的难点是房地产如何估值。一般来说应以完全产权、交易不受限的住宅为估值基准。而现实中大量的住房产权不完整、交易受限。解决的办法是以基准估值为基础做适当的打折，但问题十分复杂。还有其他诸多难点，导致该税法探索了多年仍未正式成法。2021年10月全国人大常委会授权国务院在部分地区开展房地产税改革试点，可以说是带着问题探索。考虑到目前的经济状况，财政部对外宣布2022年内不具备扩大房地产税改革试点城市的条件，当然是实事求是的。

四是《决定》要求"稳定税负"。多年来不少市场人士认为我国宏观税负偏高。按财政部口径统计宏观税负在28%~29%，低于可比国家的平均水平。其中最大的差异是国有土地出让收入应如何计算。记得2000年前后IMF（国际货币基金组织）同财政部交流时，认为我国宏观税负低于25%，明显偏低。财政部认为应当考虑国有土地出让收入，而IMF认为这是国有资产从实物形态转为现金形态。经过沟通双方达成共识，国有土地出让收入中要扣除征地、拆迁、补偿、基础市政建设等一级开发费用，将净收入列为政府可比财政收入。当时净收入占比约为60%，现在仅约占30%。按这样的口径计算，2019年全国税费收入加上扣除财政补贴后的社会保险基金净收入，再加上国有土地出让金净收入，形成国家财政总收入，占GDP的比重略超过28%。

近三年来由于各种不利因素冲击，经济增长低于预期，采取大力度减税降费刺激政策，宏观税负有所下降。在经济转为正常增长后，要采取措施稳定住宏观税负、保持适度的财力，有利于促进地区之间发展平衡、基本公共服务均等化和收入再分配。

总之，进入新时代以来的十年间，公共财政体制按照《决定》要求，巩固和发展前期改革的成果，并进行了广泛的渐进式改革，初步建立了现代财政制度。当然还遗留了不少需要进一步改革的问题。

四、未来展望

探讨财政体系的未来发展需要问题导向，并提出可行的选择方案。第一，建立适合作为地方税的税种；第二，化解和抑制地方隐性发债；第三，真正建立事权和支出责任相适应的制度。

第一，房地产税是最适合作为地方税的税种，在经济转为正常增长后应尽快开展试点。产权不完整、交易受限的确是房地产税立法的最大难点。主要的难点在于城镇与农村实行不同的土地制度。城镇土地为全民所有，国家有用途管制规划，包括容积率规范，城镇企业和居民有权在国家规范之下自主按市场价格转让房地产，包括所关联的土地使用权，相应的房地产估值比较简单。农村土地为集体所有，农民对宅基地有使用权，但权利转让受限，只能在所在集体内部无偿转让，可以规定对农民住房不征房地产税。但农村集体土地没有用途管制规划，对宅基地和集体建设用地没有容积率规范。相当多的宅基地上大量建造住房并转租或转卖出去，形成非法的"小产权房"。这些"小产权房"如何估值的确是难题。在试点中可以结合土地制度改革开展探索。最终解决这一难题还需破解城乡土地二元制度架构。

还可以将部分品目消费税征收环节后移，转为零售环节征收，相应地由中央税改为地方税。

地方税体系建立起来之后，可以考虑将增值税改为中央税。增值税在产品和服务的生产、流通、消费各环节实行跨区域普遍征收，各国都将它作为中央税，这有利于建立全国统一市场和制度性地推行期末留抵退税，增值税纳税企业真正成为税负传递者，最终传递到消费者，相应地可以进一步改进增值税税率设置，降低增值税的累退性。如果地方税仍旧不足，可以借鉴日本消费税（实为增值税）的做法，将部分增值税收入按各地零售总额占比分配给地方。

企业所得税和个人所得税可以继续作为中央地方共享税种。当然这两个税种本身仍有改进的空间。

第二，有效遏制地方政府隐性债务增量，积极化解存量，是今后一个时期必须解决的重大问题。根据财政部数据，截至 2020 年底，中国政府债务为 46.55 万亿元，负债率为 45.8%。其中，中央政府债务余额 20.89 万亿元，地方政府债务余额 25.66 万亿元，均控制在全国人大批准的限额之内。地方政府隐性债务余额数据没有官方统计，市场方估计在 30 万亿~50 万亿元。

《预算法》规范了地方政府发债，并规定除此之外，"地方政府及其所属部门不得以任何方式举借债务"，"地方政府及其所属部门不得为任何单位和个人的债务以任何方式提供担保"。地方隐性债务通常由地方融资平台公司，即各地"城投公司"举借。这些公司并不是政府部门，地方政府也没有提供担保。但出借方常常抱有"城投信仰"，认为当地政府不会让融资平台公司破产。地方政府也常常抱有"救助信仰"，认为中央政府不会让地方财政破产，最终会出手救助。结果政府隐性债务越滚越大，通常发行"高息刚兑"结构性固定收益产品。近年来由于不断加强金融监管，这一类产品已不得发行，而且中央不断表态并发布文件，要求坚决遏制地方隐性债务，清理规范地方融资平台公司，剥离其政府融资职能，对失去清偿能力的要依法实施破产重整或清算。健全市场化、法治化的债务违约处置机制，鼓励债务人、债权人协商处置存量债务。中央文件还明确，财政部也多次表态，中央财政坚决不予救助。在实际工作中确实没有救助，一些隐性债务存量过高的地方，当地采取压缩一般性支出、拍卖国有资产、债务重组等办法化解。今后还应继续坚持这一原则。

有的分析认为造成地方隐性债务存量过多的主要原因是地方承担的事权过多，但财力不足。这种看法并不准确，地方承担的事权确实太多，但通过大规模中央转移支付，地方的财力是足够的。2019 年中央对地方的转移支付为 7.5 万亿元。其中，一般性转移支付预算为 6.68 万亿元，包括共同财政事权转移支付 3.23 万亿元，是最大项。对地方专项转移支付为 7 728 亿元，通常对应中央委托事权支出。地方一般公共预算支出20.37万亿元，中央本级支出仅为3.6万亿元。

更重要的原因是改革开放以来，我国形成了各地方相互竞争尽力保持高增长的制度格局。这有利有弊，在一段时期内确实促成了经济高增长，但也出现有些地方超出财力可能，规避法律约束违规举债大搞基础建设的现象。新时代以来经济转为高质量增长，这种格局已弊大于利。除了有效遏制地方政府隐性债务增量，积极化解存量之外，需要在事权和支出责任划分方面进行根本的改革。

第三，《决定》提出，"建立事权和支出责任相适应的制度"。如果按狭义理解，这项改革任务已基本完成，但出现了大量的中央和地方共同事权和中央委托地方事权事务。刚刚列举的全国一般预算支出的基本情况就说明了这一点。如果按国际惯例，哪一级政府的事权就应该由本级政府负责执行，那么这项改革任务并没有真正完成。

前面已经讲到，设立最高法院巡回法庭，有利于提高跨区域司法公正性，但巡回法庭是最高法院的派出机构，不是独立的巡回法院，不能接受"一审"，只能通过"二审"纠正地方高级法院对跨区域司法案件做出的不公正裁决。但相当多的此类案件在地方中级法院已经二审终结，进一步上诉相当麻烦。如果将"庭"改为"院"，排他性负责跨区域民事和重大刑事案件的一审，接管当地法院不受理的涉嫌行政违法诉讼，这项改革才可以说是真正完成，但这会涉及对宪法的修订。

跨区域销售的食品、药品质量监管应属于中央事权，并设立类似于美国食品药品管理局（FDA）那样的中央直属监管机构负责执行。现在的做法是中央有关部门指导地方对口部门实施管理，相应安排了大量的共同事权转移支付。这种体制的弊端是相当明显的，地方部门更多考虑当地利益，监管松懈，食品、药品质量安全事件时有发生。

这方面的案例还有很多，很难一一列举。在全国财政数据中表现为巨量的共同财政事权及中央委托事权转移支付。如果把这方面的关系理顺，可以明显压缩中央和地方共同事权以及委托事权事务的数量，降低清晰划分中央和地方事权的难度，与之有关的对地方的转移支付就会减少，中央本级支出会增加，中央公务员占比也会增加，地方政府应更专注于地方事权和少量的共同事权事务，有利于充分并科学地发挥中央和地方两个积极性。

事权改革作为推进国家治理体系和治理能力现代化的重要内容，涉及政府与市场、政府与社会、中央与地方关系，涵盖政治、经济、社会、文化和生态文明各个领域，是一项复杂的系统工程。

《决定》提出，"财政是国家治理的基础和重要支柱，科学的财税体制是优化资源配置、维护市场统一、促进社会公平、实现国家长治久安的制度保障"。新时代进一步建立现代财政制度将是一场广泛而深刻的全面改革。

前沿

Guide

Comparative

共有思维模型
关于思想体系和制度的洞见与展望

拉维·罗伊 阿瑟·丹佐

1. 引言

2018 年春天，一群优秀的公共选择经济学家和政治学家在美国犹他州布莱

* Ravi K. Roy，美国南犹他大学政治学副教授，公共事务 W. Edwards Deming 讲席研究员，主要研究共有思维模型；Arthur T. Denzau，现任教于阿曼卡布斯苏丹大学，曾任华盛顿大学圣路易斯分校、克莱门特大学经济学教授，主要研究领域为公共经济学、演化经济学、制度变迁的微观经济理论、技术变迁、法和经济学等，他和诺思于 1994 年撰写了 "Shared Mental Model：Ideologies and Institution" 一文，被引用 3 000 多次。原文 "Shared Mental Models：Insights and Perspectives on Ideologies and Institutions" 发表于 *Kyklos*，Vol. 73，No. 3 (2020 年 8 月)，第 323—340 页。

** 本文的灵感来自 "The Bryce Canyon Society" 会议。与会者有 Arthur T. Denzau、Ronil Hira、Michael C. Munger、Ravi K. Roy、William F. Shughart II 和 Vernon L Smith。在这次专题研讨会上举办了一个论坛以纪念道格拉斯·诺思 (Douglas North) 及其在 "新制度经济学" 领域的奠基性研究，*Kyklos* 杂志刊登了提交给论坛讨论的论文。2018 年的这次 "The Bryce Canyon Society" 会议与 "质量和创新" 春季论坛相关，该论坛每年由 W. Edwards Deming Institute 与南犹他大学联合举办。本文作者感谢 *Kyklos* 杂志及其编辑团队出版了为纪念道格拉斯·诺思的这场共有思维模型特别研讨会的成果。我们也感谢 Reiner Eichenerger、Alois Stutzer 以及 David Stadelmann 的特别支持。同时，感谢 Bruno S. Frey 和 Rene L. Frey，他们同意在 1994 年发表丹佐和诺思的原创论文。

斯峡谷国家公园巍峨的群山中聚会，讨论阿瑟·丹佐和道格拉斯·诺思 1994 年在 *Kyklos* 杂志上发表的文章《共有思维模型：思想体系和制度》（Shared Mental Models：Ideologies and Institutions）。丹佐和诺思的这篇文章被引用了 3 000 多次，在过去 25 年里，该文引发了一场关于思想对人类决策产生影响的跨学科研究热潮。获得 1993 年诺贝尔经济学奖的诺思帮助改变了社会科学的话语体系。正如斯坦福大学政治经济学家玛格丽特·莱维和巴里·温加斯特指出的（Margaret Levi and Barry Weingast, *Washington Post*, 2015），诺思"对经济史的研究以及他关于经济发展的观点，影响了整个社会科学领域的学术争论"，并"站在了经济学和政治经济学四次革命的前沿"，包括"1. 新经济史（NEH）；2. '产权'革命；3. 新制度经济学；4. 认知科学"。

本文旨在反思过去 25 年来我们的研究如何继续推进丹佐和诺思开创的对共有思维模型的研究。我们组织了这次专题研讨会，作为我们持续研究的一部分，本文涵盖三个相关目标。首先，我们重点介绍一些涉及共有思维模型的开创性研究，这些研究在过去 25 年中受到了丹佐和诺思 1994 年那篇文章的启发。其次，我们讨论并反思这一领域的已有研究。最后，我们探讨了一些令人兴奋的方法，以及我们运用这些方法在已有研究的基础上正在开展和计划开展的研究工作。

为什么丹佐和诺思对基于思想的共有思维模型这一方法的研究有助于我们更好地理解经济运行方式？正如政策学者黛博拉·斯通（Deborah Stone，1988）所言："思想是一种交流媒介，是一种比金钱、选票和枪支更强大的影响模式。"斯通接着解释道，"共有意义（shared meaning）激励人们采取行动，将个人努力融入集体行动。"实际上，就像美国商人哈维·费尔斯通（Harvey S. Firestone）曾经指出的："资本在商业中并不那么重要，经验也没有那么重要，这两样东西你都可以得到。重要的是思想。"

2. *Kyklos* 杂志的特别研讨会，以纪念道格拉斯·诺思和他对共有思维模型的开创性研究

在继续论述之前，让我们简要介绍一下本次特别研讨会的作者和专题：

弗农·史密斯（Vernon L. Smith）博士是 2002 年诺贝尔经济学奖获得者，查普曼大学乔治·阿基罗斯（George L. Argyros）金融和经济学讲席

教授。史密斯博士发表了 300 多篇文章和相关书籍，并以在实验经济学方面的开创性研究享誉世界。史密斯的文章题为"行为人采取社会和经济行为思维模型中的因果动机：实验与经济学中的新古典主义转向"。① 史密斯分析了"效用理论在预测可复制的实验结果方面三个意想不到的重要失败"。通过研究，他认为"效用理论过于严格地将行为的起源与其结果价值紧密地联系在一起，从而压制了对行为人产生影响的其他思维模型"（参见 Smith，2020）。

威廉·舒格哈特二世（William F. Shughart II）博士是犹他州立大学费什·史密斯（J. Fish Smith）公共选择讲席教授，也是独立研究所（Independent Institute）研究主任兼高级研究员，曾担任公共选择学会主席（2020—2022 年），出版了 10 本书和 140 多篇同行评审的期刊文章。舒格哈特的文章（与戴安娜·托马斯和迈克尔·托马斯合著）题为"制度变革和理解共有思维模型的重要性"。② 舒格哈特和同事研究了可以应用共有思维模型的各种途径，以帮助启发新的发展理论，这些理论可以反映社会规范的转变，从关注家长制的范式（传统上强调精英级专家的作用）转向更关注基层企业家角色的范式（Shughart et al.，2020）。

迈克尔·芒格（Michael C. Munger）博士是杜克大学政治学和经济学教授，曾担任政治学系主任和公共选择学会主席（1996—1998 年）。芒格的文章题为"共有信念体系、'基本空间'以及理性在评判制度中的受限性"。③ 芒格探讨了"基于人类思维模型的有关制度起源、制度惯性和制度转型的三种观点"。在此过程中，他以这三种观点为背景评估并扩展了丹佐－诺思的思维模型理论（参见 Munger，2020）。

罗尼尔·希拉（Ronil Hira）博士是霍华德大学政治学系副教授。他也在华盛顿经济政策研究所担任助理研究员；因对离岸外包、高技能移民、创新和就业关系的研究而广为人知。希拉出版过关于这一主题的畅销书《外包美国》（Outsourcing America）。他的文章题为"精英与民粹主义

---

① 英文标题为 "Causal versus Consequential Motives in Mental Models of Agent Social and Economic Action：Experiments，and the Neoclassical Diversion in Economics"。

② 英文标题为 "Institutional Change and the Importance of Understanding Shared Mental Models"。

③ 英文标题为 "Shared Belief Systems，The 'Basic Space' and the Constrained Nature of Rationality in Judging Institutions"。

的外包观：冲突中的共有思维模型"。④ 希拉研究共有思维模型如何帮助解释精英和普通人对外包的影响和重要性的看法差异。在研究过程中，希拉还探索了与美国的外包辩论紧密相关的不同的共有思维模型，以及这些模型如何影响决策者的选择（参见 Hira，2020）。

3. 共有思维模型研究项目的思想起源及其持续发展

丹佐和诺思 1994 年在 *Kyklos* 杂志上发表的文章，综合了诺思关于历史制度主义的研究和丹佐对基于实证主义理性选择的经济思想的探索。

20 世纪 80 年代，诺思开始专注于解析为什么人类经常做出看似与直接经验数据"背道而驰"的决策，并以纯粹理性选择视角无法解释的方式行事。例如，一直以来，诺思对苏联领导人和经济政策制定者持续支持中央计划经济模式极感兴趣，这种模式已被证明是失败的，并且始终未能为人民提供最基本的生活保障。与此同时，丹佐与迈克尔·芒格（1984）、罗伯特·麦凯（Robert Mackay，1983，1981，1981，1980）以及肯尼斯·谢普塞尔和威廉·里克（Kenneth Shepsle and William Riker，1985）的合作研究在实证制度分析领域越来越重要。在随后的研究中，丹佐开始质疑许多基于理性选择的普适公理，这些公理支撑着传统的新古典主义经济模型。通过分析，丹佐逐渐认为，可以将主观因素纳入其分析基础从而改进这些模型。丹佐和诺思对思想如何影响人类决策的共同痴迷，促使他们开始就一篇研究制度和思想体系作用的论文展开对话。

当然，丹佐和诺思并不是提出思想在经济分析中具有重要意义的第一人。譬如，被公认为"现代经济学之父"的亚当·斯密首先是一位道德哲学家，也是 18 世纪苏格兰启蒙思想家中研究思想力量的主要先驱之一。他的两部标志性著作《道德情操论》（1759）和《国富论》（1776），都植根于一种哲学信念，即人类是社会生物，通过在自由市场上与他人自愿交换来寻求增进个人的物质利益。亚当·斯密在其著作中概述的开创性思想是自由市场资本主义的思想和道德基础。有趣的是，2002 年诺贝尔经济学奖得主弗农·史密斯（2020）指出，"新古典经济学最突出的是偏离了斯密的《道德情操论》，而这

④ 英文标题为 "Elite vs. Populist Views of Outsourcing: Shared Mental Models in Conflict"。

部作品对于全面有效地理解《国富论》的思想至关重要"。超过一个半世纪后，被公认为宏观经济学之父的约翰·梅纳德·凯恩斯（1936）感叹道："经济学家和政治哲学家的思想，无论对错，都比人们通常理解的更有力量。事实上，统治世界的不是别的什么人。自以为不受任何思想影响的实干家，往往是某位已故经济学家的奴隶。"的确，这一直是一个未得到充分研究的领域。20世纪90年代初，关于思想如何影响经济学的研究开始赢得了特别关注，尤其是新制度经济学派的研究。政治经济学家马克·布莱斯（Mark Blyth，1997）描述的所谓"比较政治经济学的观念转向"得益于众多人的研究。⑤

尽管如此，丹佐和诺思1994年的文章仍然具有开创性意义，因为该文提供了一个逻辑一致的分析框架，帮助我们更好地从理论上分析人类大脑如何处理思想，以及思想如何影响我们看待周围的世界。丹佐和诺思促使我们关注思想是如何得到发展和共享的，进而关注这些动态如何反过来影响我们对物质主体的理解和对人类真实经验的解释。

3.1 共有思维模型对国际发展的影响

丹佐一直是自由市场的坚定支持者，他很清楚并非所有市场都以完全相同的方式和规则运作。20世纪90年代末，丹佐开始探索思想对拉丁美洲和非洲市场化发展政策的因果作用。丹佐认为，世界银行引发争议的有条件贷款计划的某些内容是对市场的误解（有些时候是有悖常理的），需要修改。世界银行的这些计划规定了从私有化和财政紧缩到自由贸易和放松管制以换取金融援助的一系列政策组合，并编纂成一套被称为结构调整计划（SAPs）的微观经济政策策略。这些"条件"可概述为后来被称为"华盛顿共识"的一组"共有思维模型"（Roy、Denzau and Willett，2007）。"华盛顿共识"最初由经济学家约翰·威廉姆森（John Williamson，1990）提出，它描述了一套广泛（但绝非决定性）的市场化目标，主流经济学家认为这些目标将激发经济增长和发展。但是许多结构调整计划偏离了主流的新古典主义的思维模型，强调在经济困难的地区实行严格的固定汇率制度和财政紧缩。因此，越来越多政治上左翼的批评家开始将这些计划与更激进的经济自由主义，即广为人知的"新自由主义"

---

⑤ 这些研究包括 Judith Goldstein and Robert Keohane（1993），Geoffrey Garrett and Barry Weingast（1993），Kathryn Sikkink（1991），Peter Hall（1993），Kurt Jacabsen（1995），Sven Steinmo、Kathleen Thelen and Frank Longstreth（1992），Peter Katzenstein（1996），等。

联系起来。

丹佐和诺思关于共有思维模型的研究为我们提供了一个理论视角，帮助揭示了一个事实：在很多时候，不同领导层接受的资本主义思维模型其实大相径庭。共有思维模型为此提供了重要而又可靠的理论基础，使之有别于对这个主题的已有研究。因此，共有思维模型在发展领域日益引人注目。最值得关注的是，世界银行将《2015 年世界发展报告》（World Bank，2014）的主题确定为"思想、社会和行为"，强调了丹佐和诺思的研究，这一研究旨在说明共有思维模型如何影响国家和非国家行为人追求的与发展相关的投资决策和战略。世界银行在《2015 年世界发展报告》（2014，第 62—63 页）中有如下论述：

> 思维模型包括分类、概念、身份、原型、刻板成见（sterotype）、因果叙事和世界观。如果没有关于世界的思维模型，人们就不可能在日常生活中做出大多数决策。而如果没有共有思维模型，在许多情况下，人们就不可能建立制度，解决集体行动问题，获得归属感和团结感，甚至不可能相互理解……思维模型为我们提供了有关与我们互动的人和我们面临的情况的默认假设。因此，我们可能会忽略违背这些假设的信息，并用思维模型暗示有可能为真的信息自动填补缺失的信息。

借鉴共有思维模型的见解，世界银行（2014，第 62 页）承认，"不同社会的思维模型存在巨大差异，包括对世界'运行'方式的不同看法"。正如著名管理理论家爱德华兹·戴明（W. Edwards Deming）强调的："理解差异是质量和业务方面取得成功的关键。"的确，无法欣赏和理解差异是堂吉诃德式"理性主义"经济理论的主要问题之一。很多时候，经济行为人对世界运行方式做出了错误的假设，与此相关的思维模型也有严重缺陷。致力于发展的行为人如果在工作中带着扭曲的视角，他们往往就会错误地理解对现实环境产生影响的问题、情景和困难。

政治和经济行为人的行为直接依循他们认为能使自身利益最大化和损失最小化的思维模型。信息成本、视野范围有限、事先存在的偏见、范式学习（paradigm learning）和教育培训等因素会制造认知过滤器，影响人类理解其社会内部发生的政治、社会和经济事件的方式。显然，经济行为人在决策过程中采用的风险评估主要根据先前的经验和实证数据。但环境很容易改变，在动荡时期甚至可能发生巨大变化。因此，行为人会不断面临被称为"新奇之事无处不在"的现象，即先前的经验、信息或数据严重受限或难以处理的情况。

戴明（1994，2000）声称，不确定性源于"未知"和"不可知"的变量。因此，这些情况的原因和影响很难操作和量化。对理性行为人的决策产生影响的往往是不确定性，而不是风险。戴明认为，光有数据还不够，因此，"我们（首先）应该以理论为指导，而不是以数据为指导"。但这并不意味着所有理论都同样有效。实际上，我们能否做出合理的经济选择，取决于能否形成合理准确的思维模型。

4. 运用共有思维模型的见解改进"我们"的思维方式

《2015年世界发展报告》（2014）引人注目，它不仅让我们认识到"一刀切"政策模式的问题和局限性，而且向我们明确，"当人们发现结果与预期不符时，可以调整自己的思维模型来改变结果"（第62页）。若果真如此，那么行为人就可以通过学习更好的思维模型并与他人分享，来改善因风险产生的不利条件。经济行为人实现这一目标的方法之一是，"熟悉稳定的社会、政治和经济参数，这些参数同时塑造了他们所处的环境"（Denzau and Roy，2017）。事实上，"我们用来评估世界的思维模型越准确，就越有助于减少不确定性带来的许多成本"（同上）。

4.1 共有思维模型中学习角色的转变

我们在之前的研究⑥中提出，思维模型的学习可以发生在两个不同的层次。第一层次称为"参数学习"，涉及对我们现有的因果信念以及对世界的理解进行常规、渐进或小幅的调整或改进。这种基本的学习模式与所谓的"贝叶斯学习"一致。我们注意到，当新的信息出现时，贝叶斯学习者不太可能从根本上改变他们关于世界如何运行的现有核心信念。相反，贝叶斯学习者倾向于将新信息纳入已有的信念，继而微调思维模型。

我们区分了参数学习与第二层次的学习，即"模型学习"（model learning），它是要打破思维模型及其隐含的核心假设。如果个人或群体的共有信念体系始终无法为正在发生的事件提供合理解释或解决持续存在的问题，那么即便是忠实的信徒也可能被迫重新思考或放弃这些思维模型，寻找替代方案。当学术领

---

⑥ Denzau、North and Roy（2007），Denzau、Minassians and Roy（2016），Denzau and Roy（2017）.

域、专业领域或科学共同体内部有大量人员分享这些经验时，往往会导致范式转变和科学革命。这些主题在托马斯·库恩的《科学革命的结构》、彼得·霍尔的《范式与政策变革》、弗兰克·鲍姆加特纳的《思想与政策变革》和马克·布莱斯的《大变革：20 世纪的经济理念与制度变革》等著作中得到了很好的讨论。[7]

思维模型学习的根本转变可以反映我们现有知识领域的"创新"和"突破"。然而，正如戴明所说，"科学发现不是计划出来的，创新也不是计划出来的"。一旦环境发生了某种根本转变，理解世界运行方式的新思维模型通常就会出现。哪怕是沉重的不幸和可怕的悲剧，也能推动知识的惊人进步，从而提高人类的生产力和创造力。例如，亚历山大·弗莱明博士的一次实验室事故引发了新的研究方向，最终导致抗生素的发现，挽救了数百万人的生命。

我们在 2005 年的"公共选择"会议上提交了一篇论文，其中引入一个框架，通过"囚徒困境"的基本应用，探究共有思维模型的发展、演变和消散，这种"囚徒困境"广泛应用于非合作博弈论中。

在有限静态的囚徒困境博弈中，"传统的"纳什均衡是每个参与者"背离"合作策略，期望避免通常所说的"受骗者"收益（sucker payoff）[8]。这种情况下，一名囚徒保持沉默（合作）并因此承担更重的惩罚，另一名囚徒则坦白从而换取减刑。在涉及两个或多个参与者的传统合作博弈场景中，纳什均衡表明，没有哪个参与者能够通过单方面改变自己的策略来提高收益。该模型还假设每个参与者都知道其他参与者的均衡策略，并且每个参与者都以完全相同的方式和程度理解所有可能的解决方案和结果。但倘若事实并非如此呢？正如本文始终强调的，行为人通常借助认知过滤器和观念透镜来感知其拥有的信息。因此，在现实世界中，行为人拥有的知识往往是不完美、不完备和不对称的。

当行为人对环境有共同的理解时，他们之间就更有可能进行合作。如果行

---

[7] Thomas Kuhn（1962），*The Structure of Scientific Revolutions*；Peter Hall（1993），*Paradigms and Policy Change*；Frank Baumgartner（2013），*Ideas and Policy Change*；Mark Blyth（2002），*Great Transformations：Economic Ideas and Institutional Change in the Twentieth Century*。

[8] 以两个人的囚徒困境博弈为例：若一人认罪并作证检控对方（即"背叛"对方），而对方保持沉默，此人将即时获释，沉默者将被判入狱 10 年；若二人都保持沉默（即互相"合作"），则二人都将被判入狱 1 年；若二人都互相检举（即互相"背叛"），则二人都将被判入狱 8 年。受骗者收益是指在一人背叛、一人合作的情形下，合作者获得的"收益"，即被判入狱 10 年。——编译者注

为人的思维模型基本趋同，他们就能更好地理解他们的共同之处。因此，他们更有可能看到潜在的双赢解决方案。相比之下，当行为人的思维模型差异很大时，他们大概率会以相互排斥、零和的方式感知世界，而不太可能发现他们的共同之处。

根据这一想法，我们构建了一个模型，它使我们可以从理论上分析行为人的思考和相关策略的重点，即从"我"转向"我们"的过程。我们认为，这一转变必然是思维模型的转变，从"主观的"理性解释转为"主体间的"解释或共有理性（shared rationality）。因此，我们不是提出一个纳什均衡概念，而是提出三个：主观纳什均衡（SNE）、主体间纳什均衡（ISNE）和客观纳什均衡（ONE），其中客观纳什均衡是传统博弈论中的纳什均衡。

丹佐、米纳斯和罗伊在2016年由 *Kyklos* 杂志发表的文章中，借鉴了2005年论文概述的从主观纳什均衡转向主体间纳什均衡的想法，帮助我们将"学习路径"运用到戴明关于"系统思维"（systems thinking）的哲学方法中。戴明的哲学体系被称为深度知识系统（SoPK），它植根于如下信念：在某一给定系统中发挥作用的那些功能是相互依存和相互关联的，无论该系统内的参与者是否意识到这一点，都是如此。但是，大多数参与者往往在思维孤岛中单打独斗，这使他们无法了解自己执行的功能如何影响（以及受影响于）同一系统中其他人的活动。戴明称这种情况为"常态"（business as usual）。在他基于系统的"深度知识"理论中，有一个不可或缺的部分，其中包含了四个相互关联的构件：（1）对系统的认识和知识；（2）了解系统内的变化（即变化的"共同原因"与"特殊原因"之间的差异）以及这些变化如何影响绩效和相关进程；（3）熟知理论观点或思维模型，它们支撑着我们关于变化"原因"的信念；（4）心理学，即影响个人行为乃至系统中相互关联行为的因果观点或思维模型。我们在2016年的文章中提出的模型概述了思维模型通过学习从"我"到"我们"的转变，该模型基于均衡与学习的三个概念，如下文所述。⑨

4.2　主观博弈分析

考虑一场主观博弈 G，为简单起见，它只涉及 2 个参与者，分别表示为 1

⑨　下文的正式模型由 Denzau、Minassians and Roy（2016）首次提出。

和 2。每个参与者 i 都有一个策略集 S_i，包含可用的策略，并选择其中一个策略，即 $s_i \in S_i$，同时选择博弈的一种思维模型 M_i（s_1，s_2），使策略向量 s 对应于收益向量。为了给主观博弈一个全面的定义，我们还需要把客观收益函数 $\prod$（s_1，s_2）对应于参与者在每次博弈中获得的实际收益。综上，我们得出：

$$G = \{ (1, 2), (S_1, S_2), (M_1, M_2), \Pi (S) \}$$

这个博弈具有客观纳什均衡，使得每个参与者都会对另一个参与者的选择做出最优反应。即存在一个策略向量 s^o，使得对于每个参与者比如 1（对 2 也一样），以及所有策略选择 $t \varepsilon S_1$，都有：

$$\Pi_1 (s^o) \geqslant \Pi_1 (t_1, s_2^o)$$

现在我们把主观因素纳入分析。主观纳什均衡就是指对参与博弈的每个参与者来说，他的思维模型告知他自己正在博弈。也就是说，存在一个策略向量 s^o，使得对于每个参与者比如 1（对 2 也一样），以及所有策略选择 $t_1 \varepsilon S_1$，都有：

$$M_{11} (s^o) \geqslant M_{11} (t_1, s_2^o)$$

其中第二个下标表示参与者的收益。

请注意，主观纳什均衡与基于客观收益函数 $\prod$（.）的客观纳什均衡相关，但未必相同。

4.3 主观纳什均衡与客观纳什均衡的关系

如果两个参与者都有关于世界的正确模型，这就是标准博弈论，而主观纳什均衡就是客观纳什均衡。

直觉上看，主观纳什均衡和客观纳什均衡似乎是相关的，但未必相同。当我们分析经验式学习（experiential learning）时，唯一的限制是，每个参与者在主观模型中的收益必须与客观模型中的相同，但仅限于真正实现（譬如沿着均衡路径）的结果。这基本上是说，参与者从未经历过的非均衡结果不受客观模型的信息所限。显然，如果每个参与者都拥有客观真实的博弈模型，也就是说，如果对于每个参与者 $i \varepsilon I$，都有：

$$M_1 = \Pi_i,$$

则主观纳什均衡 = 客观纳什均衡。

当参与者的思维模型不正确时，这就不再适用了。假设双方的思维模型都是错误的。这足以产生一个不是客观纳什均衡的主观纳什均衡。假设参与者 R

和 C 在进行带有上下或左右两种策略选项的博弈。这一博弈的客观纳什均衡框架如表 1 所示。这是一个对称协调博弈，其中客观纳什均衡为｛上，左｝。

表1

	左	右
上	**5，5**	3，2
下	3，3	2，2

不过，我们假设每个参与都有其不正确的博弈模型，如表 2 所示。

表2

参与者 R		
	左	右
上	3，3	−1，4
下	4，−1	**2，2**

参与者 C		
	左	右
上	**1，1**	−1，−1
下	−1，−1	**2，2**

参与者 R 认为他在玩囚徒困境博弈，他的占优策略是"下"。参与者 C 认为，这是一个协调博弈，有两个纳什均衡｛上，左｝和｛下，右｝。C 相信 R 也是这么认为的，因此预期 R 选择"下"，自己则选择"右"。这就导致了主观纳什均衡｛下，右｝。

在这个主观纳什均衡中，双方得到了他们期望的收益｛2，2｝，而且根据他们关于博弈的思维模型，每个人都认为对方做出了正确的选择。因此，双方没有任何激励去改变其行为，除非有某些训练引导他们建立关于博弈的思维模型。

如果学习只是经验式的，那么任何参与者都没有理由在主观纳什均衡下（或者说沿着均衡路径）学习。每个人都选择了自认为是对对方选择做出的最佳回应，最终的收益也正如他们的预期。只有非均衡博弈或训练式学习（training learning）才能打破主观纳什均衡。

4.4　主体间纳什均衡

参与者关于博弈的思维模型可能并不客观真实。此外，在主观纳什均衡和客观纳什均衡之间还有其他可能性。如果参与者的思维模型相同，就会出现中间情况，我们称之为主体间纳什均衡。这就是博弈的主观纳什均衡，其中 $M_1 = M_2$。前面的例子表明主观纳什均衡既未必是客观纳什均衡，也未必是主体间纳什均衡。但是，所有主体间纳什均衡必然是主观纳什均衡。

同样，所有客观纳什均衡也是主体间纳什均衡，但并不是每个主体间纳什均衡都是客观纳什均衡。客观纳什均衡是一个策略对，任何参与者都不能单方面提高客观收益。在参与者相信客观真实模型的客观纳什均衡中，主观纳什均衡就是主体间纳什均衡（因为他们相信同一个真实的模型）。

综上所述，我们得出如下结论：任何客观纳什均衡都是主体间纳什均衡，任何主体间纳什均衡都是主观纳什均衡。这可以重新表述为：

$$客观纳什均衡 \subset 主体间纳什均衡 \subset 主观纳什均衡$$

但是，如上所示，反向子集未必成立。

4.5　主观纳什均衡下的学习

鉴于参与者关于博弈的思维模型也许并不客观真实，我们假设参与者只能通过两种方式获得关于客观博弈的信息。首先，事后收到的实际收益可能不是事前预期的收益：

对于参与者 1，$\Pi_1(s) \neq M_1(s)$；对参与者 2 也一样。

参与者发现其博弈模型有误的第二种方法是，另一位参与者（或其他参与者之一）采取了令人意外的行动。假设某个参与者，比如参与者 1 认为 s_2 是参与者 2 对其策略选择 t_1 的最佳反应，但参与者 2 选择了 s_2'，且

$$M_{11}(t_1, s_2) > M_{11}(t_1, s_2')$$

于是从参与者 1 的角度看，参与者 2 选择 s_2 对自己更有利，但他不会这样选择。这让参与者 1 有理由相信，他和参与者 2 看到的是关于博弈的不同思维模型，也就是说，大家对双方的互动有不同看法。

显然，如果无法根据参与者关于博弈的思维模型观察或推断其他参与者的行为，预期就不会出错，相应地，也就不会有进一步学习的激励。到目前为止，

我们只考虑所有参与者都能观察到并记住每个参与者的博弈历史这一情形。

得到一个意外的收益参数可以诱导参数学习，而看到其他参与者选择令人意外的行为则可以诱导模型学习。这不是绝对的区别，因为某些参数的变化会改变参与者关于博弈（也就是发生什么类型的互动）的思维模型，譬如，我是在参与囚徒困境博弈还是协调博弈，等等？因此，意外收益可以促成参数学习和模型学习（Denzau and North，1994）。

4.6 短视式学习

短视式或者经验式学习就是简单的试错。人们做出一个自认为是最佳回应的选择，但现实显示的收益并非预期收益。预期出错可能会导致信念发生改变（改变思维模型）。

正如上文提到的，最简单的学习是单一参数学习，它基于获得收益的实际经验，这一经验与参与者关于博弈的主观思维模型有所不同。因此，如果对于某个参与者，比如参与者1，在博弈的某个回合中，有

$$\Pi_{11}(s^o) \neq M_{11}(s^o)$$

那么给定各参与者关于博弈的思维模型，参与者1获得了意外的收益。由于这一预期出错，参与者有必要更新他们的思维模型，以纳入这种经验式学习。

在阐述了从主观纳什均衡到主体间纳什均衡这一学习路径的正式模型之后，我们将给出一处修正，说明为什么在大多数"现实"条件下，主体间纳什均衡是比客观纳什均衡更可取的路径选项。我们这里介绍的修正模型受启发于弗里德里希·哈耶克在1945年的著名文章《知识在社会中的运用》[10]中提出的论点。哈耶克（1945，第519页）敏锐地指出：

> 理性经济秩序问题的特殊性恰恰由这样一个事实决定，即我们必须利用的情境知识（Knowledge of the Circumstances），从来不以集中或综合的形式存在，它们仅仅是所有独立个体拥有的既不完备又经常矛盾的分散知识。

哈耶克的上述引文强调的是，虽然在理想世界中，客观纳什均衡似乎是学

---

⑩ Friedrich von Hayek（1945），The Use of Knowledge in Society.

习过程的理想终点，但是，当我们将这些想法应用于现实世界时，就会遇到一个问题。不过，正如哈耶克（1945，第530页）进一步阐明的：

> 因此，如果我们能够证明，倘若某个人知道所有事实（正如我们假设这些事实呈现给某位有敏锐观察力的经济学家），就能单独确定解决方案，但这样并不能解决上述问题；要解决这些问题，我们必须说明，如何通过只拥有部分知识的每个人的互动来产生解决方案。假设所有知识都提供给一个人就像我们假设所有知识都提供给负责解释的经济学家，这相当于假设问题不存在，并忽略了现实世界中所有显著而又重要的事物。

在现实世界中，人们很少知道自己在参与什么博弈，也不知道实际收益是多少。因此，在非博弈的单独决策（non-game single decision）情境下，参与者无法确认自己是否已经做出"最大化"选择。倘若博弈策略与收益之间的对应关系是非线性的，则尤其如此。假如永远无法确定客观真实的情境模型，该怎么办？我们认为，随着时间的推移，参与者可以通过不断的互动了解更多关于真实博弈的信息。当然，前提是参与者愿意放弃那些始终不能实现预期收益，甚至总是导致亏损的旧思维模型。

综上所述，当所有参与者对博弈没有共同认知时，主体间纳什均衡似乎是观察博弈互动更有用的方式。事实上，主体间纳什均衡比客观纳什均衡更有助于理解这种情况下的人类行为。完全信息或基于客观纳什均衡的思维模型成本太高，而且是不必要的，无助于做出正确决策；另外，在大多数"现实世界"或"正常"条件下（系统在"稳态"参数下运行，也即在"控制范围"内），我们没有必要防范大多数形式的风险。因此，我们不需要完美的信息以做出正确选择，而是需要合理（或至少没有严重缺陷）的主体间共有思维模型。不过，渐进的改善是不够的。思维方式的重大转变是改变做事方式的必要条件。事实上，正如戴明（1994，2000）所言，思维方式的创新对于从根本上提高生产率至关重要。

为了说明我们在这个修正模型中提出的主张，可以拓展我们的博弈理论。这一次，我们假定两个博弈者对互动持有截然不同的看法。表3说明了参与者可以达到主观纳什均衡的策略。我们还假设参与者可以相互讨论其想法，并就博弈达成共同看法（主体间纳什均衡），如表4所示，但这仍然不是客观真实的。此时，每个参与者得到的收益与他们的信念一致（或密切相关）。在这种

情况下，双方似乎都没有充分的理由去更多地了解如何实现（并确认）他们
对实际收益获得了客观真实（百分之百准确）的理解。如果达不到这样的均
衡，或者无法确认大家已经达到这个均衡，那么任何参与者都无法发现其信念
在客观上是错误的。

博弈的客观纳什均衡如表3所示。正如我们在这些博弈矩阵中看到的，追
求客观纳什均衡策略不会给参与者带来更多收益。此时，进一步客观正确地理
解博弈似乎没有什么价值。这是因为参与者已经对互动达成了策略上正确的理
解，即使细节有误。进一步偏离均衡（相对于他们找到的主体间纳什均衡）
的成本可能会超过收益，并转移参与者的注意力，使他们不能充分利用达成主
体间纳什均衡而取得的成果。虽然我们不能断言这总是正确的，但在许多情况
下，利用参与者通过进行主体间纳什均衡博弈来学习而产生的收益，似乎会超
过力图对互动形成客观纳什均衡式理解而付出的成本。

表3　博弈的客观纳什均衡

	左	右
上	**10，10**	9，8
下	8，9	8，8

表4　博弈的主体间纳什均衡

	左	右
上	7，7	7，8
下	8，7	**8，8**

表3中的收益矩阵是实现｛上，左｝这一客观纳什均衡的"客观"思维
模型。表4描绘了当参与者就博弈达成主体间协议时的思维模型。请注意，表
4中的这个矩阵不同于客观思维模型。客观思维模型有一个纳什均衡，而表4
中的思维模型有一个主体间纳什均衡｛下，右｝，其收益为｛8，8｝，与客观
收益相同。因此，在这一主体间纳什均衡中，参与者没有发现任何错误。这是
因为他们关于博弈的主观思维模型在主体间纳什均衡结果中得到了验证。虽然
理论上，主体间纳什均衡模型中两个参与者的收益都略低于客观纳什均衡模型
中的收益，但他们都不知道这一点。此外，学习客观纳什均衡需要参与者采取
偏离均衡的行动，而正如他们认为的，这将带来比仅仅选择主体间纳什均衡更

低的收益。

我们发现，由于客观纳什均衡要求两个参与者具有相同的思维模型，所以它也是主体间纳什均衡。不幸的是，无法证明主体间纳什均衡和客观纳什均衡之间存在这种直接关系。因为和其他主体间纳什均衡不同，由于没有进一步的学习可以引起偏离客观纳什均衡的行动，客观纳什均衡在主体间纳什均衡中显然是唯一的。主体间纳什均衡和客观纳什均衡之间的关系既不是纯代数的（algebraic），也不是数学的（mathematical）。相反，这是一种真实的关系。的确，所有客观纳什均衡都是主体间纳什均衡，且两者都是主观纳什均衡。但反之并不成立，某些客观纳什均衡显然不是主体间纳什均衡，如上例所示。

鉴于此，在上述情形下尝试学习的成本和收益都是不确定的。此时，两个参与者最终可能会形成主体间纳什均衡，继而无法从思维模型缺陷引发的错误中吸取教训。另外，高度不确定性意味着双方似乎都没有明确的理由修改他们对互动的看法。而且他们并不清楚，为了学习更多东西，采取偏离均衡的行动会带来多少成本或收益。简而言之，即使他们试图采取这样的行动，也可能没有什么可以进一步学习的。

我们关于共有思维模型的理论研究，对于在组织和跨组织环境中改进团队合作、建立信任和形成系统意识都有重要的应用价值。过去 20 年来，强烈的人际信任对经济绩效和生产率至关重要的观点在管理和领导力的讨论中得到了充分研究（Zak and Knack，2001；Zak，2017；Covey and Conant，2018）。也就是说，共有思维模型可以增强这类研究的理论严谨性，因为我们试图找到新的方法，以使人们，比如在虚拟环境中工作且物理上彼此隔离的队友能够建立更高层次的必要信任和同理心。目前，我们正在探索一种混合方法，将我们对共有思维模型的理论研究与"信任的神经科学"（或"神经经济学"）的实验研究相结合，帮助促进虚拟组织环境中的思维模型从"我"转向"我们"（从主观纳什均衡转向主体间纳什均衡）。

5. 结论

丹佐和诺思的研究帮助人们更好地认识思维模型的重要性，以及它们如何影响我们对"现实"的理解。正如统计学家乔治·伯克斯（George P. Box）所言："所有模型都是错误的，只有一些模型有用。"实际上，就像 2008—2009年全球金融危机揭示的，一些有严重缺陷的模型可能是有害的。谈到 2008—

2009 年全球金融危机的原因时，美联储前主席艾伦·格林斯潘承认，"我错误地认为那些追求自身利益的组织，尤其是银行，最有能力保护公司的股东及其股权……我发现，我原来视为阐明世界如何运行的关键功能结构的理论模型，其实是有缺陷的"（英国《卫报》，10 月 23 日，2008）。

　　另一个说明有缺陷的思维模型如何产生有害副作用的例子是最近全球对新冠疫情危机的应对。当前应对危机的政策方案来自非常狭隘的思维模型，这些模型看起来只关注眼前的健康恐惧和担忧，忽视了许多其他重要的社会问题。埃肯伯格等人（Eichenberger et al. , 2020）声称，最近的新冠疫情危机与大多数其他流行病一样，既是"生物事件，也是公共卫生灾难"，会引发"对实际或想象的健康风险的社会和经济反应"。狭隘的反应会产生意外的次生危机，从社会的角度看，"这些危机的长期影响很可能超过生物事件本身"。目前专门用于防止新冠病毒传播的方法"正在影响集体意识，许多观察到的行为、仓促实施的政策和突然出台的法规都印证了这一点"。我们当前采用的思维模型存在有害的盲点，使我们无法看清这一现实。因此，如果要制定一套全面的战略（即更全面的共有思维模型）来应对新冠疫情问题，我们必须首先采取能够提供更广阔视野的思维模型。

　　提交给本次专题研讨会的各篇文章陈述了令人信服的见解，无疑大大有助于我们不断加深对世界运行方式的理解。我们相信，读者将会吸取重要的经验教训，帮助我们构建更好的思维模型以应对未来的经济和健康危机。

（颜超凡 译）

参考文献

Blyth，M. （1997）. Any more bright ideas：The ideational turn of comparative political economy. *Comparative Politics*，29，229 – 350.

Blyth，M. （2002）. *Great transformations：Economic Ideas and Institutional Change in the Twentieth Century.* Cambridge University Press.

Covey，S. , & Conant，D. （2018）. The connection between employee trust and financial performance，*Harvard Business Review*. July.

Deming，W. E. （2000）. *The New Economics for Industry，Government，and Education.* 2nd. Ed. Cambridge：The MIT Press. （Originally date of publication 1993. ）

Denzau，A. T. ，Minassians，H. P. & Roy，R. K. （2016）. Learning to cooperate：Applying Deming's New Economics' and Denzau and North's New Institutional Economics to improve inter-organizational systems thinking and performance. *Kyklos*，69（3），471 – 491.

Denzau, A. T. , & North, D. C. （1994）. Shared mental models: Ideologies and institutions. *Kyklos*, 47, 3 – 31.

Denzau, A. T. , North, D. C. , & Roy, R. K. （2007）. Shared mental models post-script. In R. K. Roy, A. Denzau, & T. Willett, （Eds. ）, *Neoliberalism: National and Regional Experiments with Global Ideas*. London: Routledge Press.

Denzau, A. T. , & Roy, R. K. （2017）. Shared mental models: Some brief reflections. In P. A. Batters by & R. K. Roy （Eds）, *International Development: A Global Perspective on Theory and Practice*. London: Sage Publications. Ltd.

Eichenberger, R. , Hegselmann, R. , Savage, D. , Stadelmann, D. , & Torgler, B. （2020）. Certified Coronavirus immunity as a resource and strategy to cope with pandemic costs. *Kyklos*, 73, 464 – 474.

Garrett, G. , & Weingast, B. R. （1993）. Ideas, interests, and institutions: Constructing the EC internalmarket. In J. Goldstein & R. Keohane （Eds）, *Ideas and Foreign Policy: Beliefs, Institutions and Political Change*. Ithaca: Cornell University Press.

Goldstein, J. , & Keohane, R. （1993）. *Ideas and Foreign Policy: Beliefs, Institutions and Political Change*. Ithaca: Cornell University Press.

Hayek, F. A. （1945）. The use of knowledge in society. *American Economic Review*, 35 （4）, 519 – 30.

Hira, R. （2020）. Outsourcing: A case of shared mental models in conflict. *Kyklos*, 73, 410 – 435.

Jacobsen, J. K. （1995）. Much ado about ideas: The cognitive factor in economic policy. *World Politics*, 47 （January）, 283 – 310.

Katzenstein, P. J. （1996）. *The Culture of National Security: Norms and Identity in World Politics*. New York: Columbia University Press.

Keynes, J. M. （1936）. *The General Theory of Employment, Interest and Money*. Whitefish: Kessinger-Publishing, LLC （September 10, 2010）.

Munger, M. C. （2020）. Shared belief systems, the "basic space", and the constrained nature of rationality in judging institutions. *Kyklos*, 73, 392 – 409.

Roy, R. K. , Denzau, A. T. , & Willett, T. D. （Eds. ）. （2007）. *Neoliberalism: National and Regional Experiments with Global Ideas*. London: Routledge Press.

Shughart, W. F. , Thomas, D. W. , & Thomas, M. D. （2020）. Institutional change and the importance of understanding shared mental models. *Kyklos*, 73, 371 – 391.

Sikkink, K. （1991）. *Ideas and Institutions: Developmentalism in Brazil and Argentina*. Ithaca: Cornell University Press.

Smith, A. （1759）. *The Theory of Moral Sentiments* （D. D. Raphael & A. L. Macfie, Eds. ）. Oxford: Oxford University press. （Original work published 1759）. The classic Dugald Stewart edition （1853）is available online and in downloadable digital formats at http: //oll. libertyfund. org/titles/ 2620.

Smith, A. （1776）. *An Inquiry into the Nature and Causes of the Wealth of Nations* （R. H. Campbell, A. Skinner, & （textual）W. B. Todd, Eds. ）. London: Methuen. （Original work published 1776）［Available online: Cannan ed. ）. http: //oll. libertyfund. org/titles/smith – an – inquiry – into – the – nature – and – causes – of – the – wealth – of – nations – cannan – ed – vol – 1］.

Smith, V. L. （2020）. Causal versus consequential motives in Mental Models of agent social and economic action: Experiments, and the neoclassical diversion in economics. *Kyklos*, 73, 341 – 370.

Steinmo S. , Thelen, K. , & Longstreth, F. （Eds. ）. （1992）. *Structuring Politics: Historical Institutionalism in Comparative Analysis*. Cambridge: Cambridge University Press.

Stone, D. A. （1988）. Policy paradox and political reason. Glenview: Scott Foresman & Co. and Little-

Brown.

World Bank. （2014）. Mind, society, and behavior: World Development Report 2015. Washington: World Bank.

Zak, P. J. & Knack, S. （2001）. Trust and growth. *The Economic Journal*, 111（470）, 295–321.

Zak, P. J. （2017）. The neuroscience of trust. *Harvard Business Review*, （Jan. – Feb.）.

法和经济学

Law and Economics

Comparative

"法与金融" 20 年

是时候认真对待法律了

格哈德·施奈德　马蒂亚斯·西姆斯　露丝·阿奎莱拉

1. 引言

在过去的 20 年间，所谓的法与金融学派已经成为管理和社会经济研究的一个重要流派。法与金融学派脱胎于拉斐尔·拉·波塔、弗洛伦西奥·洛佩

* Gerhard Schnyder，英国伦敦拉夫堡大学国际管理和政治经济学教授，致力于对经济活动的制度和政治决定因素的跨学科研究和比较研究。Mathias Siems，欧洲大学学院（European University Institute）私法和市场监管教授，此前为英国杜伦大学法学院商法教授，主要研究领域为公司法和证券法、比较法律研究、实证法律研究、法和经济学、欧洲私法和国际私法。Ruth V. Aguilera，美国东北大学 D'Amore-McKim 商学院教授，西班牙拉曼·鲁尔大学 Esade 商学院教授，主要研究领域为国际公司治理、可持续性和多样性、全球战略。原文 "Twenty Years of 'Law and Finance'：Time to Take Law Seriously" 发表于 *Socio-Economic Review*，2021，Vol. 19，No. 1，第 377—406 页。

** 格哈德·施奈德感谢经济和社会研究委员会（ESRC）的慷慨支持（项目编号 RES-061-25-0518，法律与机构项目）。

*** 感谢对先前草稿提出宝贵意见的所有人，他们是：John Armour、Michael Carney、David Gindis、Genevieve Helleringer、Karin Jonnergard、Ulf Larsson-Olaisson、Michiru Nagatsu、Anna Stafsudd；以及以下会议的所有与会者：28th SASE meeting in Berkeley，the 2017 Annual Conference of the UK Branch of the International Association of Legal and Social Philosophy in Sheffield，the 8th Meta Law Econ workshop on "Law and Economics：Theoretical and Practical Dimensions of Interdisciplinarity" in Helsinki，the Monash-Workshop on "Investigating the Impact of Law through Interdisciplinary Research" in Prato，the University of Bonn，Law and Economics Workshop，the University of Lund，Department of Business Administration seminar and the University of Oxford，Law Faculty，Business Law Workshop。

兹·德·西拉内斯、安德烈·施莱弗和罗伯特·维什尼1997年共同撰写的一系列文章（Rafael La Porta、Florencio Lopez-de-Silanes、Andrei Shleifer and Robert Vishny，1997a）。在学术层面，法与金融学派是一个广泛的研究趋势的一部分；自20世纪80年代以来，这一研究重新发现，制度对决定经济结果的重要性不仅体现在经济学中（North，1990；Acemoglu and Robinson，2012），也体现在政治学（Hall and Taylor，1996）和组织研究（DiMaggio and Powell，1984）中。

这一学派在学术界和经济政策中的影响怎么强调都不为过。例如，席尔和马丁斯（Schiehll and Martins，2016）的述评表明，法与金融学派的两个主要解释变量，"法律起源"和"投资者保护"方面的法律质量，是迄今为止在政治经济学、管理学、经济与金融学跨国治理研究中最常作为自变量使用的国家层面因素。具体来说，这两个解释变量被广泛应用于各个领域的实证研究，不仅用来解释公司金融、所有权和控制结构的模式①，还用来解释公共行政制度（Tepe et al.，2010）、国家劳动力市场的特征②、非正规部门的性质与规模（Adriaenssens and Hendrickx，2015）以及更普遍的制度化信任问题（Witt and Redding，2013；Huo，2014；转引自La Porta et al.，1998，2000）。继而，不仅在比较经济学上，甚至在比较管理学、国际商业和公司治理研究领域，法与金融学派都成了主导的法律理论。③

不过，尽管法与金融学派具有非凡影响力，但也遭遇了很多批评。学者们不仅阐述法律变量选择的偏差、法律编码（coding④ of laws）的不准确和不严谨以及内生性问题⑤；更有一种突出的批评意见指出，法与金融学派夸大了法

---

① 参见 Volmer et al.（2007），Bedu and Montalban（2014），Colli（2013），Callaghan（2015），Lehrer and Celo（2016）。

② 参见 Schneider and Karcher（2010），Emmenegger and Marx（2011），Darcillon（2015），转引自 Botero et al.（2004）。

③ 相关概述参见 Jackson and Deeg（2008），Aguilera and Jackson（2010），Schiehll and Martins（2016）。

④ Coding（编码）是指将所搜集或转译的文字资料加以分解、指认现象、将现象概念化，再以适当方式将概念重新抽象、提升和综合为类属（也有叫范畴）以及核心类属的操作化过程。参见：https：//www.zhihu.com/question/24406718？from＝singlemessage。——编译者注

⑤ 参见 Milhaupt and Pistor（2008），Aguilera and Williams（2009），Armour et al.（2009a），Pistor（2009），Spamann（2010）。

律的重要性，忽视了历史、政治等其他因素对公司治理和金融模式的影响。⑥

与这些众所周知的批评相反，基于对法与金融学派过去 20 年学术研究的全面回顾，我们认为，该学派的挑战不在于它把法律看得太重，而在于从概念上讲，它没有足够重视法律。事实上，或许是对批评的回应，法与金融学派日益扩大了"法律"的定义，在某种程度上收回了最初的主张，即一国法律的实质内容对公司治理和金融发展至关重要。相反，他们将执法方面的差异以及"法律起源"概念体现的一国法律、政治乃至"思想体系"的其他广泛特征视为根本的解释因素（例如参见 La Porta et al.，2006，2008）。此外，"法律起源"的定义从一国法律植根于四大法系之一的狭义表述，转变为广义的一国对经济的"社会控制方式"（La Porta et al.，2008）。继而，早期研究强调的法律实质内容的重要性渐渐退居次要地位。

我们的全面回顾表明，虽然法与金融学派凭借 20 年的研究自信地宣称"法律很重要"，但它未能就法律对经济结果的影响形成清晰的理论认识。它借鉴各式各样的法律学术研究，却忽视了一个关键事实：关于法律如何影响行为人的问题，不同的法律理论有时会提出矛盾的论点。因此，正如我们将要论述的，法与金融学派的许多研究采取的立场明显接近于"法律的强制理论"（coercive theory of law），即惩罚威胁是行为人遵守法律的唯一动机。迄今为止，法与金融学派的实证策略是探析法律对经济结果的影响，而这些经济结果并非相关法律直接的目标。这与法律的规范理论（即法律通过显示恰当的行为来激励行为人）一致，而与强制理论不符。同样，我们也将阐明，法与金融学派明确坚持法律的习惯 – 演化论（customary-evolutionary view），强调法律的有机发展和法律规则以社区为基础的必要性，同时明确支持与此完全矛盾的观点，即以法律和法律移植为手段推进经济改革。

这些不仅仅是法与金融学派理论基础中的美学缺陷，因为它们还影响了该学派理论的实证应用。事实上，以实证为导向的学者往往低估了理论的重要性（Deaton and Cartwright，2017）。不幸的是，这会导致变量的可操作性和统计模型的设定在不同研究中变得不一致，而且没有坚实的理论依据（Schiehll and Martins，2016）。我们认为，这种对法律理论的疏忽，极大地限制了法与金融学派帮助人们理解"法律如何影响经济"的潜力。为此，我们评估了法与金

---

⑥ 例如 Coffee（2000），Cheffins（2001），Dam（2006），Roe（2006），Roe and Siegel（2009）。

融学派的研究中或明或暗地包含的理论主张，并对照我们从若干既定法律理论中得出的关键概念维度，以回答下列问题：关于法律的性质、功能、有效性和对经济结果的影响，法与金融学派的研究方案采用了什么样的理论假设？

本文的内容如下：第 2 节是背景介绍，主要总结法与金融学派在前 20 年从研究中得出的重要论断和实证结果，概述不同的法律理论及其关键维度。在此基础上，第 3—5 节分析法与金融文献论述的法律是什么、什么是好的法律，以及法律如何影响经济主体的行为。第 6 节讨论我们的研究发现有何含义。我们认为，未来的研究应坚持探究法律的实质内容差异如何影响经济结果。更确切地说，我们建议构建更坚实的理论框架，以明晰法律在经济中发挥作用的关键假设。我们认为，这一框架至少要从理论上分析法律的三个方面：法律的性质和基本功能；法律的必要内容（如果有的话）及其与道德的关系；法律如何影响执法者的行为。这种对法律的理论分析能让研究人员设计出更强有力的实证研究，检验法律在经济中是否重要以及如何重要，进而解决法与金融学派前 20 年研究的一个关键缺陷（Schiehll and Martins，2016）。

2. 背景介绍

2.1 法与金融学派概述：法律质量和法律起源

我们全面回顾了法与金融学派涉及法律或制度因素的文献。为此，我们整理了四位原创作者（拉·波塔、德·西拉内斯、施莱弗和维什尼）1997 年以来发表的所有文章［例如参见 Djankov et al.（2010a）关于政治家信息披露的文章］。其他作者如果被认为和法与金融学派的传统密切相关，则会加进他们的文章，因为他们要么是与拉·波塔等人合作论著（例如 Edward Glaeser、Simeon Djankov 和 Nicola Gennaioli），要么是拉·波塔等人多次引用他们的作品（例如 Paul Mahoney、Thorsten Beck 和 Ross Levine）。我们还添加了拉·波塔等人的合著者的论文，而后来他们也依照法与金融学派的传统自己撰写文章。总之，我们回顾了 1997—2017 年发表的可被视为构成法与金融学派核心的 56 篇文章（见附表 A1）。⑦ 其中大部分是实证研究，13 篇是理论研究，1 篇是综述

---

⑦ 相反，我们没有回顾大量实证文献（这些文献应用或从实证上检验了法与金融学派的概念），原因在于这类实证研究往往不包含关于法律和法律起源如何影响经济的任何理论发展，而只是分别援引法与金融学派的论文。Schiehll and Martins（2016）回顾了其中的一部分文献。

论文。

法与金融学派遵循的基本假设是"法律对经济结果至关重要"，他们在早期的作品中提出了两个关键论断：首先，一国公司法的"质量"（根据对小股东的保护力度来定义）决定了公司和该国公司治理体系的关键特征，如所有权集中度、公司融资选择和股票市场规模（例如 La Porta et al.，1997a，1998，1999b，2000a）。这意味着法律以有利于公司增长前景的方式影响经济增长（Levine，1999，2005；Beck et al.，2000，2003；Claessens and Laeven，2003）。其次，法与金融学派声称，各个国家的法律质量并非随机分布的，而是取决于该国在普通法或不同大陆法系中的"法律起源"（例如 La Porta et al.，1997a）。

第一个主张通常被称为"法律质量论"（Armour et al.，2009a）或"法律重要论"（Deakin et al.，2011），它基于一国公司法的实质特征（比如产权保护水平）来解释经济结果（例如参见 La Porta et al.，1997a）。但是，法与金融学派的重心很快就从衡量不同法律的实质质量（其实就是法律本身）跳到了第二个主张：经济结果是由一国法律和政治制度中更根本的历史发展特征决定的。

法与金融学派根据各国法律的四大"母系"背景，即英国普通法系、法国法系、德国法系和斯堪的纳维亚民法系，区分了四种不同的"法律起源"。法与金融学派认为，这些法律起源或者反映普通法国家和其他法系国家之间更为根本的差异，或者与之高度相关。譬如，拉·波塔等人（2008，第303页，脚注12）最初表达的观点是"法律起源理论与资本主义多样性的讨论密切相关"；但随后又提出，法律起源的概念很可能会取代资本主义多样性的概念，成为"不同类型经济制度的客观指标"。

与狭义的"法律质量"概念相反，"法律起源"演变为一个更广泛甚至具有哲学意义的范畴，用以区分国家的类型。因此马奥尼（Mahoney，2001，第511页）声称，这种差异源于普通法国家基于休谟和洛克的传统将"自由"定义为个人自由，而大陆法系国家则遵循霍布斯和卢梭的传统，试图通过国家所要追求的集体目标实现自由。这反过来又意味着，"法律起源理论"本质上是关于国家对经济干预的程度（另见 La Porta et al.，2008）。

法律起源的定义日渐宽泛，这也导致法与金融学派游走在有关某些文明优于其他文明的文化主义争论边缘。拉·波塔等人（1997b，第333页）认为，天主教和伊斯兰教在经济成果上不如新教，因为这些文明阻止公民之间建立

"横向信任"。事实上，拉·波塔等人（2004，第445页）明确指出，"英美政府制度为自由带来了显著的好处"。

尽管法与金融学派的学术研究文献从法律规则的实质转向了"法律起源"，但国际金融机构从业人员制定改革方案和政策建议时，继续借鉴法与金融学派最初聚焦于将法律改革作为经济发展主要手段的做法。因此，自2004年起每年更新的世界银行《营商环境报告》在股东和债权人保护方面都直接参考法与金融学派，同时将其逻辑扩展到与税收、电力、建筑许可、跨境贸易和公共采购相关的法律规则（World Bank，2004—2017）。《营商环境报告》还提供各个维度的国家排名。虽然普通法国家在榜单上大多名列前茅，但大陆法系国家实施改革后，排名均有攀升。不过，最近的研究表明，排名的提高并没有助推这些国家的实体经济得到改善（Oto-Peralias and Romero-Avila，2017）。因此，虽然法与金融学派进行了20年的深入研究，但法律改革和经济结果之间始终只有微弱的联系。下面我们将论证，这至少在一定程度上是由于缺乏有关法律作用的一致理论。

在第2.2节里，我们要更详细地探讨有关法与金融学派定义的法律变量和经济结果的实证结果。

2.2 法与金融学派20年来的实证研究结果

法与金融学派的大部分注意力以及批评该方法的大量学术研究都集中在实证方面，包括测算（Spamann，2010；Schnyder，2012）、方法论（Deakin et al.，2011）和结果解释（Deakin et al.，2018）等问题。本小节将简要回顾法与金融学派20年来的实证研究结果（另见附表A1的最后一栏）。

第一个结果涉及法与金融学派在研究中使用的主要法律变量从"法律质量"到"法律起源"变化的实证含义。最早的研究侧重于保护小股东的实质法律规则，比如一股一票规则和所谓的反董事权利指数（ADRI）（La Porta et al.，1997a）。"法律起源"以前仅被用作控制内生性的工具变量。然而，在接下来的几年里，法律起源本身演变成了解释变量，更是在"概念延伸"（Sartori，1970）的过程中，变成了一个越来越宽泛的概念。因此，虽然最早的研究将法律起源简单定义为一国商法的四大法系起源，但在2008年，拉·波塔等人（2008，第286页）将法律起源定义为"对经济生活（也许还包括生活的其他方面）的一种社会控制方式"。将法律起源宽泛地定义为"监管方式"是一个笼统的范畴，涵盖了拉·波塔等人（2008，第308页）所称的"法律基础设施"的诸多方面，包括思想体系和文化。与法律的实质内容相反，法律起源被认为更少变化，长期看更稳定（Deakin et al.，2011）。尽管含糊不清，但（广义的）法律起源概念仍然逐渐成为法与金融学派的研究重点，而实质的法律规则却被降格为中间变量，这些变量比法律基础设施更容易变化，而且终究只是法律起源的一种表象。因此，在回顾其前十年的主要研究时，拉·波塔等人（2008，第292页）列出了以下广义的法律或政治中间变量，它们由法律起源解释，又反过来解释一系列经济结果：（a）程序形式主义，（b）司法独立，（c）对进入的管制，（d）政府对媒体的所有权，（e）劳动法，（f）征用制度，（g）公司法，（h）证券法，（i）破产法，（j）政府对银行的所有权。

与此相对应，因变量也变得越来越广泛和多样化。最初的重点是研究法律因素对经济结果的影响。法与金融学派的主要论断是，对小股东和债权人的法律保护程度会影响一国的金融发展（La Porta et al.，1998），而这又与更高的经济增长率（参见 Levine，1999；Beck et al.，2000，2003；Djankov et al.，2007）和政治及经济自由（La Porta et al.，2004）息息相关。金融发展的代理变量包括：股市总市值与GDP之比、股票交易额与GDP之比、上市公司数量与国家人口之比、首次公开募股数量与经济规模之比，以及公司所有权集中度（Djankov et al.，2008a；La Porta et al.，2008）。由法律变量解释的政治和经济结果的范围慢慢扩大。拉·波塔等人（2008，第292页）的十年回顾论文指出，从法律层面可以解释大量的经济结果，如大宗股票销售的控制权溢价、私人信贷、息差、劳动参与率、失业率、腐败程度、非正规经济的规模、驱逐未付款租户的时间和收回拒付支票的时间。

自2008年的这篇开创性文章发表以来，法与金融学派进一步拓宽了自身的范围，陆续在解释模型中添加一国法律制度的新内容，并将模型应用于新的结果变量。进而，詹科夫等人（Djankov et al.，2010b）发现了税法对投资和创业水平的影响；拉·波塔和施莱弗（2014）揭示了守法成本影响非正规部门规模的证据。詹科夫等人（2016）转而使用对政府质量的"感知"来解释东欧人民的幸福感。此外，尽管长期以来法与金融学派并不直接研究GDP的增长率（Djankov et al.，2008a，b；Deakin et al.，2011），但有些研究逐渐转向了更广泛的经济发展指标，包括税法对FDI（外国直接投资）、投资和创业的影响（Djankov et al.，2010b），以及合法贸易限制对贸易量（Djankov et al.，

2010c)、区域收入水平趋同和增长（Gennaioli et al.，2014）的影响。

与此平行展开的第二类实证研究将法律因素作为因变量。这些研究探索法律起源或社会特征（如盛行的宗教、社会中的信任程度）对监管和司法制度形成与形式的影响。它们关注的变量包括：对国家干预和监管的需求（Aghion et al.，2010）、法律形式主义的程度（Balas et al.，2009）、司法自由裁量权（Gennaioli and Shleifer，2008）、司法决策中的偏见（Bordalo et al.，2015）、对合法性（lawfulness）的认知（Glaeser et al.，2016）以及监管改革（Djankov et al.，2017）。这类研究补充了第一类研究，着重讨论一国的哪些特征会促使法律和司法制度产生更优的经济结果。

法与金融学派的核心研究通常发现，在所有上述领域，无论使用何种法律指标，"普通法系"的法律和司法制度产生的结果要优于"大陆法系"（La Porta et al.，2008）。不过，法与金融学派之外的作者对这个说法提出疑问，他们使用法与金融学派的法律变量和法律编码进行了比较研究。譬如有一项元分析（meta-analysis）研究了法与金融学派的法律变量在公司治理比较研究中的应用，发现"尽管有一致的证据表明，投资者保护对金融市场发展和公司所有权结构有根本性的影响，但如果使用其他公司层面的治理机制及其效力，则该影响就没那么有说服力了"（Schiehll and Martins，2016，第189页）。

还有人在他们的实证研究中不再使用法与金融学派的指标。他们借助重新编制的法律指标（Spamann，2010）、不同的统计方法以及纵向而非横截面数据（Deakin et al.，2018）重新讨论了法与金融学派的研究。总的来说，这些研究结果和法与金融学派关于法律对经济结果的影响，特别是普通法优于大陆法的论断并不一致。

和以上批评者一样，我们认为实证研究结果存在差异并缺乏稳健性的原因之一是，法与金融学派关于法律因素的理论构建过于薄弱。继而席尔和马丁斯（2016，第189页）指出，比较研究中使用的法与金融学派的法律指标在操作和解释上存在"巨大的差异"。他们得出的结论是：为了全面地理解公司治理的比较研究，需要"在理论关联和实证检验之间进行更严谨的匹配"（同上，第195页）。同样，迪金等人（Deakin et al.，2011，第3页）表示，没有确凿的证据可以证明法律起源与GDP增长等经济结果之间直接相关，这表明"法律制度与国家经济表现之间的某些关系还有待解析"。

就此而言，从关注法律的实质特征（法律质量）转向更广泛的因素（法律起源），导致法与金融学派回避而不是帮助解答了法律在经济中的作用这一理论问题。这种演变令人遗憾，它转移了人们的注意力，使大家忽略了一个关键挑战，即不仅要证明法律重要，而且要证明法律如何重要。我们呼吁，法与金融学派需要重振其最初的雄心，探究法律规则对经济实践和结果的影响，而不是继续关心法律起源的争论。⑧

作为重要的第一步，我们重新审视了支持法与金融学派的法律理论假设常被忽视的缺陷。我们借鉴五种经典法律理论来研究这个问题，以便评估法与金融学派对法律的讨论；同时建议如何在未来的研究中发展更坚实的理论，探索法律在经济中的作用。我们认为，这将促使法与金融学派的实证应用更稳健，因此不失为未来研究的一个关键领域。

2.3 不同法律理论及其关键维度的概述

法律理论是一个广阔的研究领域。所以，我们根据目标选择了最切题的理论，将它们和法与金融学派联系在一起。自 20 世纪末法与金融学派在美国兴起以来，人们关注现代西方（主要是盎格鲁－撒克逊）的法律理论，而忽视了非西方的法律理论，毕竟后者不太可能构成法与金融学派的基础。在这方面，我们遵循塔马纳哈（Tamanaha，2017）的洞见，即对法律理论的理解必须置于这些理论赖以产生的特定社会背景之下。

具体而言，我们探讨以下五种法律理论，它们在西方学术研究和实践中发挥了重要作用：神创法或自然法理论、排他性或强法律实证主义、包容性或弱法律实证主义、法官裁决论（法律现实主义），以及哈耶克关于法律功能演化的自发秩序理论。根据对这些法律理论的解读，我们确定了从理论上充分定义法律概念所需的三个关键维度："法律的性质和基本功能"、"法律的内容"和"法律的行为效应"。

表 1 说明了法律理论的对立观点以及这三个维度之间的联系。该表初步比较了这些法律理论和法与金融学派的一般立场。在接下来的三小节中，我们首先详细讨论法与金融学派相对于五种法律理论在各个维度上所持的立场（第3.1 节、第 4.1 节和 5.1 节），随后就法与金融学派未来的研究应聚焦哪些方

---

⑧ 例如 Siems（2007），Deakin and Pistor（2012），Oto-Peralias and Romero-Avila（2017），Deakin et al.（2017b）。

面提出建议，以期做到"认真对待法律"（第 3.2 节、第 4.2 节和第 5.2 节）。

3. 维度 1：法律的性质和基本功能

"法律的性质"一词是任何法律理论最基本的维度。它描述什么类型的规则或秩序被视为"有效法律"，尤其是，它涉及法律有效性的权威来源。表 1 总结了法律有效性的不同来源，从上帝或自然（在自然法理论中）、主权（强法律实证主义者）、社会习惯（包容性或弱法律实证主义者）、法官的裁决（法律现实主义者）到传统（演化理论）。

此外，我们使用"法律的基本功能"一词描述不同法律理论认为法律在社会中应实现的基本目标。我们称之为"基本"功能，是因为这些功能比具体法律的直接功能（譬如道路法的事故预防功能）更根本。另外，我们区分了法律的基本功能与法律的作用，因为前者未必是在经验中得到了验证的主张，而可能只是关于法律在社会中的基本目的的理论甚至规范性陈述。反之，我们使用"法律的作用"描述更广泛的可以在经验中验证的现象，包括法律对行为人的行为（我们的第三维度）和整体经济结果的影响。

3.1 法与金融学派关于法律的性质和基本功能的定位

法与金融学派并没有明确提及法律有效性的来源。然而，相较法律的性质和有效性，法与金融学派基于法律对特定结果（如经济增长）有效性的重要意义，证明了法律（包括州法律）的合理性（另见第 2.2 节）。这似乎显而易见，但与其他基于科斯定理（Coase，1960）的法与经济学流派形成鲜明对比；后者发现，只要合同是可执行的，仅仅通过市场力量和私人合同就能找到资源配置问题的最优解决方案（Stigler，1964；Fama，1980；Easterbrook and Fischel，1991）。因此，并不需要市场监管来实现最优结果；侵权法和合同法就已足够。而法与金融学派则强调法律的一般意义，甚至支持一定条件下的政府监管（La Porta et al.，2000a，第 7 页）。例如，格莱泽和施莱弗（Glaeser and Shleifer，2002，第 1223 页）辩称：

> 经济学家普遍认为，国家在经济中的主要作用是保护产权……这一重要论断的问题在于，它没有确切告诉我们国家如何设计有效的法律体系，以及如何"保护产权"。

比较
Comparative Studies（第124辑）

表1 不同法律理论的关键维度和法与金融学派的比较

| 当代的代表 | 维度1：法律的性质和基本功能 | | 维度2：法律的内容 | | 维度3：法律的行为效应 |
	权威来源/效度标准	法律规则在经济中的重要性和基本功能	法律与道德的关系	"良法"的定义	执法者遵守法律的动机
自然法理论　约翰·菲尼斯（J. Finnis）	神或自然	对人类社会（具体、清晰、可预测）和产权有重要作用	道德标准是法律条文具备道德效度的条件	实质内容：与自然法则一致	客观动机：遵守法律的实际理由/道德义务
排他性（强）法律实证主义　约翰·奥斯汀（J. Austin）/汉斯·凯尔森（H. Kelsen）	主权/基本规则（基本规范）	命令对引导行为/解决纠纷/实施控制有重要作用	不相关	无	主观动机：服从的习惯/害怕制裁
包容性（弱）法律实证主义　贺伯特·哈特（H. L. A. Hart）	社会承认规则	法律规则对指导行为/解决纠纷/实施控制有重要作用	不相关	无	客观动机：法律的规范性

学派 / 代表人物					
法律现实主义 奥利弗·霍尔姆斯（O. W. Holmes） 卡尔·列维林（K. Llewellyn） 杰罗姆·弗兰克（J. Frank）	法官的裁决	法律规则不重要（规则怀疑主义），裁决及其预期对避免社会不良后果很重要	不相关	无	主观动机：害怕法庭制裁（成本收益计算）
法律的自发秩序（功能演化）理论 哈耶克	传统	对保护个人（经济和政治）自由有重要作用	法律应当以历史上发展起来的社区起来的社区司法标准为基础	无法律要件：一般性、消极性、普遍性、已知；某些实质内容：消极性，对市场的支持	主观动机：服从的习惯和最终的传统的强制性
法与金融学派 （一般立场，其他略有变化的立场参见第3—5节） 拉·波塔等人（La Porta et al.）	有效性（以存续期衡量）结果的有效性	对保护产权有重要作用	不明确：基本不相关，但一些研究涉及共同道德的标准的作用	不确定：看是否（a）保护产权，是否具有（b）可执行性，或者是否（c）有利于增长	主观动机：害怕制裁（成本收益计算）

以上见解源于一个事实，即波斯纳（Posner，2006，第412页）称之为"第四代"法与经济学的法与金融学派已经将重心转向法律的国际比较分析。这一比较分析揭示，法律的基本功能也许比法与经济学的其他分支（或各代）承认的更广泛和更有益，这因地而异。因此，法与金融学派并没有否定法律本身；更确切地说，他们的主要目标之一是确定在何种情况下，相比于私人合同，法律才是保护产权的首选制度（关于法律的内容，详见第4.2节）。

我们在法与金融学派的文献中发现，有三个相互关联的论点解释了法律和公共执法何时应优先于私人合同。首先，在"法律和秩序"总体水平仅为"中等"的国家，法律可能比纯私人秩序体系更有效率（Glaeser and Shleifer，2003，第403页）。其次，根据"执法环境"，公共执法可能是比私人诉讼更好的选择。例如，当合同很复杂，而法官可能不具备执行合同所需的专门技能时，就是如此（Glaeser and Shleifer，2002；Djankov et al.，2003b，第605页）。最后，广泛的社会经济因素可能影响最优监管制度的选择。经济和政治高度不平等有利于强大的诉讼当事人颠覆法院，导致"强者"而非"正义者"打赢官司（Glaeser and Shleifer，2002；Glaeser et al.，2003）。

换言之，法与金融学派将最优监管制度的选择视为一个经验问题，取决于"执法环境"和其他因素，这为政府干预和监管留下了空间。可以肯定的是，政府干预永远是次优解决方案，使干预有必要的市场失灵领域是"极其有限的"（Shleifer，2005，第440页；另见 Glaeser and Shleifer，2003）。譬如拉·波塔等人（2006）发现，在证券法中，私人执法优于公共执法。但总体而言，法与金融学派认为，法律在社会和经济中的作用比在相关研究领域（如波斯纳的法与经济学等）更重要，也可能更有益（最初见于 Posner，1973）。

关于法律的基本功能，法与金融学派的聚焦点是人们广泛理解的产权保护（如 La Porta et al.，1997a，第1149页，1999a，第222页；Mahoney，2001，第523页）。比如，由于存在内部人侵占股东权益的风险，所以有必要通过公司法保护小股东的权益（参见 Jensen and Meckling，1976）。在这种情况下，法律赋予股东"一定权力以保护他们的投资不被内部人侵占"（La Porta et al.，2000b，第3页），这反过来又激励金融家向公司提供外部融资，催生更发达的股票市场并分散所有权结构（例如参见 La Porta et al.，1997a，1998，1999b，2000a），最终促进公司加速发展（Levine，1999）。

米尔约普和皮斯托（Milhaupt and Pistor，2008）曾批评法与金融学派只重视法律的保护功能。但是，他们的一些文章其实对法律功能提出了较为多样化的观点。例如，詹科夫等人（2003a，第596页）指出：

> 自启蒙运动以来，经济学家一致认为，良好的经济制度必须保护产权，使人们能够保有投资回报，订立合同，解决纠纷。

这里提到了法律的两个附加功能。首先，"使人们能够……订立合同"暗示了法律的授权或协调功能，而不是保护功能。这一功能包括向行为人提供合同之类的工具，帮助他们协调与其他行为人的经济活动，同时在法律范围内就产权的精确分配进行谈判（Milhaupt and Pistor，2008，第7页）。其次，解决纠纷是法律的独特功能，主要涉及以诉讼方式执行法律。执法的有效性也成为法与金融学派日益关注的重要问题，我们将在第5节讨论。

3.2 对未来研究的讨论和建议

从上述分析可以看出，法与金融学派似乎并没有明确定义法律的性质和基本功能。法律的保护功能与强法律实证主义最密切相关，因为后者将法律的功能狭义地界定为通过威胁惩罚来防止不当行为。另一方面，授权功能表明，法与金融学派的法律理论与"包容性实证主义"有一定的相似性，因为后者认为法律规则不仅可以劝阻公民实施有害行为，还可以让他们做没有相关法律就无法做到的事情（譬如签订合同）（见表1）。此外，解决纠纷功能是"法律现实主义"的关键，该理论关于法律的定义是：立法者说的话不是法律，法官在法庭上实际执行的内容才是法律（参见Green，2005，以及表1）。

虽然最近法律学者承认法律可以同时履行不止一种功能（Milhaupt and Pistor，2008），但问题是，法与金融学派并不讨论他们隐含认同的法律多重功能对法律和经济结果之间因果关系的影响。实际上，在法与金融学派中，股东保护方面的法律对经济结果（比如股市发展）的假设影响完全以保护功能为前提。但是，如果承认法律还发挥其他功能（譬如哈特的包容性实证主义理论中的协调授权功能），则法律规则和经济结果之间的假定因果关系可能就不再成立。对于一个探讨法律影响经济结果的研究项目，这是严重的疏忽，这一疏忽可能导致了内生性和实证结果不确定的问题。事实上，正如席尔和马丁斯（2016，第195页）指出的，国家层面的变量（最广泛使用的是源自法与金融学派的法律起源和法律质量）与经济结果之间相互关联的实证证据不足，原因在于"不同研究会创建并应用国家层面的不同变量"，所以，需要"在理论关联和实证检验之间进行更严谨的匹配"。

法律的多重功能对测算法与金融学派使用的法律变量也有关键意义（另见第5.2节）。法与金融学派的大多数研究总是把所有法律变量简单相加，例如与股东保护相关的变量，就把保护股东的所有法律规则的价值加总起来（La Porta et al.，1997a）。但最近的研究表明，法律的功能既可能因背景而异，也可能因法律本身而异，而且每一项法律规则都可能属于特定的类别。譬如，卡特卢祖和西姆斯（Katelouzou and Siems，2015）区分了股东保护的"授权规则"和"家长式规则"，并确定对其中一种规则的偏好如何随时间和国家不同而发生变化。因此，我们可以将后一项研究（和法与金融学派无关）视为应用了考虑不同法律功能的理论。它还表明，承认法律的多重功能可能就要开展实证研究，以解释不同类型的法律规则，比如，创建分类指数以显示不同国家对不同法律形式和概念的偏好。

4. 维度2：法律的内容

第二个区别于其他法律理论的关键维度是法律是否需要具有某种（程序性或实质性）内容才能被视为有效。这也涉及法律与道德的关系问题。对此，有两种根本对立的观点：一方面，自然法观点认为，法律必须尊重一些法律外的标准才能被视为有效或"好"的法律。这大致基于如下概念，即某些道德规则和原则（比如公平）客观上是好的（关于这一观点的"现代"陈述，见Finnis，2011/1980）。另一方面，强法律实证主义观点简单地认为，任何由主权者认定为法律的东西就是法律，与其内容和形式无关。其他法律理论则采用这两种观点的变体（参见表1）。

4.1 法与金融学派关于法律内容的立场

法与金融学派排斥法律实证主义。拉·波塔等人（2008）将法律实证主义与社会主义法律传统相联系，后者认为法律"表达了立法者作为正义的最高解释者的意志"（同上）。鉴于社会主义法律起源国在法与金融学派的实证研究中往往表现不佳，而且法与金融学派更倾向于政治和司法权力的分散而非集中（Glaeser and Shleifer，2002；Djankov et al.，2003a），所以法律实证主义不是法与金融学派偏爱的法律理论。

法与金融学派常常广泛借鉴哈耶克关于有效法律的社会习惯论和演化论⑨以及法律与立法（legislation）之间的区别（Shleifer，2005，第 443 页），这进一步支持了上述立场。哈耶克的著作不乏对法律实证主义的严厉批评，安格纳（Angner，2007）就曾指出，哈耶克的法律理论可以视为很接近自然法传统。例如，哈耶克（2011/1961，第 224 页）说道："仅仅因为源自立法者而被称为法律的命令是'压迫的主要工具'，也是自由被剥夺的主要原因。"

拒绝实证主义及其主张，即法律由主权者在没有法外限制（extra-legal limitation）的情况下制定，意味着接受另一种非实证主义的主张，即法律必须符合某些法外标准才能有效。这一点得到了以下观察结果的印证：法与金融学派广泛使用"良法""善治""良政""改进""更好"等规范性术语描述法律制度。⑩

此外，法与金融学派明确区分"坏的"（不良、有害）行为和非法行为，这一区分意味着法外标准而不仅仅是法律，决定了什么是合法行为，什么不是合法行为。约翰逊等人（Johnson et al.，2000b）指出："在法律环境薄弱的国家，许多形式的偷窃实际上是合法的。"同样，约翰逊等人（2000a，第 23 页）将"掏空"界定为包括"在任何地方都是非法的监守自盗或欺诈"，以及在许多国家都不违法的其他交易（比如高级经理人薪酬过高）。此外，詹科夫等人（2008，第 432 页）使用反自我交易指数（ASDI）测算在"控股股东想要遵守法律，同时又想要中饱私囊"的情形下，小股东在多大程度上能反对控股股东的自我交易。

从法律实证主义的观点看，这些陈述不在法律范围之内，因为它们涉及的是判断某一特定行为的法外标准。事实上，某些行为和交易被归类为了不良（或"坏"）行为，即使某个国家的成文法并未禁止它们。这意味着"盗窃""欺诈"等行为在特定国家是独立于成文法的。

问题在于，对于小股东有权阻止的交易的评判应基于何种规范基础。约翰逊等人（2000a，第 11 页）极其明确地指出，在大陆法系国家，"对自我交易

---

⑨ La Porta et al.（1999a，第 226 页）；Mahoney（2001）；Glaeser and Shleifer（2002，第 1220 页）；Shleifer and Wolfenzon（2002）；Djankov et al.（2003a，第 600 页；2003b，第 458 页）；La Porta et al.（2004，第 445 页）；Beck et al.（2005，第 212 页）。

⑩ 例如 La Porta et al.（1997a，第 1194 页；1999b，第 505 页；2000，第 6 页、20 页）；Glaeser et al.（2003，第 272 页）。

的评判基于它是否符合法律条文，而不是基于它对小股东的公平与否"。因此，"自我交易"本身被视为坏行为的原因构成了法律的实质内容，也就是说，这个原因与"公平对待小股东"的一般原则是不相容的，因为这一原则与成文法的规定无关。所以，法与金融学派是根据法外标准来评估一个国家的"法律质量"的，而这些标准不属于该国成文法的一部分（甚至可能都不是其社会规范的一部分）。可见，法与金融学派依据的前提假设是，法律必须符合某些规范原则（比如公平）才能被认为是"好的"或者是有效的。但是，他们没有具体说明公平这类法外原则是从何而来的。

法与金融学派对良法的另一个定义主要基于"良法"的非实质性标准，即法律在特定环境下可执行的难易程度。例如，拉·波塔等人（2000a，第22页）指出：

> 好的法律规则是一个国家可以执行的规则。改革的策略不是创造一套理想的规则，然后看它们能得到多大程度的执行，而是制定可以在现有框架内执行的规则。

重要的是，可执行性反过来又与法律反映社会习俗和标准的程度有关。例如，海伊和施莱弗（Hay and Shleifer，1998，第401页）用社会可接受性来定义"好的规则"："好的法律规则既可能被私人当事人采纳……也可能被法院使用。"与主张用法律的实质性内容来判断良法的法律理论相反，这里的"良法"定义完全是实用主义的（即可接受），而不以法律规则的任何具体实质内容为先决条件。这暗含着（有时则明确提出）一种法律的习惯和演化理论。尽管法与金融学派非常强调国家法律（见第3节），但施莱弗（2005，第443页）明确将立法与习惯的作用做了对比：

> 在法庭上，公正的法官有责任执行良好行为的规则。这些规则不需要来自立法，而是可以来自习惯或法官制定的普通法和判例。

同样，海伊和施莱弗（1998，第402页）声称，"只要可能，法律必须与普遍的做法或习惯保持一致"。事实上，格莱泽和施莱弗（2002，第1202页）认为，在法律体系中反映"社区司法标准"可能是普通法优于大陆法的原因之一。

在法与金融学派的研究中，良法的最终定义本质上是功能主义和结果导向的。例如，拉·波特等人（1999a，第223页）明确将"良法"定义为"有利于经济发展"。同理，海伊和施莱弗（1998，第401页）在定义"良法"的段落中声称，"一些规则比其他规则更有利于贸易"。因此，促进贸易和经济活动通常构成良法的标准。

总之，法与金融学派的文献对良法的内容至少有三种不同的定义。第一种是狭义的，侧重于法律对股东（财产）权利的保护程度，其中权利的实质定义遵循某些原则，比如"公平"；第二种注重法律的有效性和合法性（在规范意义上）⑪，以期执行法律从而产生效力；第三种是根据法律产生的经济结果（增长、贸易、市场运作等）来评估良法。

4.2 对未来研究的讨论和建议

法与金融学派没有解释良法的这些不同定义如何相互关联。事实上，从法律理论的角度分析这些定义，可以发现它们可能并不兼容。首先，良法的"保护性"定义似乎与自然法理论密切相关。法与金融学派的各种研究明确提到了法律"保护功能"的悠久渊源，并援引斯密（1776）、孟德斯鸠（1748）和洛克（1690）作为"良好的经济制度必须保障产权"这一见解的主要来源。⑫ 这些名家中有几位与自然法理论密切相关（特别是洛克和孟德斯鸠，参见表1），这或可说明法与金融学派的观点接受了自然法理论的某些假设。

良法的第二个定义基于法律的可执行性，由于它接近社区司法标准因而具备了"可接受性"。如上所述，这也引出了一种说法，即分权的普通法可能优于更集中的基于成文法的大陆法。关注与社区司法标准的接近度以及可接受性，让人联想到哈特（2012/1961）的"规则实践论"。哈特的实证主义依赖一个假设，即法律体系中至少有一些规则需要是"社会规则"，因为它们既被社区大多数人普遍实践，又被视为合法的行动指南。这种实用主义和非认知主义的规则观（Perry，2006）好像很契合法与金融学派采用的法律理论。

法与金融学派关于良法的习惯或程序定义，以及第三种功能主义和结果导向的定义，也可以与哈耶克关于演化功能主义的"自发秩序"法律理论联系

---

⑪ 应区分规范意义上的正当性（normative legitimacy，即权力的正当性）和社会学意义上的正当性（即人们接受了法律的约束力），见 Green（2013，第489页）。

⑫ Djankov et al.（2003a，第596页）；Djankov et al.（2003b，第453页）；Glaeser et al.（2003，第200页；2004，第272页）；La Porta et al.（2004）。

起来。法与金融学派的一些研究明确参考了哈耶克的观点（见上文）。詹科夫等人（2003a，第600页）还引用哈耶克的演化理论来支持他们关于有效法律如何产生的解释。哈耶克（2011/1960）认为，法律是一种"自发秩序"，是通过适者生存的习惯规则实现"适应性进化"的结果。更具体地说，他坚持任何有效法律的最终中立性（end-neutrality）和"消极性"。换句话说，法律应该只是"公正行为"的规则，不向个人强加义务，而不是强迫他们避免干涉他人以保护自己的自由（Hayek，2013/1982，第200页；关于作为法律理论家的哈耶克，另见Ogus，1989）。

哈耶克的观点和法与金融学派的法律理论广泛兼容，也就是说，它符合法与金融学派对法律规则质量的狭义定义，即法律规则保护个人免受他人和国家的侵害（Djankov et al.，2003a）。同时，在不同的场合，我们可以清楚地看到哈耶克支持有效法律的实质性定义，即法律的功能是有利于市场和贸易（Santos，2006）。这和法与金融学派对良法的第三个定义（有利于贸易和市场）相符。可见，法与金融学派和哈耶克的法律理论紧密相关。

不过，即便在使用哈耶克的理论时，法与金融学派也并不总是保持一致。哈耶克认为，法律的演化理论与国家为实现特定集体目标而使用法律工具的做法并不协调。这种工具性用途源于"理性建构主义"和"实用主义"错误的幼稚（Hayek，2011/1960）。另一方面，法与金融学派包含明显的功利主义、工具主义和最终的目的论倾向，特别是在法律改革的可行性和合意性方面（例如Hay and Shleifer，1998）。因此，法与金融学派关于有效或最优监管制度的概念与哈耶克的截然不同。譬如格莱泽和施莱弗（2002）以及詹科夫等人（2003a）认为，在进步时代，美国以成文法为基础的监管型国家的兴起，以及完全以法院为基础的私人诉讼制度的相对衰落，是对新的更复杂的经济和社会环境的有效适应。另一方面，哈耶克（2011/1960，第16章）认为，由于"建构实用主义"和社会主义的兴起，这种演变成了令人遗憾的"法治衰落"，这再次表明，与经济自由主义者相比，法与金融学派更倾向于监管有益论。

法与金融学派对法律及其内容的理论分析是不一致和矛盾的，这不仅引发了法律理论家的关切，而且对其实证研究的有效性产生了非常具体的影响。值得注意的是，法与金融学派的一些实证工具没有反映任何这些定义。他们使用"一刀切"的法律编码方法（见第4.1节），并不重视社区司法标准和有效执法。因此，人们发现，法与金融学派的许多法律编码模板（coding template）

只是基于美国法律的现有规则，而无视美国模式是否真正代表"良法"的标准。例如，莱勒和西姆斯等人（Lele and Siems，2007；Deakin et al.，2017b）的实证研究（均和法与金融学派无关）证明了这种"美国偏向"，他们采用其他形式的法律标准衡量了股东保护的力度和债权人权利的大小。

因此我们建议，未来关于法律和金融的实证研究，需要从明确探讨如何为特定研究问题定义"良法"入手。不同的研究项目可以使用不同的定义。事实上，研究人员的目标可以设定为检验哪种规则可能具备被视为"良法"的预期特征或效果。譬如，针对上一段提到的例子，可以检验美国公司法是不是最具前景的国际模式（比如因为它可能吸引美国投资者），或者其他股东保护手段是否能产生同样的效果。因此，认真对待理论将促进研究人员开发与现有理论模型相一致的衡量方法。

5. 维度3：法律的行为效应

前面的两个维度假设法律"是重要的"，但它们没有具体说明法律引导行为人行为的确切机制。因此，法律的这种"行为效应"是指法律对行为主体的直接影响，因而有别于它对更广泛的社会经济结果（如股票市场的发展，见第2.2节）的影响。这里，法律理论本质上可以分为两类（见表1）：一类认为法律为人们提供了服从的客观理由（道德义务和实践理由），因此关注法律的规范性；另一类只考虑行为的主观原因（自我利益、害怕惩罚、服从的习惯）。本节试图说明法与金融学派假定的影响机制，以及与之最契合的法律理论。

5.1 法与金融学派关于法律的行为效应的立场

我们的第一个结论是，法与金融学派并没有明确讨论法律如何使行为人按照规定行事。不过，一些文献泛泛地提到，法律为不同行为人创造了以某些方式行事的激励（例如 La Porta et al.，1997a，1998）。激励属于自利的行为人对守法或不守法的成本收益进行理性算计的范畴，是对法律的行为效应做"主观主义"解释。因此，法与金融学派采用了一种人类学的视角，即行为人守法不是为了遵守法律，而是为了免受惩罚。法与金融学派倾向于主观主义的解释毫不奇怪，因为它借鉴了基于理性选择范式的代理理论（agency theory）等理论（例如法与金融学派对投资者保护的研究，见第2.1节）。这些理论反过来又基于经济人假设，在追求效用最大化的过程中，行为人对规范和义务不做反应，而只对成本收益因素和激励做出反应。

对此，法与金融学派有几种不同的解释。格莱泽等人（2003，第201页）明确声称，有权势的行为人遵守法律的唯一原因是害怕受到制裁："如果政治上有权有势的人预期将在任何针对他们的诉讼案件中获胜，他们就不会尊重他人的产权"（另见 Glaeser et al.，2001）。施莱弗和沃尔芬森（Shleifer and Wolfenzon，2002）试图将贝克尔（Becker，1968）的犯罪经济模型与詹森和麦克林（Jensen and Meckling，1976）的代理理论结合在一起。进而，他们并不通过一系列合法股东权利界定投资者保护的力度，而是将其界定为"企业家因攫取股东利益而被抓获并遭到惩罚的可能性"（Shleifer and Wolfenzon，2002，第4页）。

这一论点非常接近霍姆斯（Holmes，1897）基于法律现实主义提出的"法律的预测理论"，根据该理论，法律应该被简单地定义为对惩罚可能性的预测（参见 Green，2005）。用霍姆斯的名言来说："如果你想了解法律而不是其他，你就要把人看成一个'坏人'，他只关心这些知识让他能够预测到的物质后果"（同前，第459页）。现代经济学中的"经济人"和法律现实主义中的"坏人"十分接近，这也解释了为什么法与金融学派越来越趋向于这种法律理论。

事实上，大约自2007年以来，我们观察到法与金融学派有"转向法律现实主义"的迹象。一系列文章明确采纳了法律现实主义的观点。[13] 法律现实主义立场的一个关键支撑因素是法律的"裁决理论"（decision theory of law），认为法律是法官的裁决，而不是立法者的规定。因此，法与金融学派详细分析了普通法国家的裁决，重点关注法官适用法律规则的问题，包括他们的裁决偏向（decisional bias）、先例的作用、"否决"、"区分"和事实调查中的自由裁量权（Gennaioli and Shleifer，2007a，b，2008；Niblett et al.，2010）。

忽略遵守法律的客观理由或许能解释法与金融学派对执法的强烈关注（参见 Milhaupt and Pistor，2008，第5页）。事实上，对"坏人"来说，没有执法（或者至少是可信的威胁）就没有理由遵守法律。在法与金融学派的研究中，

---

[13] Gennaioli and Shleifer（2007a，b）；另见 Balas et al.（2009）；Niblett et al.（2010）；Gennaioli et al.（2014）

执法最初只反映在"法治"控制变量上（La Porta et al.，1997a，1998），只不过随后的研究进一步发展了对执法的分析。例如，拉·波塔等人（1999a）分析了政府的质量及其对执法的影响。后来的研究聚焦更具体的因素，如法官的能力和激励（Glaeser et al.，2001；Glaeser and Shleifer，2002；Djankov et al.，2003b）、特殊利益集团推翻法院裁决的程度（Glaeser et al.，2003；Glaeser and Shleifer，2003）。施莱弗（2005，第442页）甚至将其监管理论称为"监管的执行理论"，因为"执法环境"决定了社会经济控制的最优制度介于纯粹基于法院的诉讼制度和公共监管两个极端之间。

5.2 对未来研究的讨论和建议

第5.1节表明，法与金融学派越来越多地采取法律现实主义的立场，强调执法的重要性。在这方面，他们也赞同强法律实证主义的"强制论"，即受到惩罚的威胁或预期是人们遵守法律的主要动机（可追溯到Austin，1832）。但是，关于法律发挥作用的机制的强实证主义及现实主义观点，既与否定有效法律来源的实证主义观点相抵触，也与前文阐述的法与金融学派接近于哈耶克法律理论的观点相矛盾（见第4节）。哈耶克认为，习惯和传统促使人们遵守法律，而强制只是最后的手段（Hayek，2011/1961，第9章）。[14]

更一般地说，法与金融学派侧重于对法律的行为效应做主观主义解释，进而导致它忽视了法律的其他行为效应，特别是规范性行为效应。这使法与金融学派的法律理论与基于法律创造了"行为的客观原因"的理论不兼容（表1，第7列）。因此，贝克尔和霍姆斯关于人们遵守法律之动机的观点与哈特的理论形成鲜明对比，后者建立在守法公民而非"坏人"的基础上（Hart，2012/1961，第40页）。他观察到，大多数公民认为，为遵守法律而遵守法律是自己的义务，而不是因为有意识地计算了惩罚带来的成本和收益。

忽略守法的客观原因不仅仅是一个理论问题，因为它可能导致错误地设定实证研究方案和相关的统计模型。所以，大量关于股东保护的实证研究都只关注投资者因产权受到有效保护或缺乏保护而投资或不投资股票的激励机制。虽然这肯定是部分原因，但这种理论分析忽视了股东保护法律规则的其他主要对

---

[14] 这一观点也与Weber（1968/1921，第81页）的观点一致，后者认为公众对法律正当性的信念至关重要，因为国家无法通过武力阻止所有违法行为。

象，也即"内部人"（董事、经理和股东），根据代理理论，他们是可能侵占股东权益的人。法与金融学派假设，内部人因为担心受到惩罚，所以遵守了保护股东的法律规则。

但是，这也许并非法律影响经济行为人的唯一机制。譬如，公司法可以反映依靠市场力量调节的普遍伦理标准。因此，法律能够借助某种信号效应发挥作用，通过发出适当行为的信号唤起行为人的道德意向。这种效应的强度或许与执法完全无关（Deakin et al.，2017a；Aguilera et al.，2013）。

无视这些理论局限性不仅是一种美学缺陷，还将导致误读和错误阐述旨在检验法律和金融假设的实证研究。这一点反映在使用小股东法律保护的相关指标〔如反董事权利指数（ADRI）和反自我交易指数（ASDI）〕的研究中，不管这类研究是否包含了直接影响相关行为的法律规则。例如，施奈尔和吉伦（Schneper and Guillen，2004）使用反董事权利指数研究法律对恶意收购活动的影响，但这项法律指标不含任何涉及恶意收购的规则。类似地，科莫等人（Cuomo et al.，2013）研究了意大利法律改革与公司治理实践之间的联系。他们使用反董事权利指数和其他国家层面的股东保护法律标准，却没有把公司治理问题当作公司层面的因变量加以关注。实际上，反董事权利指数并不包含任何关于所有权结构、股东之间存在的金字塔结构或辛迪加协议的指标，而这些都是科莫等人旨在探究的控制权增强机制。

所以严格来讲，这类研究与法律的强制性观点并不相容，这或可表明法律对公司实践的影响相对有限。也就是说，如果惩罚的威胁是行为人遵守法律的唯一动机，那么在其他条件不变的情况下，只有当法律变更直接针对公司实践时，才会导致公司实践的变化。因此，如果强制效应是法律规则对公司实践的唯一影响，实证研究应侧重于解析法律变量和公司层面的变量之间的直接对应关系。然而令人惊讶的是，很少有研究采用这种实证策略，以呼应它们将法律规则隐含地概念化为强制性和权威性的命令。这说明，关于法律如何发挥作用的隐含假设和用于检验法律是否重要的实证研究之间并不匹配（有关类似的观点，参见 Schiehll and Martins，2016）。

从以上分析可以看到，法与金融学派的未来研究需要更全面地了解法律如何引导行为人的行为。丰富的行为法与经济学文献（Zamir and Teichman，2014；Mathis，2015）可能特别适合实现这一目标。此外，弗里德曼（2016）正确地指出，法律影响行为的方式是一个跨学科主题，在政治学、社会学、经济学、犯罪学、法学和心理学等领域都有广泛研究。同样，社会法律和监管研究表明，现代国家结合不同类型的监管工具（包括法律），以不同于奥斯汀学派的用"命令与控制"方式对"执法者"施加影响（Schneiberg and Bartley，2008）。因此，狭隘地关注惩罚、执法和理性的效用最大化是否恰当地刻画了法律对经济行为人的影响，是值得怀疑的。这正是法与金融学派在未来研究中可以做出巨大贡献的突破口。

6. 结论

本文回顾了过去 20 年法与金融学的研究文献。我们阐明，这些文献主要研究不同法律变量与日益增多的经济、社会和政治结果变量之间的实证联系，以期回答"法律是否重要"的问题。但是，除了进行大量实证研究外，发展一套逻辑一致的法律理论以支持实证研究则基本上被忽视了。

我们的评论首次详细分析了法与金融学派的研究背后的法律理论假设。以五个最具影响力的西方法律理论的概念为基准，我们得出了一个出人意料的结论：对于法律是什么以及法律如何影响经济主体和结果，法与金融学派的研究明显不够。我们的分析确实表明，某些反复出现的主题构成了法与金融学派的法律理论雏形，但是，这种理论理解是初步的、不成熟的，有时甚至是矛盾的。

无论如何，这一结论带来的关键问题是，这些理论缺陷严重吗？应用经济学领域的理论是否不足以正确预测我们关注的那些结果（参见 Friedman，1966/1953）？这些问题是重要的，因为法与金融学派不仅受到理论上的挑战，还遭遇了实证研究方面的质疑。这个理论的预测能力看起来与该理论的流行程度大相径庭。[15] 事实上，已有研究表明，法律解释变量和经济结果变量之间的关联缺乏理论化，这可能是因为理论与实证研究方案之间不匹配，进而导致结果难以解释以及不同研究之间难以比较（Schiehll and Martins，2016）。

所以我们建议，尽管法与金融学派的前 20 年侧重于从实证角度证明法律的重要性，但这一研究领域的下一发展阶段需要集中探索"法律如何重要"的理论问题。在这点上，更系统地借鉴现有的法律理论文献是重要一步。这将

---

[15] 例如 Aguilera and Williams（2009），Armour et al.（2009b），Spamann（2010），Deakin et al.（2018）。

使我们可以设计出更有理论依据的实证方法，从而产生更稳健的研究结果，同时也有助于我们进一步理解法律在经济中的作用。

　　除了文献综述，我们的分析还揭示了理论在社会科学中的重要性。随着统计和实证方法变得越来越复杂，人们很容易产生一种错觉，以为复杂的方法可以让研究人员不必恰当地构建理论。的确，经济学和其他社会科学都有一种倾向，认为方法越复杂，就越不需要对变量之间的关系进行理论分析［参见 Deaton and Cartewright（2017）的随机对照试验案例］。但这是错误的观念，它会导致在各种观察环境下的经验策略不一致［参见 Schiehll and Martins（2016）对各种评论意见的再评论］。因此我们建议，在第三个 10 年，法与金融学派的研究应围绕"法律如何重要"的问题构建理论，以便更好地指导他们对"法律是否重要"问题的实证研究。希望我们对法与金融学派文献的分析能够为解决这个问题提供启发。

（颜超凡 译）

附表 A1　法与金融学派：本文分析的核心研究

研究	关注的法律变量	主要经济和政治因变量
La Porta et al. （1997a）	反董事权利指数 一股一票原则 法律起源（用作工具变量）	流通的股票市值/GNP 国内企业数/人口 首次公开募股公司数/人口 债务/GNP
La Porta et al. （1997b）	司法效率（"政府效率"范畴的因变量之一）	政府效率（见前列） 大公司的成功（20 家最大上市公司销售额/GNP） 公民在专业协会中的参与度
La Porta et al. （1998）	反董事权利指数 法律起源（工具变量）	腐败 被剥夺的风险 政府拒绝履行合同 会计准则
Hay and Shleifer （1998）	法律改革：是什么促进私人执行公共规则？	理论论文；总体目标是确定体制改革何时有效/无效
La Porta et al. （1999a）	法律起源［作为政治体制（干预主义）的代理变量］，以及第二个政治变量（种族和语言差异）	分散的股东所有权（作为股票市场发展的代理指标）
La Porta et al. （1999b）	反董事权利指数 法律起源（工具变量）	企业所有权集中度
Levine （1999）	法律起源 债权人权利 法律体系在合同执行方面的效率 会计准则	流动性负债/GDP 存款银行信贷占存款银行和央行信贷总和之比 非金融私营部门的债权分别占国内总信贷和 GDP 之比

（续表）

研究	关注的法律变量	主要经济和政治因变量
La Porta et al. (2000a)	股东和债权人保护	理论论文；总体目标是总结各国法律差异的经济后果，并评估公司治理改革的策略
Johnson et al. (2000a)	法庭使用的一般法律原则 注意义务 忠实义务	理论论文；目的是分析大陆法系国家"掏空"的法律形式
Johnson et al. (2000b)	反董事权利指数 法治	汇率变动 股市表现
La Porta et al. (2000b)	投资者保护：基于 ADRI 样本中位数的虚拟变量	股利政策
Beck et al. (2000)	法律起源	实际人均 GDP 增长率和人均物质资本增长率 生产率增长
Mahoney (2001)	法律起源	1960—1992 年实际人均 GDP 年均增长率
Glaeser et al. (2001)	合同/执法制度的类型（法院与公共监管机构）	股市市值/GDP 上市公司数量 通过公开发行募集的资金
Djankov et al. (2002)	对进入的监管： 程序数量 开办企业的最低时间和最低成本 法律起源	社会结果，例如符合 ISO9000 认证、水污染、意外中毒死亡、非正规经济规模、产品市场竞争腐败（基于腐败感知指数）
La Porta et al. (2002a)	反董事权利指数 法律起源	托宾 Q 值（以及行业调整后的托宾 Q 值）

作者		
La Porta et al.（2002b）	反事权利指数 法律起源（国家干预的代理指标） 法治	商业银行的国家所有权 增长指标，如人均 GDP，股票市值/GDP，信贷/GDP 等
Shleifer and Wolfenzon（2002）	衡量投资者保护：惩罚的可能性	理论论文；旨在阐述"富国穷国之间的资本流动模式以及投资者保护改革"的政治"
Glaeser and Shleifer（2002）	主权者对司法的集中控制程度	理论论文；参考先前研究中"观察到的社会利经济结果"
Djankov et al.（2003a）	"失序"（"邻居"〈侵占〉与"独裁"（政府侵占）之间的权衡	理论论文；旨在说明经济发展的普遍差异
Djankov et al.（2003b）	在驱逐程序和收回拒付支票方面的法律形式主义 执法制度类型： （1）私人诉讼 （2）政府法规 （3）1 和 2 的组合 （4）放任自由 推翻裁决（法院）	形式主义指数及其组成部分为因变量；经济变量，法律起源等为解释变量
Glaeser and Shleifer（2003）		理论论文；最终目的是进一步理解保护产权的意义
Glaeser et al.（2003）	法律起源方面： 司法独立、司法审查	理论论文；目的是了解资本积累和增长的差异
Beck et al.（2003）	法律起源的相关方面：法律体系的适应性 司法起源的政治独立性	私人信贷 股票市场发展（以流通的股票市值/GDP 衡量） 产权

（续表）

研究	关注的法律变量	主要经济和政治因变量
Glaeser et al. （2004）	政体对行政权力的制约 法律起源	不同时期的人均 GDP 增长率
Botero et al. （2004）	劳动法规 法律起源	劳动法规的内容作为因变量；法律起源、人均 GDP 等作为解释变量
La Porta et al. （2004）	司法独立与合宪审查 法律起源	产权指数 就业法指数 法庭程序 民主 政治权利指数 人权指数
Mulligan and Shleifer （2005）	监管密度 （美国各州法规的页数）	监管密度为因变量；律师数量、收入差异等为解释变量
Shleifer （2005）	监管选择的执行理论：失序与独裁之间的权衡	理论论文；目的是进一步理解"有效制度选择"，例如证券市场的社会控制
Beck et al. （2005）	法律起源的相关方面：法律体系的适应性 司法独立的政治因变量	对一般融资障碍、长期贷款抵押要求、文书/官僚主义等问题的调查
Levine （2005）	产权保护 法律起源	产权为因变量；法律起源、宗教、种族分裂等为解释变量

La Porta et al. (2006)	证券法规则：招股说明书披露、责任等	股市市值 人均国内公司数量 首次公开募股额 大宗股权溢价股权的可获得性 所有权集中度 股市成交额/GDP
Gennaioli and Shleifer (2007a)	"否决"是普通法下修改判例的一种机制	理论论文；旨在评估和了解普通法的效率
Gennaioli and Shleifer (2007b)	"区分"是普通法下修改判例的一种机制	理论论文；旨在评估和了解普通法的效率
Djankov et al. (2007)	法定的债权人权利 私人和公共起源 法律起源	私人信贷/GDP 公共信贷登记处和（或）私人信贷机构的数据
La Porta et al. (2008)	综述论文 法律起源 反董事权利指数	回顾其他论文概述的变量
Djankov et al. (2008a)	反自我交易指数	股票市值/GDP 大宗股权溢价 人均上市公司数量 IPO/GDP 所有权集中度

（续表）

研究	关注的法律变量	主要经济和政治因变量
La Porta and Shleifer (2008)	法治；遵守劳动法的成本	衡量非正规经济规模的各种指标如逃税、自营、注册公司；每位员工的销售额；每位员工的产出
Djankov et al. (2008b)	衡量债务执行效率（案例：酒店破产）法律起源	债务执行效率为因变量；法律起源为解释变量之一
Gennaioli and Shleifer (2008)	事实调查过程中的司法自由裁量权	理论论文；目的是评估和了解普通法的效率；这里基于侵权法对事故的法律规定的演变
Balas et al. (2009)	法律程序的形式主义（Djankov 等人 2003 年将其扩展至 1950—2000 年）	程序形式主义为因变量；法律来源为解释变量之一
Aghion et al. (2010)	监管需求的决定因素	对进入和劳动力市场的监管（基于先前的研究）对信任问题的调查
Djankov et al. (2010b)	公司税率	每单位 GDP 的投资；每单位 GDP 的外国直接投资；人均业务密度；公司数量；非正规经济规模；债务权益比
Djankov et al. (2010c)	跨境贸易限制	关于标准货物从工厂到装运所需天数的数据

Niblett et al. (2010)	法律规则效率的演变（经济损失规则）	建筑纠纷中经济损失规则的演变
Botero et al. (2013)	教育 政府质量	公民对政策的滥用、入室盗窃、人身攻击等问题的投诉 地区人均 GDP
Gennaioli et al. (2013)	制度变量，如腐败、安全成本、政府可预测性	销售减去原材料和能源支出 每单位 GDP 的地区收入
La Porta and Shleifer (2014)	法治 遵守劳动法的成本	每个机构的雇员人数，在大公司工作的人数和人均资本
Gennaioli et al. (2014)	跨区域要素流动的法律/监管障碍 法律起源（控制变量）	衡量生活水平的指标，如电力、电视、广播等的供应情况
Bordalo et al. (2015)	司法裁决（裁决偏向，尤其是非常显著的偏向）	理论论文；旨在评估和理解判例法的效率，特别是分析权力行为中的损害赔偿
Glaeser et al. (2016)	推翻司法	对解决合同纠纷和合同合法性认知的调查
Djankov et al. (2016)	腐败感知与政府绩效	对生活满意度的调查
Djankov et al. (2017)	监管改革（基于《营商环境报告》）为因变量	财政失衡
Giambona et al. (2017)	美国法律变化背景下的债权人保护	低资信公司的破产申请和债务容量（debt capacity）

参考文献

Acemoglu, D. and Robinson, J. A. (2012) *Why Nations Fail: The Origins of Power, Prosperity, and Poverty*, New York, Crown Business.

Adriaenssens, S. and Hendrickx, J. (2015) "Can Informal Economic Activities Be Explained by Social and Institutional Factors? A Comparative Analysis", *Socio-Economic Review*, 13, 627 – 649.

Angner, E. (2007) *Hayek and Natural Law*, Abingdon, Routledge.

Aguilera, R. V., Goyer, M. and Kabbach-Castro, L. R. (2013) "Regulation and Comparative Corporate Governance". In Wright, M., Siegel, D. S., Keasey, K., and Filatotchev, I. (eds) *Handbook of Corporate Governance*, Oxford, Oxford University Press, pp. 23 – 45.

Aghion, P., Algan, Y., Cahuc, P. and Shleifer, A. (2010) "Regulation and Distrust", *Quarterly Journal of Economics*, 125, 1015 – 1049.

Aguilera, R. V. and Jackson, G. (2010) "Comparative and International Corporate Governance", *Academy of Management Annals*, 4, 485 – 556.

Aguilera, R. and Williams, C. (2009) "Law and Finance: Inaccurate, Incomplete, and Important", *Brigham Young University Law Review*, 2009, 1413 – 1434.

Armour, J., Deakin, S., Lele, P. and Siems, M. (2009a) "How Do Legal Rules Evolve? Evidence from a Cross-Country Comparison of Shareholder, Creditor and Worker Protection", *American Journal of Comparative Law*, 57, 579 – 629.

Armour, J., Deakin, S., Sarkar, P., Siems, M., Singh, A. (2009b) "Shareholder Protection and Stock Market Development: An Empirical Test of the Legal Origin Hypothesis", *Journal of Empirical Legal Studies*, 6, 343 – 380.

Austin, J. (1832) *The Province of Jurisprudence Determined*, London, John Murray.

Balas, A., La Porta, R., Lopez-de-Silanes, F., Shleifer, A. (2009) "The Divergence of Legal Procedures", *American Economic Journal: Economic Policy*, 1, 1 – 45.

Beck, T., Demirgüç-Kunt, A. and Levine, R. (2003) "Law and Finance: Why Does Legal Origin Matter?", *Journal of Comparative Economics*, 31, 653 – 675.

Beck, T., Demirgüç-Kunt, A. and Levine, R. (2005) "Law and Firms' Access to Finance", *American Law and Economics Review*, 7, 211 – 252.

Beck, T., Levine, R. and Loayza, N. (2000) "Finance and the Sources of Growth", *Journal of Financial Economics*, 58, 261 – 300.

Becker, G. (1968) "Crime and Punishment: An Economic Approach", *Journal of Political Economy*, 76, 169 – 217.

Bedu, N. and Montalban, M. (2014) "Analysing the Uneven Development of Private Equity in Europe: Legal Origins and Diversity of Capitalism", *Socio-Economic Review*, 12, 33 – 70.

Bordalo, P., Gennaioli, N. and Shleifer, A. (2015) "Salience Theory of Judicial Decisions", *Journal of Legal Studies*, 44, S7 – S33.

Botero, J. C., Djankov, S., La Porta, R., Lopez-de-Silanes, F. and Shleifer, A. (2004) "The Regulation of Labor", *The Quarterly Journal of Economics*, 119, 1339 – 1382.

Botero, J., Ponce, A. and Shleifer, A. (2013) "Education, Complaints, and Accountability", *Journal of Law & Economics*, 56, 959 – 996.

Callaghan, H. (2015) "Who Cares about Financialization? Self-Reinforcing Feedback, Issue Salience, and Increasing Acquiescence to Market-Enabling Takeover Rules", *Socio-Economic Review*, 13, 1 – 20.

Cheffins, B. R. (2001) "Does Law Matter? the Separation of Ownership and Control in the United Kingdom", *Journal of Legal Studies*, 30, 459 – 484.

Claessens, S. and Laeven, L. (2003) "Financial Development, Property Rights, and Growth", *The Journal of Finance*, 58, 2401 – 2436.

Coase, R. (1960) "The Problem of Social Cost", *Journal of Law and Economics*, 3, 1 – 44.

Coffee, J. C. (2000) "The Rise of Dispersed Ownership: The Role of Law in the Separation of Ownership and Control", *Columbia Law and Economics Working Paper*, 182, 1 – 95.

Colli, A. (2013) "State of the Art. Family Firms between Risks and Opportunities: A Literature Review", *Socio-Economic Review*, 11, 577 – 599.

Cuomo, F., Zattoni, A. and Valentini, G. (2013) "The Effects of Legal Reforms on the Ownership Structure of Listed Companies", *Industrial and Corporate Change*, 22, 427 – 458.

Dam, K. (2006) *The Law-Growth Nexus: The Rule of Law and Economic Development*, Washington, DC, Brookings Institution Press.

Darcillon, T. (2015) "How Does Finance Affect Labor Market Institutions? An Empirical Analysis in 16 OECD Countries", *Socio-Economic Review*, 13, 477 – 504.

Deakin, S. and Pistor, K. (eds) (2012). *Legal Origin Theory*, Cheltenham, Edward Elgar.

Deakin, S., Sarkar, P. and Singh, A. (2011) "An End to Consensus? The (Non) Impact of Legal Reforms on Financial Development", CBR Working Paper, 423, 1 – 34.

Deakin, S., Gindis, D., Hodgson, G. M., Huang, K. and Pistor, K. (2017a) "Legal Institutionalism: Capitalism and the Constitutive Role of Law", *Journal of Comparative Economics*, 45, 188 – 200.

Deakin, S., Mollica, V. and Sarkar, P. (2017b) "Varieties of Creditor Protection: Insolvency Law Reform and Credit Expansion in Developed Market Economies", *Socio-Economic Review*, 15, 359 – 384.

Deakin, S., Sarkar, P. and Siems, M. (2018) "Is There a Relationship between Shareholder Protection and Stock Market Development?", *Journal of Law, Finance, and Accounting*, 3, 115 – 146.

Deaton, A. and Cartewright, N. (2017) "Understanding and Misunderstanding Randomized Controlled Trials", *Social Science & Medicine*, 210, 2, doi: 10.1016/j.socscimed.2017.12.005.

DiMaggio, P. and Powell, W. (1984) "The Iron Cage Revisited: Institutional Isomorphism And Collective Rationality", *American Sociological Review*, 42, 726 – 768.

Djankov, S., La Porta, R., Lopez-de-Silanes, F. and Shleifer, A. (2002) "The Regulation of Entry", *Quarterly Journal of Economics*, 117, 1 – 37.

Djankov, S., Glaeser, E., La Porta, R., Lopez-de-Silanes, F. and Shleifer, A. (2003a) "The New Comparative Economics", *Journal of Comparative Economics*, 31, 595 – 619.

Djankov, S., La Porta, R., Lopez-de-Silanes, F. and Shleifer, A. (2003b) "Courts", *Quarterly Journal of Economics*, 118, 453 – 517.

Djankov, S., McLiesh, C. and Shleifer, A. (2007) "Private Credit in 129 Countries", *Journal of Financial Economics*, 12, 77 – 99.

Djankov, S., La Porta, R., Lopez-de-Silanes, F. and Shleifer, A. (2008a) "The Law and Economics of Self-Dealing", *Journal of Financial Economics*, 88, 430 – 465.

Djankov, S., Hart, O., McLiesh, C. and Shleifer, A. (2008b) "Debt Enforcement around the World", *Journal of Political Economy*, 116, 1105 – 1150.

Djankov, S., La Porta, R., Lopez-de-Silanes, F. and Shleifer, A. (2010a) "Disclosure by Politicians", *American Economic Journal: Applied Economics*, 2, 179 – 209.

Djankov S., Ganser T., McLiesh, C., Ramalho, R. and Shleifer, A. (2010b) "The Effect of Corporate Taxes on Investment and Entrepreneurship", *American Economic Journal: Economic Policy*, 2, 31 – 64.

Djankov, S., Freund, C. and Pham, C. S. (2010c) "Trading on Time", *Review of Economics and Statistics*, 92, 166 – 173.

Djankov, S., Nikolova, E. and Zilinsky, J. (2016) "The Happiness Gap in Eastern Europe", *Journal of Comparative Economics*, 44, 108 – 124.

Djankov, S., Georgieva, D. and Ramalho, R. (2017) "Determinants of Regulatory Reform", LSE Financial Markets Group Research Centre Discussion Paper No 765, London, London School of Economics.

Easterbrook, F. and Fischel, D. R. (1991). *The Economic Structure of Corporate Law*, Harvard, Harvard University Press.

Emmenegger, P. and Marx, P. (2011) "Business and the Development of Job Security Regulations: The Case of Germany", *Socio-Economic Review*, 9, 729 – 756.

Fama, E. (1980) "Agency Problems and the Theory of the Firm", *Journal of Political Economy*, 88, 288 – 307.

Finnis, J. (2011/1980) *Natural Law and Natural Rights*, Oxford, Oxford University Press. Friedman, L. M. (2016) *Impact: How Law Affects Behavior*, Cambridge, Harvard University Press.

Gennaioli, N. and Shleifer, A. (2007a) "Overruling and the Instability of Law", *Journal of Comparative Economics*, 35, 309 – 328.

Gennaioli, N. and Shleifer, A. (2007b) "The Evolution of Common Law", *Journal of Political Economy*, 115, 43 – 68.

Gennaioli, N., La Porta, R., Lopez-de-Silanes, F. and Shleifer, A. (2013) "Human Capital and Regional Development", *Quarterly Journal of Economics*, 128, 105 – 164.

Gennaioli, N. and Shleifer, A. (2008) "Judicial Fact Discretion", *Journal of Legal Studies*, 37, 1 – 35.

Gennaioli, N., La Porta, R., Lopez-de-Silanes, F. and Shleifer, A. (2014) "Growth in Regions", *Journal of Economic Growth*, 19, 259 – 309.

Glaeser, E., Ponzetto, G. and Shleifer, A. (2016) "Securing Property Rights", NBER Working Paper No. 22701, Cambridge, MA, National Bureau of Economic Research.

Giambona, E., Lopez de Silanes, F. and Matta, R. (2007) "Stiffing the Creditor: The Effect of Asset Verifiability on Bankruptcy", Working Paper available at https://ssrn.com/abstract = 2912366.

Glaeser, E., Johnson, S. and Shleifer, A. (2001) "Coase versus the Coasians", *The Quarterly Journal of Economics*, 116, 853 – 899.

Glaeser, E., La Porta, R., Lopez-de-Silanes, F. and Shleifer, A. (2004) "Do Institutions Cause Growth?", *Journal of Economic Growth*, 9, 271 – 303.

Glaeser, E., Scheinkman, J. and Shleifer, A. (2003) "The Injustice of Inequality", *Journal of Monetary Economics*, 50, 199 – 222.

Glaeser, E. and Shleifer, A. (2003) "The Rise of the Regulatory State", *Journal of Economic Literature*, 41, 401 – 425.

Glaeser, E. and Shleifer, A. (2002) "Legal Origins", *The Quarterly Journal of Economics*, 117, 1193 – 1229.

Glaeser, E. L., Johnson, S. and Shleifer, A. (2001) "Coase versus the Coasians", *The Quarterly Journal of Economics*, 116, 853 – 898.

Green, L. (2013) "Should Law Improve Morality?", *Criminal Law and Philosophy*, 7, 473 – 494.

Green, M. (2005) "Legal Realism as Theory of Law", *William & Mary Law Review*, 46, 1915 – 2000.

Hall, P. A. and Taylor, R. C. R. (1996) "Political Science and the Three New Institutionalisms", *Political Studies*, 44, 936 – 957.

Hart, H. (2012/1961) . *The Concept of Law*, *Oxford*, Oxford University Press.

Hay, J. and Shleifer, A. (1998) "Private Enforcement of Public Laws: A Theory of Legal Reform", *American Economic Review Papers and Proceedings*, 88, 398 – 403.

Hayek, F. (2013/1982) . *Law, Legislation and Liberty*, London, Routledge.

Hayek, F. (2011/1960) . *The Constitution of Liberty. The Definitive Edition*, (ed. Hamowy, R.), *The Collected Works of F. A. Hayek* Vol. XVII, Chicago, University of Chicago Press.

Holmes, O. (1897) "The Path of the Law", *Harvard Law Review*, 10, 457 – 478.

Huo, J. (2014) "Insider and Public Information in Varieties of Capitalism", *Socio-Economic Review*, 12, 489 – 515.

Jackson, G. and Deeg, R. (2008) "Comparing Capitalisms: Understanding Institutional Diversity and Its Implications for International Business", *Journal of International Business Studies*, 39, 540 – 561.

Jensen, M. C. and Meckling, W. H. (1976) "Theory of the Firm: Managerial Behavior, Agency Costs and Ownership Structure", *Journal of Financial Economics*, 3, 305 – 360.

Johnson, S. , La Porta, R. , Lopez-de-Silanes, F. and Shleifer, A. (2000a) "Tunneling", *American Economic Review*, 90, 22 – 27.

Johnson, S. , Boone, P. , Breach, A. and Friedman, A. (2000b) "Corporate Governance in the Asian Financial Crisis", *Journal of Financial Economics*, 58, 141 – 186.

Katelouzou, D. and Siems, M. (2015) "Disappearing Paradigms in Shareholder Protection: Leximetric Evidence for 30 Countries, 1990 – 2013", *Journal of Corporate Law Studies*, 15, 127 – 160.

La Porta, R. and Shleifer, A. (2008) "The Unofficial Economy and Economic Development", *Brookings Papers on Economic Activity*, 1, 65.

La Porta, R. and Shleifer, A. (2014) "Informality and Development", *Journal of Economic Perspectives*, 28, 109 – 126.

La Porta, R. , Lopez-de-Silanes, F. , Shleifer, A. and Vishny, R. W. (1997a) "Legal Determinants of External Finance", *Journal of Finance*, 52, 1131 – 1150.

La Porta, R. , Lopez-de-Silanes, F. , Shleifer, A. and Vishny, R. W. (1997b) "Trust in Large Organizations", *AEA Papers and Proceedings*, 87, 333 – 338.

La Porta, R. , Lopez-de-Silanes, F. , Shleifer, A. and Vishny, R. W. (1998) "Law and Finance", *Journal of Political Economy*, 106, 1113 – 1155.

La Porta R. , Lopez-de-Silanes F. , Shleifer A. and Vishny R. W. (1999a) "The Quality of Government", *Journal of Law, Economics and Organization*, 15, 222 – 279.

La Porta, R. , Lopez-de-Silanes, F. and Shleifer, A. (1999b) "Corporate Ownership around the World", *Journal of Finance*, 54, 471 – 517.

La Porta, R. , Lopez-de-Silanes, F. , Shleifer, A. and Vishny, R. W. (2000a) "Investor Protection and Corporate Governance", *Journal of Financial Economics*, 58, 3 – 27.

La Porta, R. , Lopez-de-Silanes, F. , Shleifer, A. and Vishny, R. W. (2000b) "Agency Problems and Dividend Policies around the World", *Journal of Finance*, 55, 1 – 33.

La Porta, R. , Lopez-de-Silanes, F. , Shleifer, A. and Vishny, R. (2002a) "Investor Protection and Corporate Valuation", *Journal of Finance*, 57, 1147 – 1170.

La Porta, R. , Lopez-de-Silanes, F. , Shleifer, A. (2002b) "Government Ownership of Banks", *Journal of Finance*, 57, 265 – 301.

La Porta, R. , Lopez-de-Silanes, F. , Shleifer, A. and Vishny, R. W. (2004) "Judicial Checks & Balances", *Journal of Political Economy*, 112, 445 – 470.

La Porta, R., Lopez-de-Silanes, F. and Shleifer, A. (2006) "What Works in Securities Laws?", *Journal of Finance*, 61, 1 – 32.

La Porta, R., Lopez-de-Silanes, F. and Shleifer, A. (2008) "The Economic Consequences of Legal Origins", *Journal of Economic Literature*, 46, 285 – 332.

Lehrer, M. and Celo, S. (2016) "German Family Capitalism in the 21st Century: Patient Capital between Bifurcation and Symbiosis", *Socio-Economic Review*, 14, 729 – 750.

Lele, P. and Siems, M. (2007) "Shareholder Protection: A Leximetric Approach", *Journal of Corporate Law Studies*, 7, 17 – 50.

Levine, R. (1999) "Law, Finance, and Economic Growth", *Journal of Financial Intermediation*, 8, 8 – 35.

Levine, R. (2005) "Law, Endowments and Property Rights", *Journal of Economic Perspectives*, 19, 61 – 88.

Mahoney, P. (2001) "The Common Law and Economic Growth: Hayek Might Be Right", *The Journal of Legal Studies*, 30, 503 – 525.

Mathis, K. (2015) *European Perspectives on Behavioural Law and Economics*, Cham, Springer.

Milhaupt, C. J. and Pistor, K. (2008). *Law & Capitalism: What Corporate Crises Reveal about Legal Systems and Economic Development around the World*, Chicago, Chicago University Press.

Mulligan, C. and Shleifer, A. (2005) "The Extent of the Market and the Supply of Regulation", *Quarterly Journal of Economics*, 120, 1445 – 1473.

Niblett, A., Posner, R. and Shleifer, A. (2010) "The Evolution of a Legal Rule", *Journal of Legal Studies*, 39, 325 – 358.

North, D. (1990) *Institutions, Institutional Change and Economic Performance*, Cambridge, Cambridge University Press.

Oto-Peralías, D. and Romero-Ávila, D. (2017). "Legal Reforms and Economic Performance: Revisiting the Evidence", World Development Report 2017, Background Paper, accessed at http://pubdocs.worldbank.org/en/193351485539892515/WDR17-BP-Revisiting-Legal-Origins.pdf.

Ogus, A. (1989) "Law and Spontaneous Order: Hayek's Contribution to Legal Theory", *The Journal of Law and Society*, 16, 393 – 409.

Perry, S. (2006) "Hart on Social Rules and the Foundations of Law: Liberating the Internal Point of View", *University of Pennsylvania Law School Faculty Scholarship*, 2006, 1107 – 1209.

Pistor, K. (2009) "Rethinking the 'Law and Finance' Paradigm", *BYU Law Review*, 2009, 1647 – 1670.

Posner, R. A. (2006) "A Review of Steven Shavell's Foundations of Economic Analysis of Law", *Journal of Economic Literature*, 44, 405 – 414.

Posner, R. (1973) *Economic Analysis of Law*, Boston, Little-Brown.

Roe, M. J. (2006) "Legal Origins, Politics, and Modern Stock Markets", *Harvard Law Review*, 120, 460 – 527.

Roe, M. J. and Siegel, J. (2009) "Finance and Politics: A Review Essay Based on Kenneth Dam's Analysis of Legal Traditions in the Law-Growth Nexus", *Journal of Economic Literature*, 47, 781 – 800.

Santos, A. (2006) "The World Bank's Uses of the "Rule of Law" Promise in Economic Development". In Trubek, D. M. and Santos, A. (eds) *The New Law and Economic Development: A Critical Appraisal*, Cambridge, Cambridge University Press, pp. 253 – 300.

Sartori, G. (1970) "Concept Misformation in Comparative Politics", *American Political Science Review*, 64, 1033 – 1053.

Schiehll, E. and Martins, H. (2016) "Cross-National Governance Research: A Systematic Review and Assessment", *Corporate Governance: An International Review*, 24, 181 – 199.

Schneiberg, M. and Bartley, T. (2008) "Organizations, Regulation, and Economic Behavior: Regulatory Dynamics and Forms from the Nineteenth to Twenty-First Century", *Annual Review of Law and Social Science*, 4, 31 – 61.

Schneider, B. R. and Karcher, S. (2010) "Complementarities and Continuities in the Political Economy of Labor Markets in Latin America", *Socio-Economic Review*, 8, 623 – 651.

Schneper, W. D. and Guillén, M. F. (2004) "Stakeholder Rights and Corporate Governance: A Cross-National Study of Hostile Takeovers", *Administrative Science Quarterly*, 49, 263 – 295.

Schnyder, G. (2012). "Measuring Corporate Governance: Lessons from the ' Bundles Approach ' ", Cambridge Centre for Business Research Working Paper No. 438, Cambridge, University of Cambridge.

Shleifer, A. (2005) "Understanding Regulation", *European Financial Management*, 11, 439 – 451.

Shleifer, A. and Wolfenzon, D. (2002) "Investor Protection and Equity Markets", *Journal of Financial Economics*, 66, 3 – 27.

Siems, M. (2007) "Reconciling Law & Financeand Comparative Law", *McGill Law Journal*, 52, 55 – 81.

Spamann, H. (2010) "The " anti-Directors Rights Index" Revisited", *Review of Financial Studies*, 23, 467 – 486.

Stigler, G. J. (1964) "Public Regulation of the Securities Market", *The Journal of Business*, 37, 117 – 142.

Tamanaha, B. Z. (2017). *A Realistic Theory of Law*, Cambridge, Cambridge University Press.

Tepe, M., Gottschall, K. and Kittel, B. (2010) "A Structural Fit between States and Markets? Public Administration Regimes and Market Economy Models in the OECD", *Socio-Economic Review*, 8, 653 – 684.

The World Bank. (2004 – 2017). *Doing Business*, Washington, DC, The World Bank, accessed at: http://www.doingbusiness.org/.

Volmer, P. B., Werner, R. and Zimmermann, J. (2007) "New Governance Modes for Germany's Financial Reporting System: Another Retreat of the Nation State?", *Socio-Economic Review*, 5, 437 – 465.

Weber, M. (1968 [1921]) *Economy and Society*, Berkeley, University of California Press.

Witt, M. A. and Redding, G. (2013) "Asian Business Systems: Institutional Comparison, Clusters and Implications for Varieties of Capitalism and Business Systems Theory", *Socio-Economic Review*, 11, 265 – 300.

Zamir, E. and Teichman, D. (2014) *The Oxford Handbook of Behavioral Economics and the Law*, Oxford, Oxford University Press.

法治、金融与经济发展
一个基于抵押品的极简框架

王永钦*

一、引言

从经济发展史的角度看，人类社会发展可以分为两个阶段：一是前现代社会，这个阶段并不存在真正意义上的经济增长，历史的进程不过是对昨天的重复，人们对未来缺乏信心，过去基本决定未来；二是现代社会（工业革命之后），在这个阶段，经济增长才成为一种社会现象；人类对未来才有了各种增长的预期和不同的信念，经济发展需要由信心和信贷驱动，因而未来的预期开始决定今天的行为，金融也就变得至关重要，因为金融是打通现在和未来的桥梁。因此，要理解现代社会的经济发展、经济周期和收入差距等问题，我们必须首先理解金融的本质。

金融在经济发展中到底发挥了何种作用？一般而言，金融体系至少有以下三大功能：其一是融资功能，社会上有创意的人未必有资源，有资源的人未必

---

* 复旦大学经济学院教授、博士生导师，复旦大学泛海国际金融学院礼聘教授。作者感谢国家社科基金重大项目"新阶段、新理念、新格局下我国金融结构优化与高质量发展研究"（22ZDA028），国家自然科学基金面上项目"中国债券市场和货币市场的流动性风险与违约风险：识别、评估与防范"（72073034），国家自然科学基金创新研究群体项目"中国经济发展规律与治理机制研究"（72121002）的资助。作者感谢习丰园、褚浩男、董雯、薛笑阳、王永等在本文写作过程中的投入，感谢宋铮和吴素萍的评论。

有创意，金融以信用创造的方式转移资源、做大蛋糕，使社会可以实现帕累托改进。其二是保险功能，在经济社会发展过程中，各类风险如影随形，重要的创新活动尤其具有高风险特征。一个法律、金融体系落后的国家往往缺乏完善的保险制度，这不仅影响人们的福利水平，而且企业家失败后就很难东山再起，创新活动的积极性也随之受挫，经济发展的动力严重不足。正如洛克菲勒所言，如果没有保险，也就不会有纽约这座城市。有了火灾保险之后，大家才敢建高楼大厦，才可能有纽约这样高楼林立的大都市。故而，好的保险体系也是构建现代经济大厦的基础。其三是信息生产功能，个体对社会的看法、对项目的看法可能是偏颇的，如果有好的金融体系和金融市场，那么通过买卖金融合约（包括股票和债券等），就可以让价格来反映人们对各种项目的看法以及关于未来的观点和思想。如果金融市场足够有效，价格内含的智慧加总会远超个体的智慧；而开放的金融市场会加总更多来自世界各地的想法，市场的信息效率会更高。此外，信息生产会进一步促进融资。例如，企业的托宾 Q 值①越高，说明其项目市场前景和投资价值越高，企业能得到更多融资；同时企业家依据反映在托宾 Q 值中的市场对项目的看法，调整自己的实际经济决策和活动，即金融市场的"信息反馈功能"。金融体系的这三大功能归根结底是由不同的金融合约来实施的，其实现效果如何，很大程度上依赖于特定经济体的法治等基础性制度。因此，一个社会的金融合约结构最终与制度密切相关。

二、金融合约与制度要求

任何金融合约都是一种跨期的承诺，由于合约的不完备性，都需要某种抵押品（Geanakoplos，1997，2003），即任何金融合约都可以看成是承诺和抵押品的组合。债权和股权是金融体系两类最基础的合约，通过分析债权和股权这两种基本金融工具，我们可以很清楚地看到金融合约中抵押品的作用。如图 1 和图 2 所示，图中的横坐标为抵押品价值（通过法律实施而得到的现金流），纵坐标为未来承诺的偿付。d（x）与 s（x）则分别代表了债权合约与股权合约的总收益。若其为债权合约，假设面值为 100 元。如果抵押品价值大于 100 元，那么债务就不会违约，此时债权合约未来承诺的偿付即为 100 元。但如果抵押品价

---

① 托宾 Q 值由 1981 年诺贝尔经济学奖获得者詹姆斯·托宾提出，用企业的市值/企业的重置成本衡量。

值低于100元，违约就会发生，损失的金额为此前承诺偿付的100元与抵押品实际价值之间的差额，期望损失为图1中三角形的面积（也是债权合约的信息敏感度）。因此，当抵押品价值大于100元时，债权人就没有动机去搜集关于抵押品的信息。仅当抵押品价值小于100元时，债权人才会对抵押品的信息变得敏感。所以，总体而言，债权合约对信息不敏感，除非抵押品价值跌到了较低的水平，因此对于验证抵押品状态的法律制度要求也相应较低（Dang et al.，2013）。但股权则正好相反。为了更清楚地说明股权合约结构，我们考虑一个完全通过股权融资的公司，横轴代表股权的抵押品价值（即法律能够实施的现金流），纵轴代表股东得到的偿付。图2中三角形区域就代表了股权投资者的收益（也是股权合约，如股票的信息敏感度）。所以，股票收益对于抵押品的信息是高度敏感的［s（x）这个函数是45度线］，对验证状态的法律制度的要求就很高。

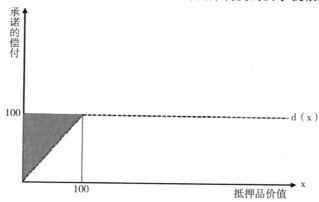

图1 债权合约与抵押品价值

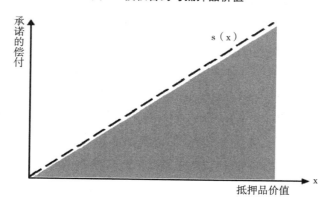

图2 股权合约与抵押品价值

这些金融合约又可以进一步作为抵押品，而形成新的金融合约。一个社会中抵押品的结构和金融体系的构建，最终是由其法律体系和金融创新决定的。法律体系（特别是产权法、合同法、抵押法、信托法、公司法、破产法）是决定一国抵押品的量和结构，进而影响其金融体系的基础性制度（Pistor，2019）。在中国经济发展过程中，法律体系和金融体系尚不完善，抵押品资产匮乏，企业和政府官员的"关系"也充当了执行合约的抵押品（王永钦，2009；Bai et al.，2020）。欧阳敏和张圣醒（2020）的研究发现，地方官员与企业的"关系"受到冲击（如反腐运动）会产生一个意想不到的后果："抵押品"变得更为稀缺，进而导致所有的抵押品类资产价格（如住房）都会上涨。同时，这些企业家还会用股权做质押来缓解企业融资约束。由上可知，产权和法律体系十分重要，它们决定了一个社会底层的抵押品是什么：一个社会如果没有清晰的产权界定制度，那么人们就会想办法用其他抵押品来实施合约。也就是说，明晰的产权不仅在局部均衡意义上是有效率的（科斯定理），而且在一般均衡意义上，明晰的产权也有助于创造抵押品，进而影响整个金融和经济体系的构建。

债权和股权在发挥金融的三个基本功能（融资、保险与信息生产）方面，各具比较优势。从融资功能看，债权合约优于股权合约，体现在作为融资工具和抵押品两个方面的优势。我们前面讲过，相对于股权而言，债权合约对抵押品信息更不敏感，这是因为债权人更加关注抵押品的最差状态（即违约状态），更适合作为融资工具支持企业项目的持续进行；而股权合约则对抵押品的信息非常敏感。理论上我们可以证明，债权合约对信息最不敏感，逆向选择问题最轻，因此融资成本较低，这使得债权合约（如债券）本身又可以进一步成为高质量的抵押品（如在货币市场）；而股权合约（如股票）对信息最敏感，逆向选择问题最严重，因而股权融资成本也最高。

在风险分担功能上，股权合约要优于债权合约。债务具有"反保险"（anti-insurance）的特质，这是因为不管状态如何，债权人都有权利要求债务人偿还债务，是一种非状态依存（non state-contingent）的刚性合约。此外，风险往往由那些收入水平较低的脆弱群体承担，这些人往往也背负着更多的债务，因而抗风险能力差，这导致危机来临时他们面临的损失也最惨重，2008年金融危机时的状况就是如此。

在信息加总功能方面，股权合约优于债权合约。正因为债权合约是非状态依存合约，对信息并不敏感，在正常状态下信息的生产不会给价值的评估带来额外收益，所以市场中针对债权合约的信息生产也相对较少。而股权则不同，大量投资者和分析师在市场上投入很多精力，进行股票相关的信息生产活动。虽然股权融资在中国的社会融资总量中仅占3%，但是它在加总信息、反映真实价值上具有不可替代的重要作用。有研究发现，中国股市的信息效率并不低（Carpenter et al.，2021）。表1系统地总结了债权和股权的区别。

中国股权与债权的融资结构与制度发展不无关系。中国债务存量高、占融资总量比重高，这是因为债务对制度依赖性较低，只在极端情况下人们才需要验证债务背后的抵押品价值，而股权融资需要一系列公开透明、机制完善的市场制度配合方能发挥传递有效信息、优化资源配置的重要功能。因而在一个法治尚需进一步健全的国家，更加适合用债权合约来融资。不仅中国，像发展初期的日本、韩国等东亚国家也是以债权融资为主。而在对投资者保护更好的英美普通法系的金融市场中，股权融资则更为重要。

表1　股权与债权两种金融合约结构对比

两个完全不同的系统	
股票市场	**债权/货币市场**
风险分担	提供流动性
价格发现	抑制价格发现
信息敏感	信息不敏感
透明	不透明
信息生产投资高	信息生产投资低
大量交易者（交易所）	少量交易者（双边、场外）
非紧急交易	紧急交易
交易量变化大	交易量稳定
宏观外部性小	宏观外部性大

但系统性金融风险方面，相对于股权，债权具有更强的外部性，这是因为不同机构的资产负债表通过债务直接相连，一笔债务的违约可能引发企业债务的全面崩溃；而股权就是所有权，并不与其他机构在资产负债表上产生直接的联系。也就是说，债权会有更大的外部性，又因为债权合约对信息不敏感，从而能为金融体系提供稳定的流动性，所以流动性收紧会通过企业之间的资产负债表关联产生系统性的影响。实际上，金融危机往往表现为市场对债权合约背

后（平常信息不敏感）的抵押品（如住房）突然变得敏感了。例如，如果住房价格一直上涨，人们不会担心违约的发生。一旦住房价格或者其他抵押品价格跌到"承诺"（即债权的面值）之下，所有人就开始关注住房的价值"信息"，进而会导致抛售抵押品引发的去杠杆恶性循环，往往会演变成流动性危机甚至金融危机。②

三、金融和经济发展之谜：抵押品匮乏

现代金融体系由层层叠叠的金融合约构成，整个经济世界也是由互相嵌套的资产负债表（Balance Sheet Matrix）组成的，因此抵押品在金融市场结构的形成中起着重要的作用；而抵押品稀缺会限制金融市场三个功能（即融资、保险和信息生产）的有效发挥。

从融资功能的角度看，金融合约的抵押品撬动多少融资额度是抵押价值的直接体现：杠杆越高，社会据此能创造的资本越多。金融合约还可以作为抵押品支持发行新的产品。以房地产抵押贷款市场为例，如果贷款人以价值100万元的住房为抵押，向银行贷款80万元，则银行给贷款人的抵押品的折扣率（Haircut，即首付率）为20%，相应地，杠杆（Leverage）就是5倍，即借款人可以用20万元的自有资金支撑100万元的资产。杠杆越高，就意味着这个社会能够创造越多的资本。但在法律实施落后的国家（如印度），100万元的住房可能只能借到50万元，这是因为银行可能因非法住户占据等原因无法回收住房而遭受损失。因此，折扣率反映的是放贷人对交易的担心程度和对抵押品价值不确定性的担忧程度。制度是影响这种不确定性的重要因素：一个社会的制度决定了哪些东西可以作抵押品，哪些不能作抵押品，以及金融合约的执行效率如何。因此，如果一个社会的产权保护弱，杠杆就会比较低，这个社会能创造的信用就比较少。制度保障程度、法律对金融创新的容忍度等，共同决定了杠杆和信用创造能力的高低。

从保险功能的角度看，如果抵押品比较充足，就可以支持更多的保险合约，福利损失就越小（如图3）。这可以解释现实中的一个反直觉现象：一般来说，越小的企业面临的风险越多，它们也通常更需要保险，但是小企业购买保险产品如衍生品或进行对冲的反而相对较少，这与小企业缺乏抵押品密切相

---

② 债权合约的信息敏感度及其在金融体系中的作用，详见 Holmström（2014）。

关。由于相对于保险投资，小企业对于融资的需求更高、投资的边际收益更高，因此小企业会优先把抵押品用于融资，很少能留有足够的抵押品用于保险投资。从这一点上我们也可以看到，抵押品约束使得保险功能与融资功能两者不可得兼。同理，相对于发达国家（或富裕群体），落后国家（或低收入群体）的融资需求相对更高，并且投资的边际收益也会更高，因此在融资与对冲风险的取舍中，抵押品稀缺可能会迫使经济主体忽略风险，减少对保险的投资，让自身面临更大的风险。

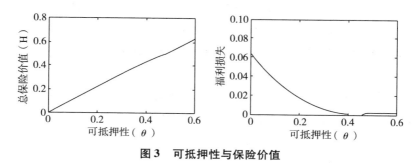

图3　可抵押性与保险价值

资料来源：Rampini，A. A. and Viswanathan，S.，2022，"Financing Insurance"，Working paper.

抵押品的约束对经济发展造成了紧约束。例如，非洲的许多国家过于看重保险而没有创造资本，它们为了化解经济中可能存在的风险，采取了共同产权制度，这是一种次优的"保险制度"，因为它不能清晰地界定产权，因而不能创造抵押品，更不能为社会创造资本。类似地，拉丁美洲的许多产权保护制度也不健全，政策不确定性高，从而资产作为抵押品的价值不能被充分利用。又由于抵押品在融资和保险功能上存在矛盾，抵押品利用与抵押品创造在不同经济主体之间的不平等带来了不同经济主体之间的收入差距和发展差距。

最后，抵押品的稀缺程度和结构也与金融体系信息加总功能的强弱密切相关。由于任何金融合约都是由抵押品和承诺构成的，因此，抵押品的稀缺会导致金融市场中的金融合约不足，这使得金融市场难以加总公众的智慧。总的来说，充分发挥金融的这三方面功能都需要社会有足够多的抵押品支撑，没有足够多的抵押品，会严重遏制经济发展的动力。抵押品的结构对信息生产有重要的影响，过于依赖资产（如房地产）作抵押的金融体系会削弱金融机构监督企业家的项目和生产信息的激励，更依赖企业未来价值（现金流）作抵押的金融体系则会激励相关的信息生产。自然地，第二种金融体系中的信息效率会更高，能筛选出更好的项目，表现为全要素生产率（TFP）的提高。

发展中国家未能发展之谜一直是无数学者的研究兴趣所在，基于抵押品的理论提供了一个清晰、简单而又深刻的解释。发达国家跟发展中国家在金融方面的根本区别在于：发达国家抵押品相对充足，其抵押品的潜力得到了充分发挥，从而支持了很多金融合约和经济活动。因此，如何能够在经济中创造抵押品，便成为学界和政策界关注的重点问题之一。

首先，一个国家的制度框架决定着其抵押品的创造能力，这也是本文关注的重点维度。秘鲁学者德·索托在《资本的秘密》一书中提出，发展中国家其实不乏资产（如土地），但是由于产权界定不清，这些资产不能被用作抵押品，因而未能创造出足够的资本，就此而言，是制度限制了发展中国家的抵押品创造（De Soto，2000）。发展中国家自己国内不能创造出资本，只能通过各种方式从海外借款，以此缓解国内资本创造不足的问题。德·索托认为，如果拉丁美洲经济体能够通过清晰的产权界定创造出资本，那么创造的资本会是国际资本流入的上百倍。譬如拉丁美洲有很多贫民窟实际上是非法占据他人土地，因此这些土地不能作为抵押品也不能创造资本，形成了双重意义上的浪费：一方面是资产本身被浪费了，没有得到充分利用；另一方面也没有创造出资本。在社会难以自行创造资本的情况下，从国外融资成为首选。但由于国际借贷的成本比国内高得多，需要考虑司法成本和汇率风险等，因而更有可能产生各种债务危机。此外，由于基础抵押品匮乏，这些国家的货币创造也问题重重，很多国家出现过"美元化"现象，即人们采用美元做货币。中国的房地产问题本质上也是抵押品稀缺问题：住房不仅用于满足"住"的刚需，也是经济和各种社会活动（甚至政治活动）中的抵押品。因此，如果能完善当前的抵押品体系，通过法治改革释放出房地产之外的其他抵押品，那么"房住不炒"就有了可以实现的基础。

相反，通过多年的制度建设和实践，大多数发达国家都已经形成了一套相对完善的制度来支持市场中抵押品的创造过程，所以发达经济体可以构建一个多层次的金融体系，充分利用现有抵押品（如图4）。并且，发达国家的创新型金融体系还可以在扩展边际（extensive margin）上利用现有的资产创造出新的抵押品。以住房这一资产为例，良好的产权制度保证了美国住房抵押贷款市场的发展，这进一步使发达国家的投资者可以用住房作抵押，形成抵押贷款（mortgage），而抵押贷款又可以作抵押形成抵押贷款支持证券（mortgage

backed security，MBS），抵押贷款支持证券作抵押又可以形成债务抵押债券
（collateralized debt obligation，CDO）。不仅如此，良好的法治和健全的市场规
则还能够降低金融合约的执行成本，在一定程度上缓解金融市场中合约不完备
造成的危害，这也让发达国家能够使用更多类型的资产作抵押品，并拥有更好
的抵押品结构。例如，在过去的100年中，美国的金融体系逐渐发展到用无形
资产和未来现金流作抵押。如图5所示，在100年前美国主要用土地作抵押品，

图4　多层的抵押品体系：以住房为例

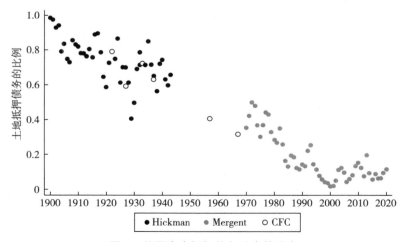

图5　美国资产抵押债务融资的演变

注：Hickman、Mergent、CFC分别为3个数据来源。

资料来源：Benmelech，E.，Kumar，N.，and Rajan，R.，2022，"The Decline of Secured Debt"，
Journal of Finance，forthcoming.

而100年之后只有不到20%的债权融资用土地作抵押，大部分都是用现金流作抵押；尤其是二战之后，美国的抵押品市场结构发生了巨大的变化。从图6中可以看出，美国现代的债权融资（包括银行贷款和债券融资）中80%的抵押品都是未来现金流，以具体资产作抵押品的融资低于20%。以现金流作抵押品，实质上就是用企业的未来创造了现在的资本，这进一步增强了企业的融资能力，也是美国经济有足够活力和持续发展的重要原因。

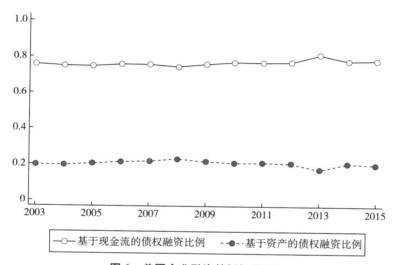

图6　美国企业融资的抵押品结构

资料来源：Lian，C. and Ma，Y.，2021，"Anatomy of Corporate Borrowing Constraints"，*Quarterly Journal of Economics*，136（1）：229–291.

对中国而言，抵押品的系统性匮乏、区域间和主体间不平等是城乡差距的金融根源，而土地产权制度是引起这一问题的重要原因。中国广大农村地区的土地和其他不动产实质上是一种沉睡的"死资本"（dead capital），并未真正进入现代经济体系。对中国这样的发展中国家来说，信贷约束是经济发展的紧约束，如果能够将土地变成真正的资本，对经济发展的推动力将是巨大的。具体而言，首先，土地产权界定不清晰对农民在土地上的长期投资有显著影响，土地产权越不稳定，农民越没有积极性进行有利于土地的长期投资。其次，土地产权不能转让和抵押降低了土地及附着在土地上的资产（如房屋）的价值，降低了农民的财产性收入，尤其是使得农民没能分享到城市化带来的收益。再次，产权界定不清晰使得城市资本不愿意去农村投资土地及土地上的衍生资产，导致农村土地没有得到充分利用，农村发展滞后。最后，土地不能用作抵押也加剧了农民的信贷约束，严重制约了其创业行为。

这些方面不仅影响了中国经济整体的效率，也加剧了城乡之间的发展差距。城市居民虽然不拥有土地所有权，但拥有土地之上住房的所有权，由于土地价值可以通过房地产市场"资本化"为住房的价格，城市居民也就实质上拥有了土地资本化的收入和抵押权。而农村居民没有拥有土地资本化的收入和抵押权，这加剧了城乡之间原本就存在的收入差距。由于城乡土地市场和产权的不对称，导致城市房价过高（房地产泡沫），而农村房价过低，进一步限制了城市化进程。农村发展滞后将制约中国城市发展和现代化转型，中国要成功跨越中等收入陷阱，就必须成功消除城乡二元结构。

其次，除了基础性的产权改革之外，从主权国家的角度看，政府也可以通过发行政府债券来直接创造抵押品。国债往往被认为是经济体中最安全的抵押品。在现代金融范式转变、安全资产持续短缺和监管对杠杆等数量型指标的关注日益增加的大背景下，国债对缓解经济摩擦、维护现代货币市场运行、支持货币政策调控的重要性日益凸显，在维持经济体系正常活动中起到了不可忽视的作用。如图7所示，足够的安全资产（抵押品）可以降低经济体的融资成本，图中横轴代表的是美国每年国债规模占GDP的比重，可以度量安全资产的规模，纵轴代表的是AAA级的公司债相对于国债的利差，可以度量经济体的融资成本。安全资产越多，AAA级的公司债相对于国债的利差就越低。这和传统的经济学思想是相反的，在传统的凯恩斯经济学中，国债会挤出私人部门债务，从而导致私人部门融资成本上升。但从金融经济学的角度看，这一成见需要被重新修正：国债本身是经济体系中重要的优质抵押品，能够降低融资成本和促进金融体系的稳定。

相关研究发现，在过去60年中，无论金融结构如何变化，安全资产（抵押品）在美国金融体系中的份额都几乎是恒定的，政府债券加上AAA级的房地美或者房利美的高质量债券占金融资产的份额一直是32.5%左右（Gorton et al.，2012）。而中国的国债发行却比较缺乏规律和统筹安排，因此中国的国债发行应该更加趋于正规化，这需要与货币政策高度配合，国债发行对人民币成为主导货币具有重要影响。西方国家的央行通过购买国债或者通过放贷给银行的方式创造基础货币，所以央行的资产负债表上资产端国债增加，负债端则创造了基础货币（准备金）。从这个角度看，可以把资产端看成负债端的抵押

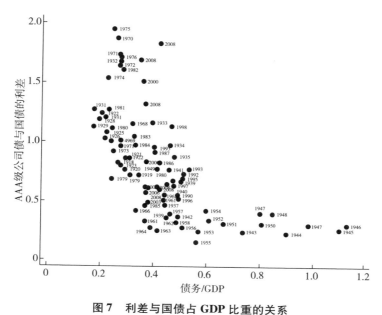

图7 利差与国债占 GDP 比重的关系

资料来源：Krishnamurthy，A. and Vissing-Jorgensen，A.，2012，"The Aggregate Demand for Treasury Debt"，*Journal of Political Economy*，120（2）：233 – 267.

品，货币的抵押品其实就是国债。当然国债本质上是由财政部发行的，因此财政部的负债端就是国债，它的资产端就是政府资产（尤其是税收），税收减少后国债也会下跌，货币也会随之贬值。

一个国家若没有发行足够的国债，其货币的国际化是很困难的。以中国为例，中国在2014年之前90%的基础货币创造都是通过购买外汇（主要是美元）创造的，人民币的抵押品一度以外汇占款为主，而这存在一定的隐患：如若受到制裁，中国购买的美国国债可能会被冻结。因此对外汇占款和货币发行的改革刻不容缓，也正因如此，2014年至今，央行创设了以中期借贷便利（MLF）为代表的一系列新型货币政策工具，这些创新型货币政策工具已充分体现了基于抵押的货币政策的优势。在管理基础货币方面，这些工具比外汇占款方式更加主动、灵活，并且几乎完全弥补了外汇占款规模下降的部分。但由于中国国债市场规模不足，且国债发行缺乏规律性，长期来看，这些工具在基础货币创造方面仍面临着没有充分有效利用安全抵押品（即国债）的问题。因此，中国将来可以基于国债发行货币，逐步提高国债供给、减少持有的美元资产，进而重构中国的基础货币创造体系。以国债为主的人民币安全资产的充分供给也是人民币国际化的基础。

此外，金融发展对国债等"安全"抵押品也有很高的需求。如果把金融体系比作一座大厦，那么以国债为代表的安全资产就是其中的地基，地基不牢会导致大厦中出现许多"空腔"（这里代指银行系统内生地创造出的私人部门安全资产），增加大厦崩塌的风险。因此，国债不足不但限制了中国金融体系的发展，还在一定程度上增加了中国金融体系的脆弱性。导致2008年金融危机的影子银行，就其根源来说，是私人部门通过证券化的方式来创造"安全资产"的一个尝试。同样道理，由于公共部门提供的抵押品或安全资产不足，中国金融体系内生的空腔便是"影子银行"体系崛起，即以房地产作为主要抵押品，银行创造的"表外"信用，这增加了中国经济的脆弱性，从这个意义上说，中国的影子银行是"银行的影子"，提高公共部门创造的安全资产供给则可以缓解这一问题。

最后，货币政策框架也成为影响金融市场中抵押品规模和结构的重要因素。2008年金融危机之后，随着短期政策利率触及零下限，基于短期政策利率的价格型货币政策在发达国家逐渐失效，数量型货币政策开始变得更加重要。一方面，货币政策对折扣率的设定，会对资产的抵押品价值产生巨大影响，进而影响资产的"可抵押性"。2014年之后，中国也推出了一系列基于抵押品的创新型货币政策工具（MLF等）。我们（Fang et al., 2020）研究了中国2018年中期借贷便利合格抵押品扩容、将优质小微企业贷款和绿色贷款纳入抵押品范围的影响，发现这一政策可以提高这些抵押品的价值，降低了它们在二级市场和一级市场的利差，从而降低了实体经济中目标部门的融资成本。从更深层次看，这一制度扩大了抵押品范围，增加了市场上的抵押品数量，缓解了抵押品稀缺问题，因而有助于进一步解决企业融资难问题，降低市场整体的融资成本。

如果忽略了货币政策的抵押品维度，就难以理解货币政策面临的权衡取舍。宽松型货币政策也不是"免费的午餐"，央行购买国债创造流动性会减少市场中自由流动的抵押品（如国债），在某些方面会起到"紧缩"的政策效果。美联储自重启量化宽松以来，从金融市场上购入了大量的国债、抵押贷款支持证券等合格抵押品，加之2008年金融危机后的监管规定迫使银行拥有更高的资本缓冲，使它们持有美国国债并"封存"在其资产负债表内。这又使全球市场中的"美国国债池"几近干涸，留给投资者的优质抵押品急剧减少，回购交易急剧缩水，对回购市场的流动性创造能力产生了严重的负面冲击，也是量化宽松实施后期出现规模效益递减的重要原因之一（Singh，2020）。中国国债的国际化也会缓解全球金融体系的安全资产匮乏问题③，并进一步缓解安全资产匮乏引发的一系列全球失衡现象（global imbalance）。④

四、法治、抵押品与经济发展

在经典的索洛增长模型中，经济体只是被抽象化地看成一个"工厂"，金融维度被完全忽略，资本（K）仅仅代表给定的厂房和机械这类实物资本的数量，并没有追问资本的形成源自何方。而随着信用在现代经济体系中占据越来越重要的地位，不同经济主体获取资本的能力千差万别，传统宏观经济理论对现实经济的解释力存在很大的不足，探究什么是资本和资本从何而来应该成为经济学研究的关键问题。

法治便是资本创造能力的一个重要因素：法治建设决定着一个社会的资本创造，进而决定着其宏观经济增长的前景。经济发展要经过三个阶段。最初的赶超阶段所需的资本大多由银行信贷支撑。这是因为赶超阶段的经济体可以利用现成的技术，此时技术的不确定性很小，因此其金融体系以银行为主，例如德国俾斯麦时期、日本明治维新时期、中国改革开放至今，以及韩国的赶超阶段都是如此。在稳定的技术和经验下，项目的不确定性较小，资产和现金流均处于相对可控可估状态，银行放贷意愿高。但是，随着经济发展不断接近世界前沿水平，技术不确定性提高，风险规避的银行对资产安全性要求也随之提高，因而其放贷意愿逐渐减弱。此时金融需要慢慢地过渡到以债券为主的阶段，然后是股票市场发挥越来越重要的作用。而债券和股票市场的构建对制度有更高的要求，伴随着抵押品的不确定性逐渐增强，法治将起到重要作用，投资者和债权人保护越完善的国家，其资本市场越发达（La Porta et al.，1998）。

一国的法律体系会塑造其最底层的抵押品结构，包括实体经济抵押品（real collateral，如房地产）与未来现金流两种。在此基础上，抵押品结构会决

---

③ 关于国债问题更全面的讨论，可以参阅王永钦和刘红劭（2021）。
④ 关于安全资产短缺与全球失衡的关系，详见 Cabellero et al.（2017）。

定包括银行贷款、债券和股票等金融合约的创造。这些金融合约进而成为回购市场的金融抵押品（financial collateral），通过回购市场与货币联系在一起，形成不同的流动性创造过程。同时，另外一种基础性抵押品，即国债是由国家的法治、政治制度和经济军事实力决定的。可见，法治等基础性制度是一国货币体系、金融结构及其在国际货币金融体系中的地位的根本性决定因素。推动法治改革，有助于为经济社会发展创造更多有效的抵押品和资本，进而促进经济高质量发展。

1. 法治、抵押品结构与经济增长

从抵押品的角度看，完善的法治有助于创新驱动，进而有助于经济增长。正如前文所言，随着一国的经济不断增长和法治不断完善，市场中采用的金融合约的抵押品范围也会越来越广。随着经济的不断进步，一个发展中国家的经济发展会越来越依靠前沿技术，而不再是学习模仿。在新技术的创新过程中，资产价值的不确定性加大，但信贷机构缺乏能对这些资产进行准确评估的专业人员，因此未来的金融合约可能不再过度依赖具体资产，而是要加大以动产作为抵押品进行融资的比重。动产包括所有非房地产资产（例如机器设备、应收账款和库存），是许多公司生产过程中的核心资产。但新兴市场的债权人通常不愿意接受动产作为抵押品（Fleisig et al.，2006），这是因为这些经济体的法律制度缺陷限制了动产发挥抵押品作用，表现为可用作抵押品的动产范围受限；没有统一登记系统用来避免重复抵押；违约事件发生后，只有通过法院才能强制执行。因而抵押品法律薄弱的地区更倾向于把产能分配到不动产密集型行业（如图8）。基于华东某大城市某大行的贷款合约层面的数据，我们的研究（Li，Tian and Wang，2022）也发现，中国的中小企业在银行贷款中会面临更高的抵押品要求，尤其需要有房地产作抵押（如图9），这种抵押品约束限制了民营企业的融资，也会使很多民营企业将大量资金用于购房，这是因为房地产一方面作为资产投资，另一方面又可以作为抵押品来融资（Li et al.，2022）。

然而，在法律制度完善的市场，动产则是重要的抵押品。例如，美国有63%的中小企业抵押贷款以动产作为抵押，因而法治改革可以起到改变金融结构的作用。有研究（Calomiris et al.，2017）利用斯洛伐克2003年执行的抵押品法律改革，从实证上说明了法治改革可以起到改变金融结构的作用。法律改革前，债务人在以动产为抵押获取抵押贷款时，需要将抵押品的所有权转让

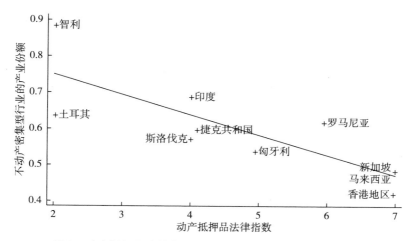

图8　动产抵押品法律指数与不动产密集型行业的产出份额

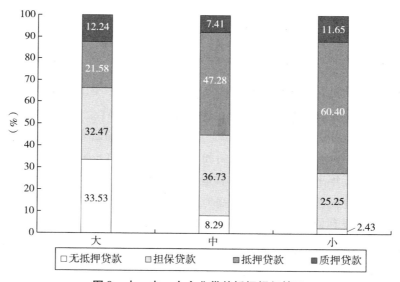

图9　大、中、小企业贷款抵押担保情况

资料来源：Li，Tian and Wang，2022，"Collateral Constraint and China's Credit Boom in the Global Financial Crisis：Loan-Level Anatomy"，Working paper.

（Fiduciary Transfer of Title）给债权人，而这使得债务人即使获得了融资，也失去了使用原有动产抵押品的权利，严重抑制了企业的融资意愿。而2003年的法律改革后，斯洛伐克开始允许债务人以动产作抵押获取担保债务时，不必将抵押品的所有权转移给债权人；新法律还赋予债权人执行权，债务人违约后，债权人无须经过法庭审判就可以收回抵押品；新法律还引入了集中登记制度，以避免重复担保。这一法律的执行减小了动产和不动产作为抵押品的差别，使抵押变得更容易。实证结果表明，斯洛伐克的制度改革达到了预期效果，相比其他对照国家，其不动产密集型行业的产出比例由57%下降到52%（如图10）。

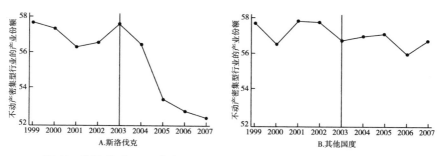

图10　斯洛伐克2003年抵押品法律改革前后的产出变化与他国对比

资料来源：Calomiris, C. W., Larrain, M., Liberti, J. and Sturgess, J., 2017, "How Collateral Laws Shape Lending and Sectoral Activity", *Journal of Financial Economics*, 123（1）：163–188.

需要指出的是，在中国法治和产权保护方面的一个突出问题是，国有企业和国有部门享受着政府的隐性担保和很多优惠，而民营企业则受到各种歧视，尤其在银行信贷和资本市场融资方面。根据宋铮等人的研究，信贷方面的这种歧视可以解释中国经济中的很多扭曲和宏观经济现象（Song et al.，2011）。可喜的是，中国近年来也在产权保护和地区司法独立性等方面做了一系列改革。以中国在不同地区逐步设立破产法庭为例，这项改革改善了破产制度环境，加强了对债权人权利的保护。我们的研究（王永钦和薛笑阳，2022）发现，破产法庭的设立降低了当地企业债券在二级市场上的利差（如图11）。相应地，加强对债权人的法律保护也降低了企业在一级市场的发债成本，并提升了企业债务结构中债券融资和长期负债的比例。这说明法律制度的改进有助于降低债券市场的利差和发行成本，从而降低企业的融资成本。加强对债权人的法律保护，实际上等于激活了中国经济中潜在的抵押品（即企业的剩余资产和未来现金流），从而有效缓解了困扰很多发展中国家的抵押品稀缺问题。李波等人（2022）研究了破产法庭的建立对实体经济的影响。他们的研究发现，引入破产法庭提高了地方司法部门的独立性，降低了司法地方保护主义，使地方国有企业更容易得到清算，这减少了僵尸企业，提高了当地企业的资本生产率。

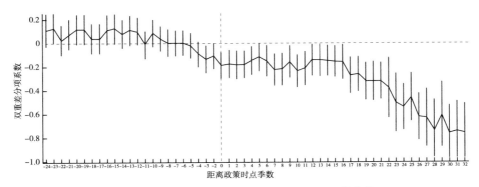

图11　破产法庭实施前后债券二级市场利差的变化

资料来源：王永钦、薛笑阳，2022，《法治建设与金融高质量发展——来自中国债券市场的证据》，《经济研究》，第10期。

司法独立也非常重要，公正、运行良好的司法系统是保护产权、实施合约的重要保障。在理想情况下，司法部门应该独立于政府部门，以保证其独立且有效的法治功能。然而，中国经济发展过程中还存在着严重的地方保护主义倾向，外地企业在本地进行案件审理时会受到一定的歧视，这使得投资者不愿意进行异地投资，加剧了资金配置的扭曲问题。在此背景下，中国也推出了诸多政策改革，以增强地方司法的独立性。普林斯顿大学的刘斯原等人（Liu，et al.，2022）就以2014年的司法改革（这一改革旨在减少地方法院受到地方政府的干预，通过取消地方政府对地方法院的财政和人事控制来提高司法独立性）作为自然实验，考察了司法独立改革对涉及当地企业和外地企业案件判决结果的影响。在外地企业对本地企业提起的民事诉讼中，改革使本地企业的胜诉率降低了2.5个百分点，同时在改革后外地企业更有可能对本地企业提起诉讼，这在司法层面减少了对外地企业的歧视。进一步地，通过跟踪中国商业登记中的股权网络，研究发现，流向司法改革地区的投资量显著增加，这表明法治制度的完善丰富了企业的资金来源（如图12）。

2. 法治、抵押品结构与经济周期

与抵押品相关的完善的法治制度还能避免系统性风险的加剧。抵押品结构和杠杆也是金融周期和经济周期的关键，同时杠杆还是导致经济波动最主要的原因。我们在上文提到，杠杆（或折扣率）是由对未来不确定性的看法决定的。作为放贷人，杠杆的设定是为了防范未来抵押资产价值变动的风险，若对

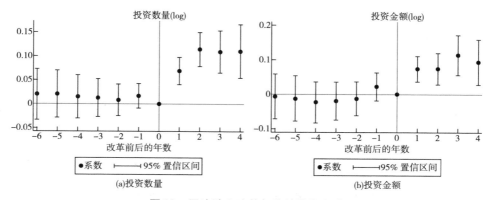

图12　司法独立改革与外地投资变动

资料来源：Liu, E., Lu, Y., Peng, W. and Wang, S., 2022, "Judicial independence, Local protectionism, and Economic Integration: Evidence from China"（No. w30432）, National Bureau of Economic Research.

抵押资产未来的表现十分确信（如国债），则杠杆可以设在较高水平。反之，若该资产未来的表现非常不确定，则杠杆必须降低到足以覆盖未来潜在损失的水平。在宏观经济层面，当经济基本面趋好的时候，未来经济的不确定性低，抵押品的不确定性小，杠杆会比较高，这会提高资产的价格，从而提高托宾 Q 值，降低企业的融资成本，进而增加实体经济的活动，这些因素又进一步促成经济向好的预期，形成良性循环。而未来经济的不确定性提高会增加抵押品的不确定性，导致去杠杆，进而导致资产价值下降，企业的托宾 Q 值下跌，融资成本也会增加，实体经济的活动会减少，这会进一步加大不确定性，从而形成恶性循环（Geanakoplos，2010b；如图13）。

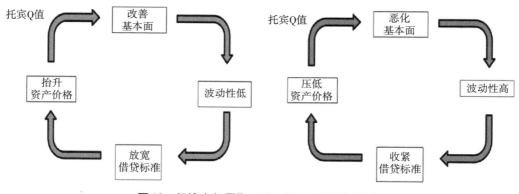

图13　经济上行周期（左）和下行周期（右）

在美国 2007 年爆发的次贷危机中，杠杆率变动可以解释大部分的住房价格波动，以住房为主的抵押品经济体系中，住房价格崩盘会直接影响其他行业，进而引发金融体系乃至整个经济社会的系统性风险（如图 14）。

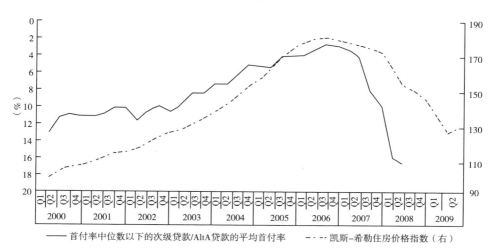

图 14　住房杠杆周期

资料来源：Geanakoplos J.，2010a，"Solving the Present Crisis and Managing the Leverage Cycle"，Unpublished working paper.

法治便是通过影响市场中金融合约的特征，进而影响经济周期与经济波动。正如在上一节中我们提到的，随着法治的不断完善，一个国家的金融合约会呈现"银行贷款→债券→股票"的发展路径，其中两个显著的特征便是抵押品的范畴不断扩大和金融合约的刚性不断下降（如图 15）。上一节已经说明了法治的完善可以让动产和企业未来现金流等更多"资产"被纳入抵押品，由于不同抵押品的内在价值存在差异，就不会出现共振现象。反之，如果社会中都由某类单一资产（如房地产）作为抵押品，则会出现"一荣俱荣，一损俱损"的情况。这也是日本 1990 年房地产泡沫破灭之后经济增长长期停滞的重要原因。因此，从依赖单一房地产抵押品的经济体系转向采用多样化抵押品的模式，能够有效防范和降低经济中的系统性风险，并增强经济和金融体系的韧性。

健全的法治还能够从金融合约的其他维度降低经济整体的刚性。戴蒙德（Diamond，2004）从债务期限的角度深入研究了法治与一国金融结构之间的关系。他认为当投资者受到的保护较差时，就有必要对借贷进行监管，这将导

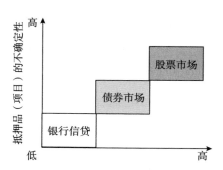

图15　对法治环境和投资者保护的要求

致银行主导的金融体系或家族企业。对银行实施监管的法律环境是一国金融体系成功的关键。当法律的实施成本较高或存在腐败时，金融合约是内生短期的。法律保护的力度以及法律实施的成本决定了银行或企业债务的期限结构。如果一国的金融活动以及投资行为均是短期的，必然不利于一国的长期发展。从债务的限制性条款角度看，法治会对限制性条款产生影响，即法治更健全（如普通法系）的国家在贷款合约中能实施更多的限制性条款，通过非财务和财务限制性条款的方式约束企业的道德风险行为（Schoar and Lerner，2004），如此就可以放松对资产抵押的要求。

虽然从微观角度看，更为刚性的金融合约确实缓解了合约不完备的问题，是一种更优的合约选择。但是，从宏观角度看，这些金融合约均大大增加了经济系统的刚性，放大了经济周期的波动，进而限制企业的风险承担意愿，影响经济的创新和发展。因此，法治的完善可以有效地熨平经济周期。早在20世纪30年代，不同于凯恩斯的劳动力市场刚性导致经济危机的观点，经济学家欧文·费雪就认为金融合约（尤其是债权合约）的刚性是经济危机的根本原因，但这一思想在2008年金融危机之后才广为人知。

从杠杆周期的角度，许多国家的经济发展规律也可用法治的发展水平予以解释。在法治不健全的发展中国家，由于动产和企业未来现金流无法被用作抵押品，抵押品的选择范围十分有限，大多局限于和企业内在价值关系不大的土地和房地产（外部抵押品），一旦放松土地和房地产市场管制，资金就会纷纷流入这些市场，不仅挤出实体经济的投资，还会助长这类资产的泡沫，加剧其价格波动。资产价格的上下波动会通过抵押品渠道迅速传导至实体企业，进而造成企业信贷的扩张或收缩，加剧金融体系的脆弱性和周期性。如果一个经济体中的抵押品都是房屋或者土地，一旦房价或土地价格下跌甚至崩盘，其他所有行业都会崩盘，这也是日本跟美国的区别。日本 20 世纪 90 年代资产价格波动剧烈，因为日本的银行多以银行贷款方式，而且这些贷款背后的抵押品基本都是房地产，房地产价格的波动会直接影响贷款净值，对几乎所有产业造成冲击（Kiyotaki and Moore，2002）。但是，如果国家的法治较为完善，动产和企业未来现金流（内在价值）都可以被纳入金融合约中的抵押品范畴，那么情况就会大不相同。正如我们提到的，由于抵押品存在异质性，其自身的内在价格和周期性各不相同，系统性风险会大大下降。

从宏观层面看，所有国家在经历资产泡沫之后，家庭和企业的净值都会快速下降，经济进入衰退阶段，投资和消费随之下降。日本和美国都出现过这样的现象，尤其是在用房地产作抵押的情况下，这样波动的发生就难以避免（如图 16）。最近的理论文献开始用资产的可抵押性来刻画不同国家的金融发展程度（Phelan and Toda，2019；Fostel et al.，2019；王永钦和祁鼎，2020），抵押品的质和量的提升会进一步提升金融体系的稳定性。

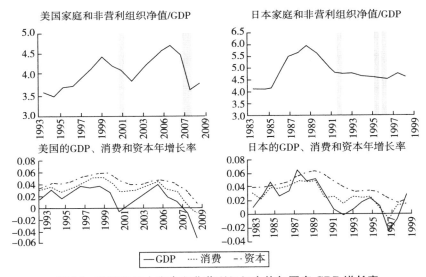

图 16 美国和日本家庭和非营利组织净值与国家 GDP 增长率

注：家庭和非营利组织在这里可视为扩展的家庭部门。

资料来源：Martin, A. and Ventura, J., 2012, "Economic Growth with Bubbles", *American Economic Review*, 102（6）：3033 – 58.

这对中国也具有重要的启发意义。21 世纪初中国 GDP 呈现两位数的增长率，但是到了 2012 年 GDP 增长率突然跌落到了 8% 以下（如图 17）。在 2012

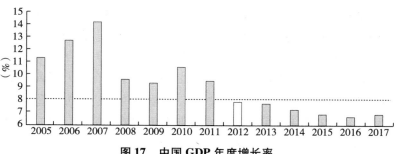

图17　中国 GDP 年度增长率

年世界经济形势较为稳定的大环境中，中国经济增速放缓的趋势究竟缘何？从图18可以看出，2012年开始中国经济的利息负担就开始超过 GDP 的增量，即中国在宏观上已经出现了债务积压问题（Myers，1977）。因为在债务过高的情况下，企业净值甚至为负，债务人的边际收益都需要偿还给债权人，这会进一步降低债务人的积极性，抑制企业投资，与日本类似，2008年金融危机后中国的信贷扩张政策也体现了上述逻辑。在"四万亿"的信贷扩张计划实施之下，中国银行贷款总量明显提高（如图19），反映了政府推动银行进行的信贷扩张。然而，由于中国经济刚刚经历了金融危机的巨大冲击，市场中的风

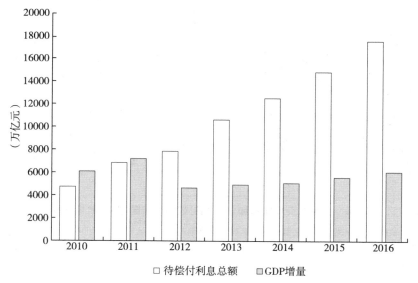

图18　中国债务利息与 GDP 增量对比

资料来源：Victor Shin 的相关研究。

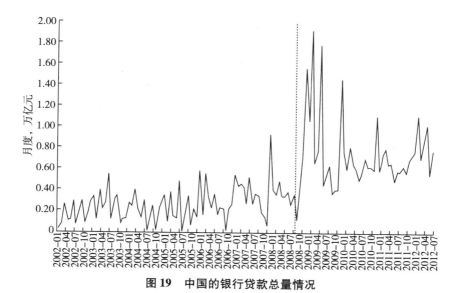

图 19　中国的银行贷款总量情况

资料来源：Li，Tian and Wang，2022，"Collateral Constraint and China's Credit Boom in the Global Financial Crisis：Loan-Level Anatomy"，Working paper.

险与不确定性加剧，所以银行大幅提高了抵押品要求，这要求企业借钱只能以房地产作为抵押。加之房地产部门的繁荣也吸引了大量企业进军房地产行业，所以企业"不得不"将更多资金投入房地产（如图 20），而这些投资挤出了企

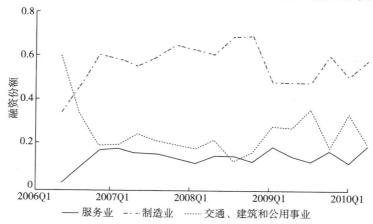

图 20　各产业融资情况

注：图中 Q1 为第一季度。

资料来源：Li，Tian and Wang，2022，"Collateral Constraint and China's Credit Boom in the Global Financial Crisis：Loan-Level Anatomy"，Working paper.

业研发投入，降低了专利生产。即使在正常时期，研究也发现，房地产价格的上涨也与经济发展的效率（如 TFP）是明显负相关的（如图 21）；同时，房价的不断抬升也加剧了市场中的泡沫问题以及经济和金融体系的系统性风险。债务积压问题如果得不到系统性的解决，经济很可能会出现日本式的资产负债表式衰退，这个问题值得高度警惕。⑤

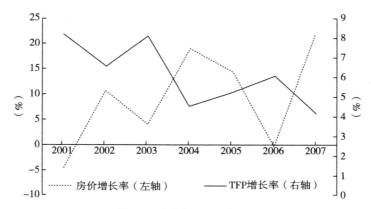

图 21　房价与 TFP 的关系

资料来源：陈斌开、金箫、欧阳涤非，《住房价格、资源错配与中国工业企业生产率》，《世界经济》，2015 年第 4 期。

3. 法治、抵押品结构与收入差距

完善与抵押品相关的法治制度也能起到缩小收入差距的作用。金融结构深刻影响着社会收入和财富结构，金融发展是经济发展的重要驱动力，但金融发展不一定能促进社会共同富裕。过于侧重债务（尤其是银行信贷）的金融体系容易产生系统性风险，并且不能更好地分散个体风险。经济周期波动加剧和风险分担不足二者结合，成为收入差距扩大的催化剂。中国还没有经历一个完整的经济周期，但债务杠杆同时驱动经济增长和收入差距扩大的现象已经显现。在以贷款为主要融资方式的体系中，抵押品的分配往往决定了信用和抵押品升值的收益分配，因此，抵押品在不同经济主体之间的不平等分配还会加剧经济主体间的收入差距和发展差距。

---

⑤　关于制度和资产泡沫的讨论，可以参考王永钦等人（2016）。

以 2008 年金融危机为例，这场危机的根源在于私人债务，尤其是住房债务（Mian and Sufi，2015）。在经济受杠杆驱动走向繁荣的过程中，风险也在逐渐积累。银行和众多非银机构为了加大放贷力度，在资本市场上寻求融资，主要手段是以房贷为基础资产，通过层层抵押不断加杠杆撬动底层资产的价值。证券化资产的投资者又从货币市场获得极短期的资金。层层抵押的债务结构，以及货币市场极短的资金期限，使整个金融体系很容易因为底层资产价值恶化而发生严重的挤兑和抛售事件。2006 年前后，美国房价开始下跌，房贷违约增加，基于房贷建立起来的复杂金融体系内生的去杠杆又促使美欧短期融资市场崩溃，最终蔓延为 2008—2009 年的全球金融危机，并引发大衰退。

从杠杆周期的角度看，在危机发生前，居民和企业使用抵押贷款购买房地产，银行创造出大量信用，使房价上升，高房价又意味着他们能从银行借得更多贷款，环环相扣，杠杆升高。富人在经济上行期获得了很高的资本回报，而低收入群体通常很少占有资产（同时也是抵押品），他们不仅通过资产升值取得的收益更低，也难以像富人一样在繁荣时期获得信贷进行投资以获取投资收益。同时，由于抵押品约束，在资产市场（如房地产市场）上，他们只有在价格高涨的时期才能入市，因为这时资产的抵押品价值高，银行才愿意放贷给他们；而富人在经济下行的时候，还可以入市来"抄底"，这会进一步拉大收入差距。

从风险分担的角度看，债权合约具有刚性，即使经济恶化，债务人依然需要偿还原本的债务。因此与股权合约相比，债权合约是一种反保险机制。当发生金融危机或经济衰退时，低收入人群在失业、收入下降的同时，还要偿还大量债务，并且可能因偿债而丧失在经济上行时期高价购买的房地产（穷人只能在经济上行期购买房地产，因为这时金融合约中的折扣率低，房地产具有更高的抵押品价值），这些房地产被富人低价接手（即上文说的"抄底"）。此外，低收入者持有的金融资产很少，在经济修复过程中难以通过金融市场获得补偿。杠杆、收入差距和金融危机或经济衰退总是密切相关的，2008—2012年的大衰退，以及 1929—1933 年的大萧条发生之前，家庭杠杆和收入差距都达到了惊人的高水平（Kumhof et al.，2015）。

在中国，房地产既在普通居民的财富中占最大比重，又是居民债务的最大来源。低收入群体的房地产价值低、房地产以外的抵押品较少，因而从信贷繁荣中受益不足，城乡差距等问题很大程度上也与此有关。对企业来说亦是如此，从图 22 可以看出，中国的银行贷款只有 3.47% 不需要抵押品，而且此类企业一般都是国有企业，具有政府的隐性担保。其他 96% 以上的企业借贷都需要有抵押（包括房地产抵押、应收账款抵押或者第三方作担保）。

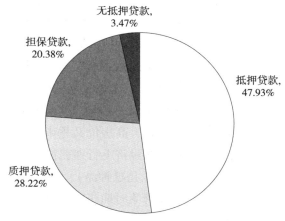

图 22　银行贷款的抵押结构

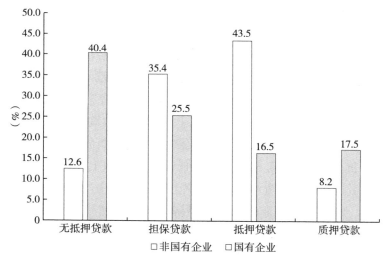

图 23　国有企业和民营企业贷款抵押担保情况

资料来源：Li，Tian and Wang，2022，"Collateral Constraint and China's Credit Boom in the Global Financial Crisis：Loan-Level Anatomy"，Working paper.

我们（Li et al., 2022）研究了中国各银行贷款背后的抵押品结构，从图23中可以看出，银行给国有企业和民营企业放贷时对抵押品的要求是不一样的，对国有企业的抵押品要求相对于民营企业会低很多，并且在很多情况下不需要任何担保资产，当然其中有政府的隐性担保。我们的研究发现，在2008年底实施的"四万亿"刺激方案之后，银行面临着矛盾：一方面，银行需要按照政府的要求扩大信贷；另一方面，全球金融危机刚刚爆发，经济中有很高的不确定性，银行的理性选择就是提高放贷的抵押品（或者隐性担保）要求。这就造成了信贷资源的错配：对两类企业的抵押品要求存在着不平等，部分银行惜贷，只将贷款发放给国有企业，而这些企业又未必是高效率的，由此导致大量资金没有被配置给最有效率的企业，这严重影响了中国整体的创新能力和全要素生产率（TFP）的提高。抵押品结构的不平等最终造成了企业间的信贷获取不平等，对国有企业集中的地区和不动产密集型行业的资源倾斜又进一步导致了区域间、行业间的发展机会不平等。⑥

法治改革通过扩大抵押品范围和提高抵押品质量来提升可用的抵押品价值，从而撬动信贷，挖掘增长机会，缩小主体间、地区间差异。例如，在法国，根据拿破仑法典，200多年来，实物资产长期以来被认为是"独特的"、"完整的"和"不可转让的"，且借款人在获取抵押贷款时，必须移交其抵押的实物资产的所有权，这限制了企业对其抵押资产的使用和可抵押资产的类别，使得企业无法将同一资产抵押给多个贷款人。这样的法律人为地限制了作为抵押品的资产类型。2006年法国推行了与抵押品相关的法律改革，即"2006-346号法令"（Ordonnance 2006-346），重新界定了自1804年以来就存在的"占有式所有权"的资产概念。这次改革允许企业继续使用这些资产从事生产活动，而不需要转移其所有权；改革还使企业可以将同一资产抵押给多个贷款人，扩大了企业的融资能力。这项看似简单的法律改革扩大了企业在信贷交易中可以抵押的资产范围，尤其是现代商业运营的固定资产（如机械和设备），进而提升了固定资产的担保地位。固定资产越多的公司，改革后杠杆上升得就越多。同时，这一改革还显著降低了各地区的信贷基尼系数，推动了区域经济的均衡发展（Aretz et al., 2020）。

---

⑥ 王永钦（2023）系统论述了金融结构与收入差距的关系。

五、结语

一国的法律和产权体系等基础性制度结构决定了其抵押品结构，进而决定了其金融结构。法律和产权体系落后带来的抵押品稀缺问题是限制发展中国家发展的重要因素，历史上，也只有少数国家成功实现了法律和产权体系的转型（De Soto，2003）。中国未来的发展路径是非常清晰的：我们要通过法治和产权改革释放出房地产之外更多类型的抵押品。

产权和法治改革可以激活中国经济中潜在的抵押品（即企业的剩余资产和未来现金流），从而有效缓解困扰很多发展中国家的抵押品稀缺问题。我们的相关研究也表明，法治建设是一种帕累托改进的制度安排：既保护了投资者的合法收益，也降低了企业的融资成本，又改进了企业的资本结构。中国仍有很多潜在的抵押品（如农村土地、动产、无形资产等）有待通过产权和法治改革来激活，因而这方面改革的空间是巨大的。另外，金融机构要更好地利用和整合信息系统，完善征信数据，创造出新的信息资产，进一步释放潜在的抵押品。

现代经济是金融经济和法治经济，法治制度不仅会对底层抵押品的结构产生影响，还会通过现代金融体系中金融合约的层层抵押和不同机构资产负债表的层层嵌套，进一步对金融市场的金融抵押品产生影响，并最终渗透到货币市场。因此，法治制度的建设实际上影响着经济大厦的构建。

从经济周期的角度看，以企业未来现金流作抵押的债券融资可以减少传统银行体系对房地产部门的过度依赖，缓解房地产泡沫（房地产泡沫本质上是抵押品稀缺问题），熨平杠杆周期和缓解系统性金融风险。从事后角度看，即使出现系统性金融风险，由于抵押资产（如房地产）价值缩水，银行贷款也随之收缩，而这类以企业未来现金流作抵押的债券，会在经济下行期成为银行贷款的有效替代。

纵观历史，美国金融体系在 20 世纪初也主要依赖资产作抵押，也用了很长时间才完成了由主要以资产作抵押的体系转向主要以未来现金流作抵押的体系，而这背后的制度保障是更好的会计和信息披露制度、公司治理体系以及更好的破产制度，但在历史上确实只有少数国家成功实现了这一大转型。经济学研究发现，相对于大陆法系，普通法系能更好地保护投资者和促进金融发展。中国已经在上海和北京成立了金融法院，是很好的尝试，可以吸收一些普通法系的经验。

国债是应国家主权而生的最通用的抵押品。它既是一国金融体系和货币政策的基石，又是保持金融体系流动性的"润滑剂"。作为基石，与发达国家相比，中国国债市场规模小，发行制度有待完善，与货币政策的有效配合还存在很大空间。作为金融体系的"润滑剂"，中国国债短缺会影响金融体系安全抵押品的供给、货币政策的有效运行、人民币国际化等重要问题。因此，在现代经济体系中，国债已不再是单纯的财政融资工具，而是构建现代金融体系无法回避的首要问题，中国这方面的制度建设尤为迫在眉睫。

金融制度是经济社会发展中重要的基础性制度。本文认为，金融的抵押品逻辑蕴含着中国未来转型成功的密码，因此，通过法治改革推动中国金融体系转型是跨越中等收入陷阱、实现高质量发展的关键。

参考文献

陈斌开、金箫、欧阳涤非，《住房价格、资源错配与中国工业企业生产率》，《世界经济》，2015 年第 4 期。

王永钦，《大转型：互联的关系型合约理论与中国奇迹》，格致出版社，2009 年。

王永钦，《重构金融结构，缩小收入差距》，《复旦金融评论》第 1 期，2023 年。

王永钦、高鑫、袁志刚、杜巨澜，《金融发展，资产泡沫与实体经济：一个文献综述》，《金融研究》，2016 年第 5 期。

王永钦、刘红劲，《国债：现代金融体系的基石》，《债券》2021 年第 9 期。

王永钦、祁鼎，《金融创新如何影响新兴市场金融和经济：兼论中国金融改革》，《世界经济》，2020 年第 7 期。

王永钦、薛笑阳，《法治建设与金融高质量发展——来自中国债券市场的证据》，《经济研究》2022 年第 10 期。

Aretz, K., Campello, M. and Marchica, M. T., 2020. Access to collateral and the democratization of credit: France's reform of the Napoleonic Security Code. *Journal of Finance*, 75 (1), pp. 45 – 90.

Bai, C., Hsieh, C. and Song, Z., 2020. Special deals with Chinese characteristics. *NBER Macroeconomics Annual*, 34 (1), 341 – 379.

Benmelech, E., Kumar, N., and Raian, R., 2022. The Decline of Secured Debt. *Journal of Finance*, forthcoming.

Caballero, R., Farhi, E., and Gourinchas, P., 2017. The Safe Assets Shortage Conundrum. *Journal of Economic Perspectives*, 31 (3), 29 – 46.

Calomiris, C. W., Larrain, M., Liberti, J. and Sturgess, J., 2017. How collateral laws shape lending and sectoral activity. *Journal of Financial Economics*, 123 (1), pp. 163 – 188.

Carpenter, J. N., Lu, F. and Whitelaw, R. F., 2021. The real value of China's stock market. *Journal of Financial Economics*, 139 (3), pp. 679 – 696.

Dang, T. V., Gorton, G. and Holmström, B., 2013. The information sensitivity of a security. Unpublished working paper, Yale University, pp. 39 – 65.

De Soto, H. 2000, The Mystery of Capital: Why Capitalism Triumphs in the West and Fails Everywhere Else, Basic Books.

Diamond, D. W., 2004. Presidential Address, Committing to Commit: Short-term Debt When Enforcement is Costly. *Journal of Finance*, 59 (4), pp. 1447 – 1479.

Fang H, Wang Y, Wu X, 2020. The collateral channel of monetary policy: Evidence from China. NBER working paper.

Fleisig, H. W., 2006. Reforming collateral laws to expand access to finance. World Bank Publications.

Fostel, A., Geanakoplos, J. and Phelan, G., 2019. Global collateral. NBER working paper.

Geanakoplos, J., 1997. "Promises, Promises." In: *The Economy as an Evolving Complex System II. Ed.* by Steven Durlauf W. Brian Arthur and David Lane. Addison-Wesley, Reading, MA, pp. 285 – 320.

Geanakoplos, J., 2003. "Liquidity, Default, and Crashes: Endogenous Contracts in General Equilibrium." In: *Advances in Economics and Econometrics: Theory and Applications, Eighth World Congress*. Vol. 2. Econometric Society Monographs. Cambridge University Press, Cambridge, pp. 170 – 205.

Geanakoplos J., 2010a. Solving the present crisis and managing the leverage cycle. Unpublished working paper.

Geanakoplos J., 2010b. The leverage cycle. *NBER macroeconomics annual*, 24 (1): 1 – 66.

Gorton, G., Lewellen, S. and Metrick, A., 2012. The safe-asset share. *American Economic Review*, 102 (3), pp. 101 – 06.

Holmström, B., 2014. Understanding the Role of Debt in the Financial System. Working paper, MIT.

Kiyotaki N, Moore J., 2002. Balance-sheet contagion. *American Economic Review*, 92 (2): 46 – 50.

Krishnamurthy, A. and Vissing-Jorgensen, A., 2012. The aggregate demand for treasury debt. *Journal of Political Economy*, 120 (2), pp. 233 – 267.

Kumhof, M., Rancière, R. and Winant, P., 2015. Inequality, leverage, and crises. *American Economic Review*, 105 (3), pp. 1217 – 45.

La Porta, R., F. Lopez-de-Silanes, A. Shleifer, and R. W. Vishny, 1998. Law and Finance. *Journal of Political Economy*, 106 (6), pp. 1113 – 1155.

Li, B. and Ponticelli, J., 2022. Going bankrupt in China. *Review of Finance*, 26 (3), pp. 449 – 486.

Li, W., Wang, Y. and Tian, S., 2022. Collateral Constraint and China's Credit Boom in the Global Financial Crisis: Loan-Level Anatomy. Available at SSRN 4135437.

Lian, C. and Ma, Y., 2021. Anatomy of corporate borrowing constraints. *Quarterly Journal of Economics*, 136 (1), pp. 229 – 291.

Liu, E., Lu, Y., Peng, W. and Wang, S., 2022. Judicial independence, local protectionism, and economic integration: Evidence from China. NBER working paper.

Asriyan, V., Laeven, L., & Martin, A., 2022. Collateral booms and information depletion. *Review of Economic Studies*, 89 (2), 517 – 555.

Martin, A. and Ventura, J., 2012. Economic growth with bubbles. *American Economic Review*, 102 (6), pp. 3033 – 58.

Mian, A., Sufi, A. and Trebbi, F., 2015. Foreclosures, house prices, and the real economy. *Journal of Finance*, 70 (6), pp. 2587 – 2634.

Myers, S., 1977. Determinants of corporate borrowing. *Journal of Financial Economics* 5: 147 – 75.

Ouyang, M. and Zhang, S., 2020. Corruption as Collateral, Working paper, LSE.

Phelan, G., and A. A. Toda, 2019. Securitized Markets, International Capital Flows, and Global Welfare. *Journal of Financial Economics*, 131 (3): 571 – 592.

Pistor, K. , 2019. *The Code of Capital: How Law Creates Wealth and Inequality.* Princeton University Press.

Rampini, A. A. and Viswanathan, S. , 2022. Financing insurance, Working paper.

Schoar, A. and Lerner, J. , 2004. Transaction structures in the developing world: Evidence from private equity. Working paper, MIT.

Singh, M. , 2020, *Collateral Markets and Financial Plumbing.* Risk Books.

Song, Z. , Storesletten, K. and Zilibotti, F. , 2011. Growing like china. *American economic review*, 101 (1), pp. 196 –233.

更正启示

《比较》第 122 辑第 24 页脚注中的"21 Century"应为"20 Century",特此更正,并向作者和读者致歉。

《比较》编辑室
2023 年 2 月

比较之窗

Comparative Studies

国有企业的全球图景

各国经济中的国有企业规模和行业分布

张春霖

在中国的社会主义市场经济体制中，国有企业是一个核心组成部分。无论是就国有企业的规模还是就其在国民经济中的地位而言，中国在世界上都是独一无二的。虽然如此，国有企业并非一个"中国现象"。近年来的多项研究（Christiansen，2011；World Bank，2014；OECD，2017；IMF，2020；EBRD，2020）表明，尽管经历了过去几十年的几次私有化浪潮，国有企业在世界各国经济中仍然扮演着重要角色，在各个地区、各种发展水平的国家，情况都是如此。国有企业的分布非常广泛，在现代经济的核心部门如金融、能源、交通等行业尤其多见。

近十年来，越来越多的研究开始关注国有企业的广泛存在，试图从其规模和行业分布入手加深对这一现象的理解，若干颇具影响的研究对构建国有企业的全球图景做出了重要贡献。但是，这些研究往往限于全球图景的一个局部，有的只覆盖部分国家，如经济合作和发展组织（以下简称 OECD）成员国，有

* 作者为世界银行集团前主任专家（私营部门发展）。作者感谢清华大学郭彦男博士在研究过程中给予的出色协助，以及香港中文大学宋铮教授、清华大学薛健教授对本文较早版本提出的评论意见。作者也得益于 2022 年 5 月 19 日清华大学中国现代国有企业研究院组织的线上沙龙的参加者提出的问题和意见。本项研究得到了清华大学中国现代国有企业研究院的资助。文责自负。

的只覆盖部分行业（如银行业）或部分国企（如大企业、上市公司）。要寻找一个比较全面的国有企业全球图景，仍需回溯到世界银行 1995 年的报告：《官僚办企业：政府所有权的经济学和政治学》（World Bank，1995）。

本文试图填补这方面的欠缺。本文的研究把能收集的数据集中于一个数据库，然后在此基础上，以国有企业在各国国民经济中的比重和行业分布为重点，在数据允许的范围内构建一个国有企业的全球图景。具体而言，本文力图回答三个问题：

- 按其在产出或就业中的份额衡量，各国经济中国有企业的规模如何？
- 在哪些行业中国有企业的地位最为突出？
- 各国的国有经济①（SOE portfolio）在各行业之间是如何分布的？

本文其余部分的结构如下。第 1 节讨论若干数据问题，包括简要回顾近年来收集数据的努力。第 2 节使用为本文构建的数据库，考察各国经济中国有企业的规模；第 3 节进一步考察国有企业在关键行业的地位。第 4 节转向各国国有经济的行业构成。第 5 节提出若干总体观察作为结论。

1. 数据问题

世界银行 1995 年的研究（World Bank，1995）构建了一个很大的多国别数据库，覆盖了 88 个国家的国有企业，包括工业化国家，也包括发展中国家，但没有包括像俄罗斯和中国这样的转轨国家。数据是从各国官方收集的，指标覆盖面很广，其中包括 1978—1991 年各年国有企业在 GDP、就业、投资、信贷、外债中的比重，以及它们的财务平衡状况、从政府获得的净财务流量、从国内和国际渠道获得的信贷（World Bank，1995，Statistical Appendix）。1995年以后，没有任何研究试图更新世界银行的这个数据库。但是，近年来数据收集工作在很多方面也取得了进展。

1.1 近年来收集数据的努力

近年来收集数据的努力大体上有两种做法。其一是从各国官方直接获取数

---

① 本文按中文习惯使用"国有经济"一词，但需要注意的是，很多国家为数不多的国有企业很难称得上"经济"。

据。这主要是各个国际组织的做法，如 OECD、世界银行、国际货币基金组织、欧洲复兴开发银行。

OECD 的研究工作很有影响，覆盖其成员国和一些非成员国，主要着眼于国有企业的规模和行业分布。其数据的主要来源是对各国官方进行的问卷调查。第一轮这样的调查针对 27 个成员国 2009 年底的数据，完成于 2011 年初（Christiansen，2011，第 5 页）。最近的一轮数据收集是 2017 年进行的，针对的是 2015 年底 40 个国家的数据，包括中国、印度等若干非成员国（OECD，2017，第 11—12 页）。[②] 2017 年的研究使用的三个关键指标是国有企业的数量、其公司价值和就业人数，此外，还公布了各国国有企业按四种法律形式分类的行业分布数据：国有股权占多数的上市公司、国有股权占少数的上市公司、国有股权占多数的非上市公司、法定公司（statutory corporations）和准公司（quasi corporations）[③]（OECD，2017，第 35—75 页）。

世界银行的《银行监管和管理调查》（Bank Regulation and Supervision Survey，BRSS）就银行业的国家所有制收集了丰富的数据。这项调查覆盖了世界上几乎所有的经济体，就银行业如何监管（regulation）和管理（supervision），包括银行的国家所有制，提供了经济体层面的可比数据库。《银行监管和管理调查》开始于 118 个司法辖区 2001 年的数据，于 2005 年公布。最近的一次调查于 2019 年完成，覆盖 160 个司法辖区的数据和信息。2019 年调查问卷的问题之一是要求提供 2011—2016 年银行体系的资产中由政府控制（即政府在其中拥有 50% 或以上股份）的银行所占的百分比。[④]

国际货币基金组织 2019 年完成的一项研究对中欧、东欧和东南欧的 21 个国家进行了问卷调查，从 18 个国家收到了回复。该研究以此为基础概述了该地区国有企业的情况（Richmond et al.，2019）。欧洲复兴开发银行也为其《转轨报告 2020—2021：国家复归》（EBRD，2020）从其客户国家政府收集了数据。

第二种做法是从现有的企业层面数据库中抽取数据。《福布斯全球最大 2 000 家企业》（Forbes Global，2000）是最经常被使用的数据库之一。例如，

---

② 对包括中国在内的少数几个国家，问卷是由非政府机构来回答的。

③ 法定公司和准公司的定义见下面"国有企业的定义"一节。

④ 见该调查的介绍：https：//www.worldbank.org/en/research/brief/BRSS。但对这个问题，没有来自中国的数据回答。

为了发现哪些国家拥有国际上活跃的国有企业以及这些国有企业都在什么行业，OECD 2013 年发表的一篇关于贸易政策的论文（Kowalski et al.，2013）使用福布斯全球最大 2 000 家企业名单上的上市公司数据，开发了一个全球最大的国有企业数据库。该论文提出了一个在 38 个样本国家衡量国有企业重要性的指标："组合国有企业份额"（composite SOE share）⑤。国际货币基金组织 2020 年的《财政监测》在描述国有企业全球图景的部分也使用了福布斯最大 2 000 家企业名单上的企业数据（IMF，2020，第 49 页）。

另一个经常被使用的是范迪克局（Bureau van Dijk）⑥ 构建的数据集。例如，国际货币基金组织的一篇论文从 Orbis 数据库中抽取了 11 个欧盟新成员国和瑞典 2012—2014 年间 6 282 家国有企业的数据，用以描述这些国家的国有企业图景（Bower，2017，第 5 页）。欧盟（European Commission，2016）和亚洲开发银行（Naqvi and Ginting，2020）在其关于国有企业业绩的研究中也使用了 Orbis 的数据。

斯扎泽克及其合作者比较近期的一项研究（Szarzec et al.，2021）从范迪克局的 Amadeus 数据库⑦中抽取企业层面数据，构建了一个包含 30 个欧洲国家 131 068 家大型非金融企业的数据库。⑧ 其中，他们找到了 6 330 家国家在其中拥有 50% 以上股权的企业，他们将之界定为国有企业。如果按国家拥有 25% 以上股权划线，则国有企业的数量增加到 7 353 家。使用总资产、营业收入和就业等指标，作者计算了按 50% 以上股权划线和按 25% 以上股权划线的情况下，国有企业在各个经济体的大型企业总量中所占的份额，然后将之视为国有企业在该经济体中的份额。

---

⑤ 组合国有企业份额是一国出现在福布斯 2 000 家名单中的最大 10 家企业的销售额、资产和市值中，国有企业份额的加权平均（权数相等）。在名单中出现的企业不到 10 家的国家不包括在内。

⑥ 范迪克局是穆迪分析的下属公司，专注于全球企业的数据和信息的收集和发布。见 https：//www. bvdinfo. com/en – us/。

⑦ 该数据库提供欧洲企业的企业层面数据。见 https：//www. bvdinfo. com/en – us/our – products/ data/international/amadeus？ gclid = CjwKCAiAiKuOBhBQEiwAId_ sK34euIii4y – snuh3WCKT1tRR Qgl3jy5RD3gFbI – FXCuOlhvae0m – axoCVwkQAvD_BwE。

⑧ 一个企业如果符合以下条件，就被认为属于"大型"因而被包括在数据集之内：或者其 2007—2016 年的雇员平均人数为 250 人或以上，或者其总资产大于 4 300 万欧元，或者其营业收入大于 5 000 万欧元。

1.2　GLSOE：一个新的数据库

在这些努力的基础上，本项研究构建了一个为本文服务的数据库，即"国有企业全球图景数据库"（以下简称 GLSOE 数据库，附录 1 描述了数据库的结构，附录 2 提供了一个样本）。GLSOE 数据库覆盖了 140 个至少能找到一个数据的经济体。这些经济体按以下方式分组：因为所有前计划经济国家的国有企业有相似的起源，这些国家首先被挑出来组成一组，即"转轨经济体"；其他经济体则按世界银行的各国收入水平分类进行分组[⑨]。

构建 GLSOE 数据库的目的是为了回答以下三个问题：各国经济中，（1）按产出或就业中的比重衡量，国有企业的规模有多大？（2）在哪些行业中国有企业的地位最为重要？（3）国有经济的行业构成如何？

需要注意的是，第（3）个问题与第（1）个和第（2）个问题是明确区分的。虽然其他研究不一定总是做这样的区分，但这是观察国有企业在经济中的角色的两种不同视角。国有企业在整个经济中或在特定行业中的比重，说明了国家在整个经济层面或在行业层面的商业活动中的参与程度；而国有经济的行业构成反映了国家在各种商业活动中配置国有资本时遵循的优先顺序。由于这样的区分，一个行业中国有企业可以占有重要地位，而该行业在国有经济的构成中却并不重要，或者相反。

GLSOE 数据库的大部分数据来自现有研究，其中以四个研究为主：OECD 2017 年的研究；世界银行 2019 年的《银行监管和管理调查》；斯扎泽克及其合作者的国有企业数据库（Szarzec et al.，2021）；自然资源治理研究所（Natural Resource Governance Institute，NRGI，2019）的国家石油公司数据库（National Oil Company Database）。但是，也有很大比例的新数据直接来自以下国家的官方出版物，其中包括：

- 中国：财政部和国家统计局的官方数据，以及依据这些数据进行的计算和估算（张春霖，2019）。
- 印度：公有企业调查，2019—2020 年（Government of India，2021）。
- 印度尼西亚：国有企业部 2019 年年度报告（Indonesia Ministry of SOE，

---

⑨　https：//blogs. worldbank. org/opendata/new – world – bank – country – classifications – income – level – 2021 – 2022.

2020）。

- 挪威：2020 年国家所有权报告（Norwegian Ministry of Trade，Industry and Fishery，2021）。
- 巴基斯坦：联邦国有企业足迹 2019 财年年度报告（Pakistan Ministry of Finance，2021）。
- 瑞典：2020 年国有企业年度报告（Government Office of Sweden，2021）。

为控制工作量，GLSOE 数据库没有试图覆盖历史趋势。对每一个经济体的每一个指标，数据库只收集了最近一年的数据。在多数情况下，这是 21 世纪第一个 10 年晚期某一年的数据，但也可以是该 10 年较早时期的数据。

1.3 国有企业的定义

对 GLSOE 数据库的数据收集工作来说，一个关键的技术性问题是国有企业的定义。OECD 在其 2017 年的研究中邀请各国官方在回答问卷时使用以下定义：

> 国有企业是"按本国法律作为企业组织起来的、中央政府在其中行使所有权和控制权的公司实体……此外，法定公司，即那些其法人地位由特定立法而确立的公司，如果从事经济活动，无论是专门从事经济活动还是同时也追求公共政策目标，应被视为国有企业。经济活动指的是那些在给定的市场上提供货物或服务的活动，而这些活动至少在原则上可以由私营的营利性提供者来提供。准公司，即在一般政府部门内部从事自主性商业活动的单位，如果在财务上是自主的而且收取有经济意义的价格，也应视为国有企业"。（OECD，2017，第 11 页）

但是，每个国家都以自己的方式定义国有企业⑩，而国有企业的原始数据一般都是按各国的定义生成的。要把各国数据放在一起构建数据库，这就成为一个挑战。

首先，"按本国法律作为企业组织起来的公司实体"在不同的司法辖区可以很不相同。比如，国有企业在巴基斯坦包括"非商业公共部门公司"（Paki-

---

⑩ Bauer（2018，第 10—12 页）提供了国有企业定义的一个简要综述。

stan Ministry of Finance，2021，第3页），而非商业公共部门实体在其他国家不一定都组织成为公司。例如，在中国，就有事业单位这样一个与国有企业平行的公共部门实体，主要包括教育、卫生、农业技术推广和科学技术研究等领域的公共服务提供者。很多事业单位在市场上提供服务、创收，所以也可以被作为企业来管理，而且实际上很多事业单位的确实行"企业化管理"（World Bank，2005）。

不过，如果充分注意到收集的数据具有近似的性质，这个问题的影响应该是有限的。国际货币基金组织发现，各国的国有企业定义还是有若干共同之处的：被定义为国有企业的实体（1）有属于自己的、单独的法人资格；（2）是一个至少部分地为一个政府单位控制的实体；（3）主要从事商业或经济活动（IMF，2020，第47页）。

第二个挑战是国有企业不仅可以为中央政府拥有，也可以为地方政府拥有。2017年OECD的研究（OECD，2017）集中关注中央政府在其中行使所有权和控制权的企业。印度的公共企业调查也只覆盖"中央公共部门企业"（central public sector enterprises，CPSEs）。实际上，既包括中央企业也包括地方企业的研究相对比较少见。不包括地方企业有助于避开数据方面的挑战，但如果地方企业在该经济体的国有企业中构成一个很重要的部分，则这样做的成本也不可忽视。比如，OECD的数据显示，意大利中央国有企业的就业占2015年全国总就业的2%（OECD，2017；GLSOE数据库）。但是，根据欧盟的数据，地区、省和市一级的国有企业在就业中的比重也高达2%（European Commission，2016，第73页）。在中国，官方统计一般都覆盖中央和地方国有企业。如果不包括地方国有企业，按2019年非金融类国有企业的资产计算，国有经济的规模会小63%（中国财政年鉴编委会，2020，第404页）。中国的国有企业数据有时无法区分中央国有企业和地方国有企业。所以，GLSOE数据库中的中国数据包括各级政府所属的国有企业。而对其他多数国家，可以找到的数据或者没有说明是哪一级政府所属的国有企业，或者只包括中央政府所属的企业。

第三个挑战是确定区分国有和非国有的国有股权比例门槛。通常的做法是以国有股权50%或以上划线来定义国有企业，但这种做法的风险是，在一些企业中，政府持有低于50%的股权就掌握了控制权。斯扎泽克及其合作者（2021，第4页）在解决这个问题上迈出了很有意义的一步，就是把门槛降低到了25%，同时增加了一个条件，就是国家（包括其他国企）在其中必须属于最大股东。

在这方面，中国国有企业数据的口径比多数其他国家都宽。根据国家统计局的定义（国家统计局，2021，第13章尾注），国有企业包括"国有和国有控股企业"。"国有"当然就是100%的国有全资企业，而"国有控股"企业的定义不仅包括"绝对控股"（国家持股50%或以上），而且包括"相对控股"（国家持股不足50%但属于最大股东）和"合同控股"（国家不是最大股东但按与其他股东的合同约定行使控制权）。如果一个企业中国家股东和另一个股东各持有50%股权，该企业在统计上也定义为国有企业。GLSOE数据库包括的中国数据是国家统计局报告的数据，也就是说，根据这些数据计算出来的中国国有企业规模应属该指标的上限。

2. 国有企业的规模

根据世界银行1995年的研究（World Bank，1995），20世纪90年代初，除了转轨经济体，国有企业在工业化经济体的GDP中约占7%的份额，在发展中经济体约占11%。国有企业在发展中经济体总就业中的份额平均在10%以上，从拉美的2%、亚洲的3%到非洲的23%不等（World Bank，1995，第30—32页）。该项研究没有报告国有企业在转轨经济体中的比重，但肯定要比上述数字高出很多。例如，在中国，几乎完全由国有企业构成的非农产业在1981年占GDP的65%和总就业的30%（World Bank，1985，表2.5和表2.6，第40—42页），直到90年代的市场化改革为私营部门全面发展开辟了通道，这一结构才发生根本改变。由于世界银行1995年的研究有其独特的数据来源（World Bank，1995，第316—324），今天要想获得直接可比的数据已经非常困难。然而，以GLSOE数据库收集的数据为基础，可以估算66个经济体21世纪第二个十年国有企业在经济中的份额。

2.1 国有企业在产出和就业中的份额

如何衡量国有企业在一国经济中所占的份额？国有企业对GDP的贡献显然是最理想的指标。但是，可靠的国有企业增加值数据非常少见。OECD 2017年的研究使用国有企业资产与GDP的比例（OECD，2017），这是一个描述国有企业绝对规模的指标，但是，在没有非国有企业资产数据的情况下，这个指标不能说明国有企业在经济中的相对份额。但 2017 年 OECD 的研究和其他一些研究提供了国家层面的国有企业就业数据，这样就有可能计算很多经济体的国有企业就业在非农产业劳动力队伍⑪中所占的份额。只要有可能，GLSOE 数据库尽量使用国有企业产出占 GDP 的份额。在多数场合，这需要使用其他的国有企业产出指标，如销售收入。如果找不到有意义的产出数据，就退而求其次，使用国有企业就业在非农产业劳动力队伍中所占的份额。由于国有企业倾向于在资本密集程度高的行业运营，它们在就业中的份额可能会低于它们在产出中的份额。

为展示方便，GLSOE 数据库将收集到数据的 66 个经济体分为 4 组。第一组包括有产出数据的 14 个经济体，其中包含中国、印度、印度尼西亚和俄罗斯。有 57 个经济体有就业数据，其中 5 个同时也有产出数据（保加利亚、中国、印度、俄罗斯、塞尔维亚），它们被分为 3 组：转轨经济体 15 个，中等收入经济体 16 个，高收入经济体 26 个。因为没有找到数据，66 个经济体中没有任何低收入经济体。

图 1 报告了 14 个经济体按产出计算的国有企业规模，其中 9 个是转轨经济体。这里包括中国、俄罗斯、越南、塞尔维亚等大型转轨经济体，其中，国有企业在产出中的份额为 24%~36%。使用 2019 年全球 GDP 数据作为参照，中国国有企业在 2019 年全球 GDP 中占有 4.5% 的份额；与此相比，俄罗斯、塞尔维亚、越南、印度的国有企业份额分别为 0.7%、0.01%、0.09% 和 0.16%⑫，合计为 0.97%。

图 2—图 4 分 3 组报告了 57 个经济体的国有企业就业在非农产业劳动力队伍中所占的份额。从图 2 可以看到，俄罗斯、中国和塞尔维亚国有企业就业在非农产业劳动力队伍中所占的份额也比较高，这与图 1 相一致。白俄罗斯国有企业就业在非农产业劳动力队伍中的占比高达 50%，明显高于其他国家。克罗地亚的情况和塞尔维亚比较接近。其他转轨经济体的这个指标多数为 1%~5%。图 3 和图 4 表明，16 个中等收入经济体中的 7 个和 26 个高收入经济体中

---

⑪ 非农产业劳动力队伍的数据来自世界银行《世界发展指标》中劳动力队伍总量数据和农业在劳动力队伍中所占比重的数据，见 https：//databank. worldbank. org/source/world – develop-ment – indicators.

⑫ 全球和这些国家 2019 年的 GDP 数据来自世界银行，见 https：//data. worldbank. org/indicator/NY. GDP. MKTP. CD。印度国有企业指其中央公共部门企业。

的 14 个，其国有企业就业在非农产业劳动力队伍中所占的份额也为 1%~5%，而在 10 个中等收入经济体和 11 个高收入经济体中，这个指标低于 1%。只有挪威是个例外，其国有企业就业占非农产业劳动力队伍的比重高达 12%，接近塞尔维亚、克罗地亚和中国的水平。

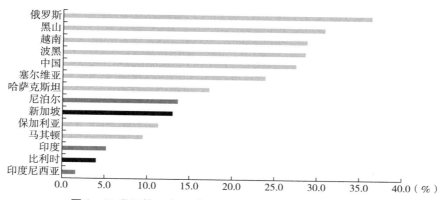

图 1　21 世纪第二个 10 年，14 个经济体中国有企业的规模
（按在产出中的份额衡量）

注：黑色和深灰色分别为高收入和中等收入经济体，其他为转轨经济体。
资料来源：GLSOE 数据库。

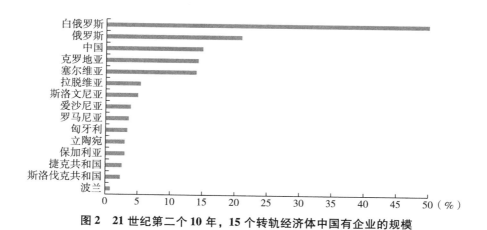

图 2　21 世纪第二个 10 年，15 个转轨经济体中国有企业的规模
（按在非农产业劳动力队伍中的份额衡量）

注：中国和俄罗斯各有两个不同的估算值，这里取的是二者的平均值。
资料来源：GLSOE 数据库。

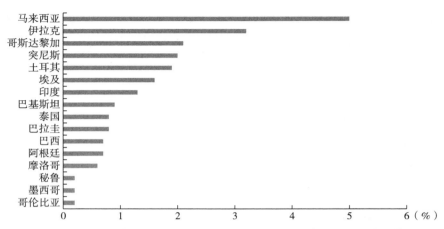

图3   21世纪第二个10年，16个中等收入经济体中国有企业的规模
（按在非农产业劳动力队伍中的份额衡量）

资料来源：GLSOE 数据库。

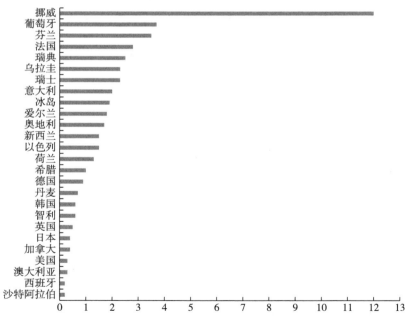

图4   21世纪第二个10年，26个高收入经济体中国有企业的规模
（按在非农产业劳动力队伍中的份额衡量）

资料来源：GLSOE 数据库。

2.2 国家作为股权投资者

但是，把注意力完全集中于国有企业（即国有全资和控股企业），即使定义宽泛的国有企业，仍然有一个风险，就是把那些国家在其中持有少数股权但不行使控制权的私营企业，本文称之为"国家参股企业"，遗留在视野之外。与国有企业相比，国家参股企业的存在较少受到关注，因为按通常的定义它们属于私营企业，不是国有企业。

然而，有充分的理由对这类企业予以更多的关注。如 OECD 已经指出的，关注国家参股企业有助于人们了解国家在企业层面不断变化的参与图景。例如，这类企业的信息有助于了解未完成的或停滞的私有化项目，国家给经营失利的公司注资输血，以及通过有否决权的少数股权把有战略意义的企业保持在国家控制之下的努力（OECD，2017，第 23 页）。

从更一般的意义上说，国有企业和国家参股企业之所以存在，都是国家将国有股权资本投资于企业的结果。从国家作为一个投资者的角度看，国有企业和国家参股企业不过是两类可投资的股权资产。这一点对主权财富基金来说表现得非常清楚，主权财富基金的投资组合中普遍包括非控制性少数股权。

关于主权财富基金，不存在所有人都同意的统一定义。按照主权财富基金国际工作组（International Working Group of Sovereign Wealth Funds）发布的"圣地亚哥原则"（Santiago Principles），主权财富基金是

> 政府拥有的、有特殊目的的投资基金或安排。主权财富基金由政府为宏观目的而设立，通过持有、管理和处置资产来实现财务目标，它采取一系列投资策略，包括投资于外国金融资产。主权财富基金的资金通常来自国际收支盈余、官方外汇操作、私有化收入、财政盈余以及/或者大宗商品出口收入。这些不包括货币当局为传统的国际收支平衡或货币政策目的而持有的外汇储备，传统意义上的国有企业，政府雇员的养老基金，或为个人受益人管理的资产。（IWGSWF，2008，paragraph G4）

基于其主要政策目标，国际货币基金组织提出了以下的主权财富基金分类框架：（1）为把预算和经济与振荡性的商品（通常是石油）价格隔离开来的稳定基金；（2）以财富代际共享为目的的储蓄基金；（3）以基金形式作为单独实体设立的储备投资公司，其目的或者是为了减少持有储备而发生

的持有成本，或者是为了追求以更高投资回报为目标的投资政策；（4）为把资源分配到高优先性的社会经济项目，如基础设施，而设立的发展基金；（5）在政府资产负债表上发现有养老金负债和（或者）或有负债的养老金储备基金（IMF，2007，第46页）。

由于政策目标不同，主权财富基金的投资策略也不同。就其股权投资而言，有些主权财富基金因其代表国家在国有企业中充当控制性股东而知名（如新加坡的淡马锡，马来西亚的 Khazana，哈萨克斯坦的 Samruk Kazyna），而很多其他的主权财富基金（如中国投资公司）则倾向于仅持有少数股权。

主权财富基金并非国有资本投资的唯一工具。至少在中国，还有很多其他工具，例如地方政府融资平台（详见 Lu and Sun，2013）和政府引导基金（详见 World Bank Group and DRC，2019，第34页）。国有企业本身也因各种原因而投资于私营企业的少数股权。与此同时，国有企业的私有化可以是部分的，即私营部门投资者只接管控制性股权，而留下一部分国有的少数股权（有时是拥有否决权的少数股权或所谓"金股"）。

在中国私营企业中，国有少数股权并不少见。白重恩及其合作者最近的一项研究（Bai et al.，2021，第3页）在分析企业登记注册数据后发现，2019年，有13万家私营企业直接从一个或多个国有投资者那里收到过国有资本投资。因为它们又投资于其他私营企业，而这些企业又投资于其他企业，2019年，一共有150万家私营企业有国有资本的直接或间接参股。这些私营企业在经济中有重要地位，因为它们占中国私营企业资产的44%。在其他经济体中，当然也存在主权财富基金以外的国家投资者在私有企业中持有少数股权的情况，尤其是部分私有化的国有企业。

如果不是把注意力仅限于国有企业，而是把国家看成公司股权的一个投资者，那么，要观察包括国有企业和国家参股企业在内的全球图景，目前数据最全面的指标就是上市公司中的国有股权。OECD 于 2019 年完成的一项研究（De La Cruz，2019）使用占全球市场 2017 年底市值 90% 的 10 000 家最大上市公司的数据发现，这些公司股权价值的 14% 为公共部门投资者持有[13]，其中近

---

[13] OECD 的另一项研究（2021，第21页）更新了这一成果。该研究的数据是 2020 年底来自 92 个不同市场的 25 000 家上市公司的企业层面数据，这些公司加在一起占全球市场市值的 98%。公共部门在这些公司的持股比例为 10%。但该项研究没有提供此前研究（De La Cruz，2019）那样的细节。

800 家公司中公共部门投资者持股超过 50%，另外 1 140 家公司中公共部门持股在 10%~49% 之间。公共部门持股总值达到 10 万亿美元，其中中央和地方政府占比最大，达到 56%；然后是主权财富基金、公共养老基金和国有企业（De La Cruz，2019，第 26 页）⑭。就这些公司所属的经济体而言，中国无疑是最大的，占比达到 57%，但其他经济体合计也达到 43%（De La Cruz，第 2019，第 9 页，同时见本文表 1）。

表 1　2017 年底全球最大 10 000 家上市公司的股权价值在四类投资者之间的分布情况

经济体	私人公司和战略性个人	公共部门	机构投资者	散户和小型机构投资者
中国	24	38	9	28
美国	6	3	72	19
欧洲（英、法、德、俄等 28 国）	21	9	38	32
亚洲发达经济体（日本、韩国、中国香港、中国台湾、新加坡）	44	19	16	21
其他发达国家（加拿大、澳大利亚、以色列、新西兰）	11	4	39	47
拉美国家（巴西、墨西哥、智利、阿根廷）	51	7	20	21
除中国外的亚洲新兴市场国家(印度等 9 国)	44	19	16	21
其他新兴市场国家（南非、沙特阿拉伯）	21	28	20	31
全球平均	18	14	41	27

资料来源：De La Cruz（2019）。

在上市公司之外，OECD 2017 年的研究发现，在它覆盖的经济体的所有国有少数股权中，按价值计算，32% 是在制造业，29% 在电信行业，17% 在金融行业（OECD，2017，第 23 页）。遗憾的是，由于数据有限，无法对国家参股企业做进一步的考察。

---

⑭　值得指出的是，公共养老基金对公司股权的持有与政府、主权财富基金、国有企业有所不同。因为政府、主权财富基金、国有企业投入的资本是国有资本，而公共养老基金投入的资本性质不同，并非国有资本。

3. 关键行业中的国有企业

关于各行业中国有企业所占份额的数据相对较少。世界银行的《银行监管和管理调查》提供了关于银行业国家所有制的丰富数据，自然资源治理研究所的国家石油公司数据库则提供了石油天然气行业比较好的数据。其他行业只有一些支离破碎的数据，无法支持更全面的看法。

3.1 银行业

利用世界银行2019年《银行监管和管理调查》数据，图5至图9展示了134个经济体的银行业中国有企业（即国有银行）的图景。为展示方便，这

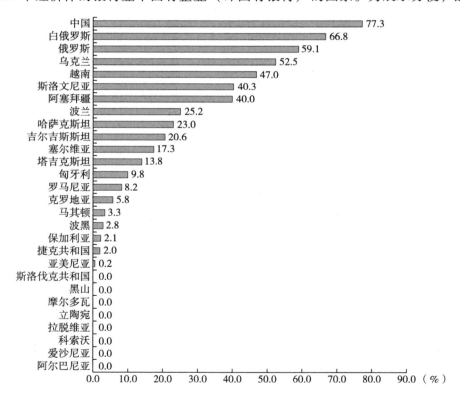

图5 21世纪第二个10年，28个转轨经济体的银行业资产中国有银行的份额

注：根据中国银监会2017年年度报告，中国的数字包括国家开发银行和政策性银行（10.1%）、大型商业银行（36.8%）、股份制银行（17.8%）和城市商业银行（12.6%）。

资料来源：GLSOE数据库。

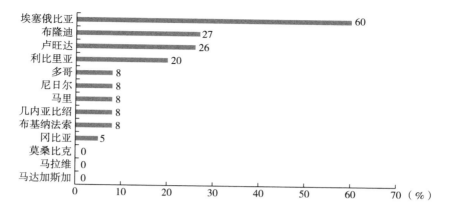

图6　21 世纪第二个 10 年，13 个低收入经济体的银行业资产中国有银行的份额

资料来源：GLSOE 数据库。

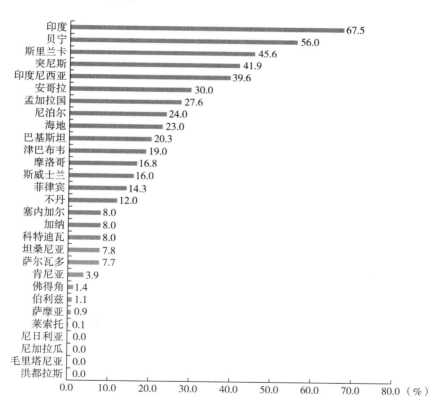

图7　21 世纪第二个 10 年，29 个中低收入经济体的银行业资产中国有银行的份额

资料来源：GLSOE 数据库。

119

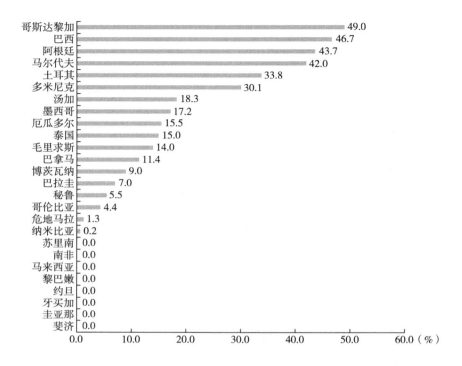

图8　21 世纪第二个 10 年，26 个中高收入经济体的银行业资产中国有银行的份额

资料来源：GLSOE 数据库。

134 个经济体分为 5 组：转轨经济体 28 个，低收入经济体 13 个，中低收入经济体 29 个，中高收入经济体 26 个，高收入经济体 38 个。

从数据可以观察到的第一点是，银行业资产中国家所有制的高份额不限于转轨经济体，更不限于中国。虽然中国银行业资产中国有银行的份额高达 77.3%，但在俄罗斯和越南也分别达到 59.1% 和 47%，在一些非转轨发展中经济体的银行业中，情况类似，比如印度（67.5%）、埃塞俄比亚（60%）和巴西（46.7%）。国有银行在高收入经济体银行业资产中的份额一般较低，但也有几个例外，比如冰岛（65.9%）、德国（37.1%）和葡萄牙（37%）的情况就和转轨经济体、发展中经济体不相上下。

从数据可以观察到的第二点是各经济体之间的巨大差异。在五个组的每一组中，都有相当数量的经济体的银行业资产中国有份额等于零：28 个转轨经济体中有 8 个；13 个低收入经济体中有 3 个；29 个中低收入经济体中有 4 个；

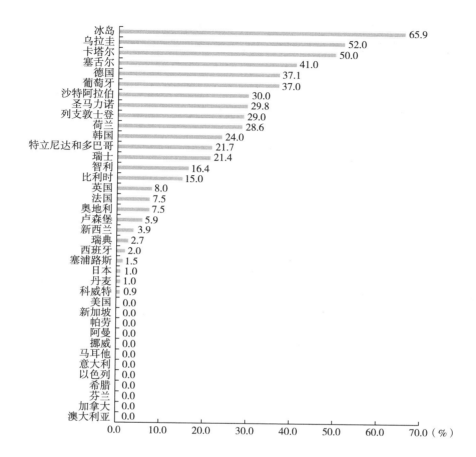

图 9　21 世纪第二个 10 年，38 个高收入经济体的银行业资产中国有银行的份额

资料来源：GLSOE 数据库。

26 个中高收入经济体中 8 个；38 个高收入经济体中有 12 个。合计而言，134 个经济体中有 35 个（26%）的银行业资产中没有任何国有成分。其结果是，各经济体之间在银行业资产的国有份额方面差异极大。在四个组中，该份额从 0 到 60%，在第五个组是从 0 到 49%，而简单平均数都在 20% 以下。

　　银行业资产中国有份额的巨大差异应该是与外资相关的⑮，世界银行的《银行监管和管理调查》也提供了银行业资产中外资所有权的数据。当把国家

---

⑮　Cull et al.（2018）的第二部分对银行业中的国家所有和外资所有进行了详细的讨论。

所有和外资所有的数据像图 10 那样放在一起的时候，可以看出，很多经济体中国家所有的低份额是和外资所有的高份额相联系的（图 10a）。把它们加在一起（图 10b），在 119 个经济体中，国家所有加外资所有占比达到 100% 的有 11 个，占 50%~99% 的有 65 个。只有在 25 个经济体中，二者合计的份额小于 30%，也就是说，留给内资非国有银行的份额大于 70%。

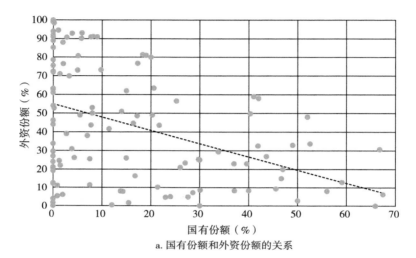

a. 国有份额和外资份额的关系

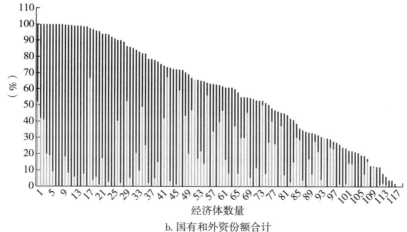

b. 国有和外资份额合计

图 10　2016 年 119 个经济体的银行业资产中国有和外资的份额

注：浅色为国有，深色为外资。

资料来源：World Bank（2021）。

3.2 能源行业

在非金融领域，包括石油天然气、煤炭、电力在内的能源行业是国有企业地位最突出的行业之一（European Commission，2016；Bower，2017；IMF，2020）。但是，国家层面的能源行业国有企业数据很有限。国际货币基金组织2017年的一项研究（Bower，2017，第8页）报告说，2012—2014年国有企业在能源行业中的比重，斯洛文尼亚为90%、匈牙利为80%、波兰为70%、瑞典为60%。其他国家的数据很难找到。

不过，就行业而言，全球石油天然气行业中国有企业的主导地位是非常清楚的，这些国有企业被称为"国家石油公司"（national oil companies）。根据国际能源署的数据（IEA，2020A，第18页、第24页），2018年，国家石油公司控制了全球已经证明的和可能的石油储量的66%，剩余部分，大型私营石油公司（Majors）占12%，其他私营石油公司（Independents）占22%（IEA，2020A，第19—20页）[16]。这里的国家石油公司既包括所谓"国际化"的国家石油公司，即那些在母国之外有大额上游投资的公司（通常与非国际化的国家石油公司或私营石油公司合作），也包括所谓"非国际化"的国家石油公司，即只在母国范围内运作的公司。国家石油公司还拥有全球60%的天然气储量（IEA，2020A，第19页）。就产量而言，2018年，国家石油公司在石油产量中占比近60%，在天然气产量中占比约55%（IEA，2020A，第19页），此外还拥有约40%的炼油和液化设施（IEA，2020A，第25页）。

国家石油公司通常在其母国也居于主导地位。但是，没有国家层面的数据说明各国国家石油公司和私营石油公司在石油天然气行业的相对份额。一个近似指标是根据自然资源治理研究所数据库的数据计算得出的国家石油公司的石油天然气产量与其母国的石油天然气产量之间的比例（NRGI，2019）。但这个指标有两点缺陷：其一，这个比例小于100%并不等于说其余部分产量来自私营石油公司，因为这部分产量也可能来自自然资源治理研究所数据库没有覆盖的较小的国家石油公司。其二，这个比例大于100%意味着该国家石油公司的产量大于其在母国的产量，因其在国外有投资，但不一定意味着其母国国内没

---

[16] 大型私营石油公司（Majors）包括BP、Chevron、ExxonMobil、Shell、Total、ConocoPhillips、Eni。其他私营石油公司（Independents）或者是规模比大型公司小但完全一体化的公司，或者是独立的上游运营商。

有私营石油公司。在考虑这两点的情况下，这个比例可以作为一个近似指标，说明一个国家的石油天然气行业在多大程度上由国家石油公司主导。表 2 显示了 42 个经济体及其 49 家国家石油公司的最近数据。这些数据表明，在其中的 32 个经济体中，国家石油公司在母国石油天然气行业产量中占比超过 50%，在 11 个国家中占比超过 100%。

表 2 21 世纪第二个十年，国家石油公司石油天然气产量与其母国产量的比例

序号	国家	国家石油公司	年份	比例（%）
1	缅甸	MOGE	2017	1
2	阿曼	OOC	2015	3
3	莫桑比克	ENH	2016	4
4	秘鲁	Perupetro	2019	5
5	特立尼达和多巴哥	Petrotrin	2016	11
6	阿塞拜疆	SOCAR	2019	22
7	加纳	GNPC	2019	22
8	刚果（布）	SNPC	2018	25
9	丹麦	Orsted	2017	26
10	哈萨克斯坦	KazMunayGas	2019	26
11	乍得	SHT	2018	28
12	泰国	PTT	2018	29
13	科特迪瓦	Petroci	2018	34
14	安哥拉	Sonangol	2017	35
15	阿根廷	YPF	2019	36
16	厄瓜多尔	Petroecuador	2019	38
17	尼日利亚	NNPC	2018	39
18	印度尼西亚	Pertamina	2019	47
19	挪威	Equinor	2019	52
20	巴林	BAPCO	2016	54

序号	国家	国家石油公司	年份	比例（%）
21	突尼斯	ETAP	2019	65
22	哥伦比亚	Ecopetrol	2019	66
23	俄国	Gazprom，Rosneft	2019	66
24	南非	PetroSA	2019	66
25	印度	ONGC	2019	68
26	伊拉克	Basra Oil Company	2018	73
27	乌克兰	Naftogaz	2019	75
28	厄瓜多尔	Petroamazonas	2019	78
29	巴西	Petrobras	2019	84
30	沙特阿拉伯	Saudi Aramco	2019	96
31	科威特	KPC	2019	97
32	阿联酋	ADNOC，ENOC，TAQA	2017	100
33	委内瑞拉	PDVSA	2017	100
34	墨西哥	Pemex	2019	103
35	苏里南	Staatsolie	2019	104
36	孟加拉国	Petrobangla	2019	107
37	越南	PetroVietnam	2019	107
38	喀麦隆	SNH	2018	116
39	阿尔及利亚	Sonatrach	2019	119
40	马来西亚	Petronas	2019	121
41	玻利维亚	YPFB	2019	122
42	中国	中石油、中石化、中海油	2019	139

注：关于 NRGI 的中国数据，这里假定中石油和中石化报告的数据包括其上市子公司。比较二者的 2020 年年度报告与国家统计局报告的 2020 年全国石油天然气产量可以确认这一点。

资料来源：NRGI, 2019. Indicator："NOC oil and gas production/oil and gas production of home country"。

中国的石油天然气行业由国有企业主导，2019 年行业销售收入中来自国有企业的部分占 89.4%[17]。中国的国家石油公司在全球产量中也占有显著份额，但并无支配地位。根据自然资源治理研究所的数据，2019 年，中国三大石油公司的产量总计为每天 950 万桶石油当量[18]（全球产量的 9.5%[19]），而两家俄罗斯国家石油公司的产量为 1 540 万桶，沙特阿美一家的产量就高达 1 310 万桶[20]。

不过，在全球煤炭行业，中国国有企业的地位要重要得多，因为中国是世界上最大的煤炭生产国。2019 年，中国占全球煤炭产量的 46%（IEA，2020B，第 29 页）。在中国煤炭行业内部，按销售收入计算，国有企业占有 75% 的份额[21]。印度作为第二大煤炭生产国，2019 年贡献了全球产量的 9.8%，而其全国产量的 83% 来自一家国有企业印度煤业（Coal India Limited），这也是全球最大的煤炭企业。另外两家印度大型煤炭国有企业贡献了全国煤炭产量的 12%（IEA，2020B，第 33—34 页）。中国和印度的国有企业加在一起，在 2019 年的全球煤炭产量中占有 44% 的份额。由于缺乏数据，国有企业在其他主要产煤国的地位尚不清楚。

电力行业国有企业的地位也比较突出，尤其是具有自然垄断特征的输电和配电环节。私营投资者的参与主要发生在发电环节，但即使在这个环节国有企业也占有重要地位。根据国际货币基金组织的数据，2017 年，在中东北非、撒哈拉以南非洲和亚洲太平洋地区国家，50%~70% 的发电能力是由国有企业运营的（IMF，2020，第 53 页）。世界银行的一项研究也指出，1990 年以来，

---

[17] 国家统计局网站"年度数据"以及"规模以上工业企业主营业务收入（亿元）"和"国有控股工业企业主营业务收入（亿元）"指标。见 https：//data. stats. gov. cn/easyquery. htm？cn = C01 2020（2022 年 1 月 11 日查阅）。

[18] 自然资源治理研究所数据库有中石油、中石化集团及其上市子公司的石油和天然气产量的数据。其中的集团数据应包括上市子公司在内。比较二者的 2020 年年度报告与国家统计局报告的 2020 年全国石油天然气产量，可以确认这一点。

[19] 根据美国能源信息署的数据，全球产量是每天 1 亿桶石油当量。见 https：//www. eia. gov/outlooks/steo/report/global_oil. php.

[20] NRGI（2019）"石油和天然气产出"（oil and gas production）指标。

[21] 国家统计局网站"年度数据"，"规模以上工业企业主营业务收入（亿元）"和"国有控股工业企业主营业务收入（亿元）"指标。见 https：//data. stats. gov. cn/easyquery. htm？cn = C01 2020（2022 年 1 月 11 日查阅）。NRGI（2019）"石油和天然气产出"（oil and gas production）指标。

私营部门在发展中国家新增发电能力中贡献了 40%，说明公共部门投资和国有企业在发电能力增长中仍然扮演了主要的角色（Foster and Rana，2020，第 7 页）。即使在欧洲和北美，国有企业在发电能力中也占有显著份额（IMF，2020，第 53 页）。

3.3 其他非金融行业

国有企业在各行业的份额反映了国家在各类商业活动中的参与程度。遗憾的是，国家层面的数据太少，无法形成全球图景。可以收集到的数据只能显示三个较大经济体的情况：印度、俄罗斯和中国。

印度的中央公共部门企业调查提供了国有企业层面的总增加值（gross value added，GVA）数据，而国有企业又分成了"同源组"。表 3 计算了各同源组国有企业的总增加值在相应行业中所占的比重。包括煤炭、石油、金属在内的采掘业是国有企业支配地位最突出的行业（占比 54.8%）；其次是公用事业，国有企业占比 21.7%；居于第三位的是制造业，国有企业占比 20.5%。

表3　2017—2018 年，印度中央公共部门企业在关键行业的总增加值（GVA）

全国总计（现价，千万卢比）		中央公共部门企业（现价，千万卢比）		中央公共部门企业的份额（%）
行业	GVA	同源组	GVA	
1. 农业、林业和渔业	2 796 908	以农业为基础的产业	128	0.0
2. 采掘业	357 788	煤炭、原油、其他矿物和金属	196 209	54.8
3. 制造业	2 546 608	化工和制药、化肥、重型和中型工程、工业和消费用品、石油提炼和销售、钢铁、纺织、运输车辆和设备	521 779	20.5
4. 电力、煤气、供水和其他公用事业服务	425 101	发电、输电	92 084	21.7
5. 建筑业	1 197 931	合同和建筑以及技术、咨询服务	10 697	0.9
6. 贸易、旅店、交通、通信和广播相关服务	2 812 706	旅店和旅游服务、电信和信息技术、贸易和营销、运输和物流服务	−42 543	−1.5

（续表）

全国总计（现价，千万卢比）		中央公共部门企业（现价，千万卢比）		中央公共部门企业的份额（％）
行业	GVA	同源组	GVA	
7. 金融、房地产、专业服务	3 206 559	金融服务	20 552	0.6
8. 公共管理、国防和其他服务	2 169 522			
		未分类	314	
合计	15 513 122		799 092	5.2

资料来源：（1）全国 GVA 总计数据来自 National Statistical Office of India，2020，Provisional Estimates of National Income，2019 − 20 and Quarterly Estimates of Gross Domestic Product（GDP）for the Fourth Quarter of 2019 − 20. Statement 4［Provisional Estimates of GVA at Basic Price by Economic Activity（at Current Prices）］。（2）中央公共部门企业 GVA 数据来自 Government of India，2018. Public Enterprise Survey 2017 − 18，Volume 1. Statement 27（Gross Value Added for all CPSEs during 2017 − 18）and Statement 21（Number of Employees and Houses Constructed in CPSEs）。（3）把同源组与全国统计中的行业相匹配是基于 Government of India，2021. Public Enterprise Survey 2019 − 20，Volume 1. 表1.2（Breakdown of the number of enterprises by cognate group）。

表4报告了俄罗斯的数据，来自俄罗斯高等经济学院（Higher School of Economics）的纵向监测调查（Longitudinal Monitoring Survey）。从中可以看到，没有什么行业是国有企业主导的。按就业计算，国有企业占比最高的行业是金融、房地产、商业服务、互联网通信和交通运输（43%~44%）。在公用事业中，国有企业只占就业人数的30%。但是，在制造业中，国有企业仍占就业人数的23%。

中国对工业行业（采掘业、制造业、公用事业）有按所有制分类的详细统计数据。对非工业行业，也有一些官方统计数据可以作为估算的基础。如表5所示，金融、公用事业、交通运输和采矿是国有企业占比最高的4个行业（57%~88%）。另一方面，国有企业在制造业产出中占比17.7%，低于俄罗斯、印度和一些其他转轨经济体。例如，欧洲复兴开发银行的一项调查（Life in Transition Survey）发现，在收入水平较低的转轨经济体中，国有企业在制造业中的地位更为重要。除了俄罗斯，在另外9个转轨经济体中，国有企业在制造业就业人数中的比重高于20%，其中白俄罗斯和阿塞拜疆分别以70%和60%位列前茅。而在多数中欧和波罗的海转轨经济体，这个比例低于10%（EBRD，2020，第41页）。

表 4　2017 年俄罗斯国有企业在各行业就业人数中的份额

行业	份额（%）
采矿业	7
制造业	23
公用事业	30
建筑业	11
零售业餐饮业	11
ICT 和运输业	43
房地产和商业性服务业	44

资料来源：Longitudinal Monitoring Survey of Russia's Higher School of Economics，cited from World Bank，2019，pp. 13 – 14。

表 5　2017 年中国国有企业在各行业增加值中的份额估算

行业和分行业	份额（%）
农林牧渔业	4.6
工业	21.1
采掘业	57.2
制造业	17.7
公用事业	86.7
建筑业	38.5
批发零售业	36.9
交通运输、仓储和邮政业	77.3
住宿和餐饮业	8.8
金融业	88.0
房地产业	24.6
其他	7.67

资料来源：（1）三个工业行业的数据是国有工业企业在行业销售收入中的份额，使用国家统计局网站"年度数据"栏目"规模以上工业企业主营业务收入（亿元）"和"国有控股工业企业主营业务收入（亿元）"两项指标的数据计算而得，见 https：//data. stats. gov. cn/easyquery. htm？cn＝C01 。（2）其余来自张春霖（2019），表3。

4. 国有经济的行业构成

除了国有企业在整个经济以及关键行业的产出和就业中的份额，还可以从另一个角度观察国有企业在经济中的角色，即国有经济的行业构成。

4.1　39 个经济体合并的国有经济行业构成

OECD 2017 年的研究对国有经济行业构成的全球图景提供了迄今为止最全

面的理解（图11）。该研究使用了35个OECD成员国和4个非成员国（不包括中国）的数据，得到了如下发现（OECD，2017，第17页）：

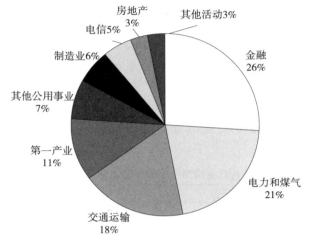

a. 按股权价值

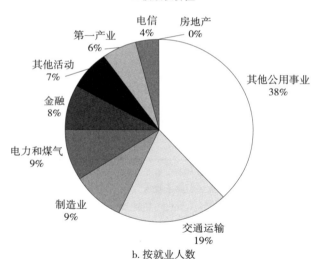

b. 按就业人数

图11　2015年底39个经济体合并的国有经济的行业构成

注：39个经济体包括35个OECD成员国：澳大利亚、奥地利、加拿大、智利、哥伦比亚、哥斯达黎加、捷克共和国、丹麦、爱沙尼亚、芬兰、法国、德国、希腊、匈牙利、冰岛、爱尔兰、以色列、意大利、日本、韩国、拉脱维亚、立陶宛、墨西哥、荷兰、新西兰、挪威、波兰、斯洛伐克共和国、斯洛文尼亚、西班牙、瑞典、瑞士、土耳其、英国和美国，以及4个非成员国：阿根廷、巴西、印度、沙特阿拉伯。

资料来源：OECD（2017，第11—12页、第17—18页）。

- 国有企业高度集中于网络型产业。电信、电力和煤气、交通运输和其他公用事业（包括邮政）在全部国有企业股权价值中占50%，就业人数中占70%。在这些行业中，电力和煤气占比最大，占全部国有企业股权价值的21%和就业人数的近10%。印度、意大利、韩国、挪威和法国的国有企业在这个行业中份额最大，合计占39个国家该行业国有企业股权价值的66%。
- 除网络型产业之外，最大的就是金融行业，占全部国有企业股权价值的26%，就业人数的8%。国有企业在这个行业份额最大的5个国家是英国、印度、荷兰、巴西和希腊，合计占39个国家该行业国有企业股权价值的比例超过60%。
- 包括碳氢化合物的生产和提炼在内的第一产业在全部国有企业的股权价值中占比11%，在就业人数中占6%。

这些结果说明了多数OECD国家在配置国有资本时遵循的优先次序。但是，需要注意的一点是，这是39个经济体合并在一起的国有经济行业构成。这有两点含义：其一，这些结果不一定意味着国有企业在OECD国家的网络型产业和金融行业中居于主导或重要地位。例如，39个国家的金融行业国有企业股权价值中，占比最大的是英国，但国有银行在英国银行业资产中只占0.5%的比重。其二，合并的国有经济数据掩盖了国别差异。例如，在这个合并的国有经济数据中，国有企业集中于网络型产业，不等于说在每个国家都一定是如此。

4.1　48个经济体分国别的国有经济行业构成

2017年OECD的研究公布了40个经济体的数据，使得进一步研究分国别的国有经济行业构成成为可能。GLSOE数据库收集了48个经济体的国有经济行业构成数据，其中37个来自OECD的研究。没有纳入的3个是沙特阿拉伯、印度和中国。没有包括沙特的原因是，OECD公布的数据只是该国国有经济的一部分，不是全部。至于印度和中国，没有使用OECD的数据是因为从两个国家可以获得更新的官方数据。此外，GLSOE数据库还收集了9个国家的新数据：白俄罗斯、克罗地亚、印度尼西亚、哈萨克斯坦、马尔代夫、尼泊尔、巴基斯坦、葡萄牙和泰国。

OECD 的数据有一个统一的结构，包含 2 个指标（股权价值和就业人数）和 9 个行业，而从其他渠道收集的数据在指标和行业分类方面都不尽相同。在本文中，股权价值被作为最优先使用的指标[22]。如果有数据缺口，只要有可能，就尽量使用就业或产出（多数情况下是销售收入）数据来弥补。至于行业分类，原始数据中的行业名称始终保留，然后和国家其他类似行业并入一组。表 6 至表 10 分 5 组显示了 47 个经济体的分析结果，中国因为数据更为丰富，单独显示。

第一组（表 6）包括 25 个经济体，其中 OECD 定义的网络型产业，包括电力和煤气、交通运输、电信、其他公用事业，占这些经济体国有企业股权价值（葡萄牙以产出计算）的 50% 以上。这些多数（25 个中有 18 个）是高收入经济体，包括主要发达国家如美国、英国、德国和日本。6 个转轨国家也在这一组，包括捷克共和国、斯洛伐克共和国、三个波罗的海国家（拉脱维亚、立陶宛、爱沙尼亚）以及克罗地亚，此外还有作为中高收入经济体的土耳其。

表 6　国有经济的行业构成：网络型产业在 25 个经济体国有经济中的份额

序号	经济体	分类	年份	指标	份额（%）	其中			
						电力和煤气	交通运输	电信	其他公用事业
1	瑞士	高收入	2015	股权价值	97.8	60.6	0.0	27.0	10.2
2	美国	高收入	2015	就业人数	95.6		3.8		91.8
3	澳大利亚	高收入	2015	股权价值	90.4	48.2	11.5	20.1	10.6
4	葡萄牙	高收入	2014	产出	90.0		60.0		30.0
5	加拿大	高收入	2015	就业人数	77.1				77.1
6	拉脱维亚	转轨	2015	股权价值	76.3	7.0	48.0	21.3	0.0
7	捷克共和国	转轨	2015	股权价值	74.7	0.0	55.1	12.5	7.2

---

[22]　有几个经济体的股权价值数据或者没有，或者包含负值，但有就业人数的数据。这种情况下就使用就业人数数据。由于各行业的资本密集程度不同，一个行业按就业人数计算在国有经济中的份额，一般会不同于按股权价值计算的份额。

序号	经济体	分类	年份	指标	份额（%）	其中			
						电力和煤气	交通运输	电信	其他公用事业
8	斯洛伐克共和国	转轨	2015	就业人数	73.7	13.0	37.4		23.3
9	立陶宛	转轨	2015	股权价值	73.5	0.6	36.3	36.0	0.5
10	爱沙尼亚	转轨	2015	股权价值	73.3	0.8	50.2	21.5	0.8
11	爱尔兰	高收入	2015	股权价值	73.2	0.0	56.1	17.1	0.0
12	日本	高收入	2015	股权价值	69.2	35.0	0.0	11.0	23.2
13	丹麦	高收入	2015	股权价值	67.8	0.0	35.0	32.8	0.0
14	瑞典	高收入	2015	股权价值	67.3	36.3	24.9	4.3	1.8
15	冰岛	高收入	2015	股权价值	67.0	0.0	62.0	4.3	0.7
16	德国	高收入	2015	股权价值	66.9	41.2	0.0	8.8	16.9
17	意大利	高收入	2015	股权价值	61.3	0.0	33.9	22.5	5.0
18	挪威	高收入	2015	股权价值	59.7	17.7	38.5	2.7	0.7
19	英国	高收入	2015	股权价值	59.4	0.0	0.1	59.3	0.1
20	哥斯达黎加	高收入	2015	股权价值	56.6	0.0	43.9	12.5	0.1
21	韩国	高收入	2015	股权价值	55.9	0.0	28.9	12.2	14.8
22	克罗地亚	转轨	2016	就业人数	55.2		26.9		28.3
23	土耳其	中高收入	2015	股权价值	54.6	11.1	20.9	20.4	2.2
24	奥地利	高收入	2015	就业人数	52.4		24.1	21.8	6.5
25	新西兰	高收入	2015	股权价值	51.7	0.9	31.3	16.7	2.8

资料来源：GLSOE 数据库。

第二组包括 4 个经济体（表 7），其中金融行业在国有经济的构成中占主导地位。与此类似，在另外 5 个经济体中（表 8），能源行业（哈萨克斯坦、泰国、巴基斯坦、印度尼西亚）或采矿行业（智利）在国有经济构成中占主导地位，它们构成第三组。第四组的 4 个经济体的国有经济中制造业都占有重要地位（表 9）。最后，在剩下的第五组的 9 个经济体中，国有经济在各关键行业间的分布相对比较均等（表10）。

表7 国有经济的行业构成：金融行业在4个经济体国有经济中的份额

序号	经济体	分类	年份	指标	行业名称	份额（%）
1	墨西哥	中高收入	2015	股权价值	金融	74.2
2	荷兰	高收入	2015	股权价值	金融	71.9
3	希腊	高收入	2015	股权价值	金融	62.8
4	巴西	中高收入	2015	股权价值	金融	43.1

资料来源：GLSOE 数据库。

表8 国有经济的行业构成：能源和采矿行业在5个经济体国有经济中的份额

序号	经济体	分类	年份	指标	行业名称	份额（%）
1	智利	高收入	2015	股权价值	第一产业	65.5
2	哈萨克斯坦	转轨	2020	产出	石油天然气	56.4
3	泰国	中高收入	2015	产出	石油天然气	55
4	巴基斯坦	低收入	2018	产出	石油天然气	51
5	印度尼西亚	低收入	2017	产出	石油天然气和电力	50

资料来源：GLSOE 数据库。

表9 国有经济的行业构成：制造业在4个经济体国有经济中的份额

序号	经济体	分类	年份	指标	行业名称	份额（%）
1	白俄罗斯	转轨	2016	产出	工业	68.3
2	印度	低收入	2017	产出	制造、加工、发电	68.1
3	以色列	高收入	2015	就业	制造业	50.4
4	法国	高收入	2015	股权价值	制造业	46.6

资料来源：GLSOE 数据库。

表10 国有经济的行业构成：不同行业在8个经济体国有经济中的份额

序号	经济体	分类	年份	指标	份额(%)	其中							
						第一产业	制造业	金融	电信	电力和煤气	交通运输	公用事业	其他
1	阿根廷	中高收入	2015	股权价值	85	22.7	12.7	20.7	15.7			13.2	
2	哥伦比亚	中高收入	2015	就业人数	98.5	27.2		26.5	15.4	29.4			
3	芬兰	高收入	2015	股权价值	82.7	8.6	17.2	34.4	6.9	15.6			
4	匈牙利	转轨	2016	股权价值	83.3	29.8	20.1	11.6		21.8			
5	马尔代夫	中高收入	2015	产出	74						27	19	28
6	尼泊尔	中低收入	2018	产出	92.4			15				22.1	55.3
7	波兰	转轨	2015	股权价值	92.4	32.8		37.4		22.2			
8	斯洛文尼亚	转轨	2015	股权价值	88.6		16.1	27.5		22.2	22.8		
9	西班牙	高收入	2015	就业人数	92.1	12.3	26.6	9.7			9.7		33.8

资料来源：GLSOE数据库。

值得注意的是，虽然多数发达经济体都在第一组，但也有一些不同情况。例如，荷兰的国有经济中金融行业占比就高达约72%，而法国的国有经济中制造业占比约为47%。芬兰的国有经济则大体上有三分之一分布在金融行业，三分之一在网络型产业，另外三分之一在制造业、第一产业和其他行业。

对这些结果的解释需要谨慎。国有经济的行业构成反映的是各国国有资本在各种经济活动之间配置时遵循的优先次序，但并不说明哪种经济活动由国有企业主导。例如，公用事业在美国的国有经济中占比92%，不等于说美国的公用事业92%由国有企业运营。

　　与各国比较，中国国有经济的行业分布相对也比较均等，如表 11 所示㉓。按非金融国有企业中的国有资本权益和金融企业中的国有资产衡量，中国国有经济的总规模 2019 年为 85 万亿元（金融行业 20.1 万亿元，非金融行业 64.9 万亿元）（国务院，2020）。分布比较均等的原因大概是因为中国国有企业遍布几乎每个行业。虽然如此，金融行业以 24% 的份额仍然超过其他行业成为国有经济的最大构成部分。随后是"社会服务"行业，在国有企业股权价值中占有 18% 的份额。但是，这个行业分类很可能包括了一些国家投资工具，例如地方政府融资平台和政府引导基金（我 2019 年对此有更详细的讨论）。如果这个类别也可以视为金融，则金融行业的份额会比统计数字显示的份额高出很多。在非金融行业中，除了占比 11% 的交通运输行业，看不出任何国有资本在某个"战略性"行业集中的迹象。例如，按其在国有经济股权价值中的份额衡量，煤炭、石油、石化行业和建筑行业相当，邮电通信行业的份额大致相当于批发、零售和餐饮行业。最后，尽管有"世界工厂"之称，在国有资本配置方面，制造业并没有获得比房地产行业更高的优先次序。实际上，对金融危机之后十年中国有资本配置的分析发现，国有资本配置服务于某种国家战略目标的假说并无数据支持。相反，国有资本的配置似乎并不处在一个中央权威的控制之下（张春霖，2019）。

表 11　2019 年中国国有经济的行业构成：各行业在国有股权总价值中的份额

行业	份额（%）
煤炭、石油、石化	5.1
电力和公用事业	6.2
制造业	8.4
交通运输和仓储	11.4

㉓　表 11 显示的结果与 OECD 研究的相关结果（OECD，2017，第 18 页），尤其是其图 3 有所不同。例如，根据 OECD 数据，金融在 2015 年国有企业股权价值中占比为 58%，而表 11 中这个比例只有 23.6%。即使考虑到有些金融机构可能被归入了"社会服务"类别之下，这两个数字也难以协调一致。因为 OECD 数据的原始出处没有具体说明，无法找出这种差异的原因所在。但是，23.6% 的比例是直接从政府报告的数字中计算出来的。遗憾的是，2018 年（2017 年数据）之前，政府没有发布这样的报告。政府公布的 2017 年数据是，金融行业国有企业的股权价值为 16.2 万亿元，非金融行业为 50.3 万亿元，由此计算，2017 年金融行业在国有经济中的比例为 24.5%。

行业	份额（%）
邮政通信	2.9
建筑	5.8
房地产	7.1
金融	23.6
社会服务	17.7
批发零售和餐饮	3.4
其他	8.4

注：国有企业所有者权益的一部分（2019年平均为22%）是非国有股东持有的权益，但这部分权益没有分行业的数据。

资料来源：（1）金融和非金融行业国有股权总价值来自国务院（2020）。（2）非金融行业国有股权价值来自以下二者的乘积：国务院报告的非金融行业国有股权总价值（国务院，2020）；非金融国有企业国家所有者权益总额中各行业的份额。（3）各行业非金融国有企业国家所有者权益的数据来自中国财政年鉴编委会（2020，第428—429页，全国国有企业所有者权益总额，按基本行业分类）。

5. 总结

通过把能收集到的数据纳入一个数据库（GLSOE），本文试图以国有企业的规模和行业分布为重点，构建21世纪第二个10年国有企业的全球图景。本文的分析确认，如此前很多研究已经指出的，国有企业存在于当今世界的几乎所有国家（IMF，2020，第48页）。在此基础上，本文的分析也得出了一些新的认识。

首先，国有企业在世界各国经济中只占少数份额。那种国有经济在非农产业一统天下的苏联模式已经不复存在。今天，国有经济规模最大的国家是一些大型转轨经济体，如中国、俄罗斯、塞尔维亚、越南，其国有企业在GDP中的份额在1/4~1/3之间，在非农产业劳动力队伍中的比重在15%左右。也就是说，即使在这些国家，收入和就业创造的主体也是私营部门。其他经济体中国有企业的比重要低得多，尤其是中东欧转轨经济体和多数非转轨经济体。除了挪威等少数例外，国有企业在非农产业劳动力队伍中的占比低于5%是一个常态。

但是，国有企业在经济中的地位超出了其在产出和就业中的份额能反映的程度，因为它们通常在现代经济的核心行业，为企业和消费者提供关键性服务（World Bank，2014，第3—7页；IMF，2020，第48页）。

银行业和石油天然气行业是国有企业的支配地位最突出的两个行业。在中国，国有金融机构占银行业资产的77%和金融行业增加值的88%。在其他很多转轨国家和发展中国家如俄罗斯、越南、印度和巴西，国有银行在银行业资产中的比重为40%~70%。即使在德国等一些发达国家，国有银行在银行业资产中的份额也可以达到与转轨国家和发展中国家相当的水平。全球石油天然气行业中，国有企业或国家石油公司占支配地位，转轨或发展中的主要产油国也是如此。2018年，国家石油公司控制了全球已经证明的和可能的石油储量的66%和石油天然气产量的约60%。

值得注意的是，在转轨国家和发展中国家的银行业和石油天然气行业中，国家所有很可能是作为对外资所有的一种替代机制而被使用的。在有数据的119个经济体中，内资私营银行在银行业资产中占比超过70%的仅有不到五分之一。而主要的国家石油公司同时也都是转轨国家和发展中国家保证参与石油天然气行业并将资源控制在本国手中的工具（Tordo，2011）。

中国国有企业在公用事业、交通运输和采矿行业也有很强的主导地位，仅次于金融业。虽然没有足够的数据可以做进一步的分析，但很多其他经济体的情况可能类似。但数据的确显示，国有企业在印度的采掘业（其中包括煤炭和石油）中占有50%的比重。不过在俄罗斯，没有哪个行业中国有企业的比重超过50%。

至于和国际贸易关系最为密切的制造业，在中国、印度、俄罗斯都是由私营企业占主导地位，国有企业在产出和就业中的比重仅在20%左右。虽然没有全面的数据，但国有企业在制造业中占有少数份额在世界范围内可能是常态，除了白俄罗斯、阿塞拜疆等几个不发达的转轨经济体是例外。

国有经济的行业构成反映了国家在各种经济活动之间配置国有资本时遵循的优先次序。在这方面，OCED的研究已经显示，多数OECD国家和一些转轨国家的最优先领域是网络型产业。但是，一些经济体，包括一些发达经济体，对金融、能源和制造业也给予了很高的优先次序。而在另外一些包括中国在内的经济体中，国有经济在上述关键行业之间的分布比较均等。

超越国有企业的概念，值得注意的是，国家是当今世界一个重要的股权投资者。包括政府、主权财富基金、公共养老基金和国有企业在内的公共部门投资者在 2020 年全球上市公司市值中持有 10% 的份额。而国家的股权投资当然不仅限于上市公司。在中国，按资产计算，在接近一半的私营企业中，国家持有非控制性少数股权。在其他经济体中，类似的情况也存在，例如部分私有化的国有企业，不过要获得更全面的理解，需要收集更多的数据。

最后，国有企业不是一个中国现象，但中国是独一无二的。国有企业存在于当今世界的几乎所有国家，在现代经济的核心部门发挥着重要作用。在这个意义上，国有企业是一个世界现象。但是，中国的国有企业无论就其在产出和就业中的份额还是就其在关键行业的地位，在世界范围内都是独一无二的。中国的国有企业在 2019 年全球 GDP 中占有 4.5% 的份额，而俄罗斯、塞尔维亚、越南和印度的国有企业加在一起的份额不足 1%。虽然没有数据，但其他国家的份额应该更低。这种地位使得世界贸易体系中的国有企业问题几乎成为一个"中国问题"。此外，多数发达国家和一些转轨国家的国有资本配置的优先领域以公共服务为主，而中国的国有企业则遍布几乎所有行业，并以绝对优势控制着国民经济的关键行业。虽然如此，中国的独特性也不是无限的。在另外一些方面，中国与其他国家的差别也没有那么大。例如，就国有企业在产出和就业中的比重而言，中国和其他大型转轨经济体很接近。国有企业在制造业中的比重也与印度和俄罗斯相当。

参考文献

Bai, C., C. Hsieh, Z. Song and X. Wang. 2021. "Special Deals from Special Investors: The Rise of State Connected Private Owners in China." NBER Working Paper 28170. http://www. nber. org/papers/w28170.

Bauer, A. 2018. *Upstream Oil, Gas and Mining State-Owned Enterprises: Governance Challenges and the Role of International Reporting Standards in Improving Performance.* Extractive Industries Transparency Initiative (EITI).

Bower, U. 2017. "State-Owned Enterprises in Emerging Europe: The Good, the Bad, and the Ugly." IMF *Working Paper No. 17/221.* https://www. imf. org/en/Publications/WP/Issues/2017/10/30/State – Owned – Enterprises – in – Emerging – Europe – The – Good – the – Bad – and – the – Ugly – 45181.

Christiansen, H. 2011. "The Size and Composition of the SOE Sector in OECD Countries." *OECD Corporate Governance Working Papers*, No. 5, OECD Publishing. http://dx. doi. org/10. 1787/5kg54cwps0s3 – en.

Cull, R., M. Peria and J. Verrier. 2018. "Bank Ownership: Trends and Implications". World Bank Policy Research Working Paper 8297. Available at https://documents1. worldbank. org/curated/en/810621515444012541/pdf/WPS8297. pdf. Accessed on February 5, 2022.

De La Cruz, A., A. Medina and Y. Tang. 2019. "Owners of the World's Listed Companies." OECD Capital Market Series, Paris, www. oecd. org/corporate/Owners – of – the – Worlds – Listed – Companies. htm.

EBRD（European Bank for Reconstruction and Development）. 2020. *Transition Report 2020 – 21：The State Strikes Back*. https：//2020. tr – ebrd. com/.

European Commission. 2016. *State-Owned Enterprises in the EU：Lessons Learnt and Ways Forward in a Post-Crisis Context*. http：//ec. europa. eu/economy_finance/publications/.

Foster, V. and A. Rana. 2020. *Rethinking Power Sector Reform in the Developing World*. Sustainable Infrastructure Series. Washington, DC：World Bank.

Government of India. 2021. *Public Enterprise Survey 2019 – 20：Volume 1*. https：//dpe. gov. in/public – enterprises – survey – 2019 – 20.

Government Office of Sweden. 2021. *Annual Report of State-Owned Enterprises 2020*. https：//www. government. se/reports/2021/09/annual – report – for – state – owned – enterprises – 2020/.

IEA（International Energy Agency）. 2020A. *The Oil and Gas Industry in Energy Transitions：Insights from IEA analysis*. https：//www. iea. org/reports/the – oil – and – gas – industry – in – energy – transitions.

IEA（International Energy Agency）. 2020B. *Coal 2020：Analysis and forecast to 2025*. https：//www. iea. org/reports/coal – 2020.

IMF（International Monetary Fund）. 2007. *Global Financial Stability Report*. Washington D. C. Available at https：//www. elibrary. imf. org/view/books/082/08560 – 9781589066762 – en/08560 – 9781589066762 – en – book. xml. Accessed on January 28, 2022.

IMF（International Monetary Fund）. 2020. *Fiscal Monitor：Policies to Support People During the Covid-19 Pandemic*. Chapter 3（State – Owned Enterprise：the Other Government）. https：//www. elibrary. imf. org/view/books/089/28929 – 9781513537511 – en/ch03. xml.

IWGSWF（International Working Group of Sovereign Wealth Funds）. 2008. *Sovereign Wealth Funds：Generally Accepted Principles and Practices*. Available at：https：//www. ifswf. org/santiago – principles – landing/kuwait – declaration, accessed on January 28, 2022.

Kowalski, P. *et al*. 2013. "State-Owned Enterprises：Trade Effects and Policy Implications", *OECD Trade Policy Papers*, No. 147, OECD Publishing. http：//dx. doi. org/10. 1787/5k4869ckqk7l – en.

Lu, Y. and T. Sun. 2013. "Local Government Financing Platforms in China：A Fortune or Misfortune?" *IMF Working Paper WP/13/243*.

Naqvi, K and E. Ginting. 2020. "State-Owned Enterprises and Economic Development in Asia：Introduction." In E. Ginting and K. Naqvi edited, *Reforms, Opportunities and Challenges of State-Owned Enterprises*. Asian Development Bank. 2020.

Norwegian Ministry of Trade, Industry and Fishery. 2021. *State Ownership Report 2020：the State's Direct Ownership of Companies*. https：//www. regjeringen. no/en/topics/business – and – industry/state – ownership/state – ownership – in – numbers/id2770331/.

NRGI（Natural Resource Governance Institute）. 2019. *National Oil Company Database*. Available at www. nationaloilcompanydata. org.

OECD（Organization for Economic Co-operation and Development）. 2017. *The Size and Sectoral Distribution of State-Owned Enterprises*, OECD Publishing, Paris. *http：//dx. doi. org/10. 1787/9789264280663 – en*.

OECD（Organization for Economic Co-operation and Development）. 2021. "OECD Corporate Governance Factbook 2021", https：//www. oecd. org/corporate/corporategovernance – factbook. htm.

Pakistan Ministry of Finance. 2021. *Federal Footprint SOEs Annual Report FY 2019：Vol 1 Commercial SOEs*. http：//www. finance. gov. pk/publications/SOE_Report_FY19_Vol_I. pdf.

Richmond, C. et al. 2019. *Reassessing the role of state-owned enterprises in Central, Eastern, and Southeastern Europe*. https：//www. imf. org/en/Publications/Departmental – Papers – Policy – Papers/Issues/2019/06/17/Reassessing – the – Role – of – State – Owned – Enterprises – in – Central – Eastern – and – Southeastern – Europe – 46859.

Szarzec, K. et al. 2021. "State-owned enterprises and economic growth: Evidence from the post – Lehman period." *Economic Modelling* 99（2021）.

The Economist, "The rise of state capitalism." January 21, 2012. Available at https://www. economist. com/leaders/2012/01/21/the – rise – of – state – capitalism. Accessed on March 8, 2022.

Tordo, S. 2011. National Oil Companies and Value Creation. World Bank Working Paper No. 218. https://documents1. worldbank. org/curated/en/650771468331276655/pdf/National – oil – companies – and – value – creation. pdf.

World Bank. 1985. *China: Long-Term Development Issues and Options.* Washington, D. C.: The Johns Hopkins University Press.

World Bank. 1995. *Bureaucrats in Business: The Economics and Politics of Government Ownership.* New York: Oxford University Press.

World Bank. 2014. *Corporate Governance of State-Owned Enterprises: A Toolkit.* Washington, DC: World Bank. PP3 – 7.

World Bank. 2005. *Deepening Public Service Unit Reform to Improve Service Delivery.* Washington, DC. https://openknowledge. worldbank. org/handle/10986/8648.

World Bank. 2019. *State-Owned Enterprises in the Russian Federation: Employment Practices, Labor Markets, and Firm Performance.* https://openknowledge. worldbank. org/handle/10986/32098.

World Bank Group and DRC（Development Research Center of the State Council, The People's Republic of China）. 2019. *Innovative China: New Drivers of Growth.* Washington, DC: World Bank. https://openknowledge. worldbank. org/handle/10986/32351.

World Bank. 2021. *Bank Regulation and Supervision Survey* 2019. Updated April 26, 2021. Downloaded on December 22, 2021. Questions 13. 7. 1 and 13. 7. 2.

WTO（World Trade Organization）. 2001. *Report of the Working Party on the Accession of China.* WT/ACC/CHN/49. 1 October 2001. Available at https://docs. wto. org/dol2fe/Pages/FE_ Search/FE_ S_ S006. aspx? FullTextHash = 1&MetaCollection = WTO&SymbolList = % 22WT/ACC/CHN/49% 22 + OR + % 22WT/ACC/CHN/49 * % 22. Accessed on February 7, 2022.

Wu, Mark. "The 'China, Inc.' Challenge to Global Trade Governance." *Harvard International Law Journal.* Vol. 57, No. 2（2016）.

张春霖，《从数据看全球金融危机以来国有企业规模的加速增长》，《比较》，2019 年第 6 期。

中国财政年鉴编委会《中国财政年鉴》（各年），北京：中国财政经济出版社。

国家统计局，《中国统计年鉴》（各年），北京：中国统计出版社。

国务院，《关于 2019 年度国有资产管理情况的综合报告》（2020 年）。http://www. npc. gov. cn/npc/c30834/202010/8459210b544e4b9dba931e5b4682e9fa. shtml。

附录1 国有企业的全球图景数据库（GLSOE）：结构

国家	代码	一级指标	二级指标	三级指标	年份	单位	价值	注解	来源
		国有企业在经济中的份额	产出	国企增加值/GDP					
				国企收入/GDP					
				其他替代指标					
			就业	国企就业/总就业					
				国企就业/非农业部门劳动力					
				其他替代指标					
		国有企业在部门中的份额	产出	部门名称					
			就业	部门名称					
			资产	部门名称					
		各部门国有企业在国有经济中的份额	股权价值	部门名称					
			资产	部门名称					
			产出	部门名称					
			就业	部门名称					

附录 2　国有企业的全球图景数据库（GLSOE）：样本

国家	代码	一级指标	二级指标	三级指标	年份	单位	值	注解	来源
阿尔巴尼亚	ALB	国有企业在部门中的份额	资产	银行业	2016	%	0		World Bank (2021)
阿尔巴尼亚	ALB	国有企业在部门中的份额	就业	制造业	2016	%	25	2016年，国企就业超过部门总就业的25%	EBRD (2020, 第41页)
阿根廷	ARG	国有企业在经济中的份额	就业	国有企业就业/非农业部门劳动力	2015	%	0.7	2015年，国有企业就业人数130 776人（OECD, 2017, 第14页），非农业部门劳动力1 930万（World Bank Data）	OECD (2017)；World Bank Data
阿根廷	ARG	国有企业在部门中的份额	资产	银行业	2016	%	43.7		World Bank (2021)
阿根廷	ARG	国有企业在部门中的份额	资产	银行业	2010	%	44	国家控股超过50%的即为国有银行	Cull et al. (2018, 第44页)
阿根廷	ARG	国有企业在部门中的份额	资产	银行业	2016	%	40	2016年，国有银行资产占整个银行系统的40%	IMF (2020, 第48页)

（续表）

国家	代码	一级指标	二级指标	三级指标	年份	单位	值	注解	来源
中国	CHN	国有企业在经济中的份额	产出	国有企业增加值/GDP	2017	%	27.5	根据官方统计数据估计	张春霖（2019）
中国	CHN	国有企业在经济中的份额	就业	国有企业就业/总就业	2017	%	15	2017年国有企业就业占非农业部门就业的6.4%。农业数据因原因没有23.4%，因为数据的估计更精确的估计，15%为两者的平均值。	张春霖（2019）

特稿

Feature

Comparative

21 世纪的福利国家

约瑟夫·斯蒂格利茨

　　21 世纪的福利国家设计涉及一个广为讨论的话题，即如何重新定义市场、国家和"公民社会"（即非国家形式的集体行为）的角色。

　　里根和撒切尔改革的信条之一就是质疑"福利国家"。一些人担心福利国家造成的财政负担会拖累经济增长，另一些人则担心福利国家会对个人责任感产生消极影响，还有一些人认为福利国家为懒惰和挥霍的人提供了一个利用勤劳公民来获得好处的机会。第二次世界大战期间，社会团结意识曾将全世界的公民团结在一起。而在那次全球性冲突发生后的大约 30 年里，这种团结意识逐渐减弱，经济利益纷争更加速了它的瓦解。里根和撒切尔改革的信条是 20 世纪 80 年代提出来的，尽管 20 年后这一理论的缺陷已经广为人知，但是仍然有人认为是福利国家助长了欧元危机。

　　本文认为，这些批评福利国家的观点大部分是错误的。事实上，当今全球经济的变化反而更加强化了福利国家的重要性。本文将阐述并分析 21 世纪福

＊　Joseph E. Stiglitz，哥伦比亚大学经济学教授，2001 年诺贝尔经济学奖得主。原文 "The Welfare State in the Twenty-First Century" 收录在 José Antonio Ocampo 和 Joseph E. Stiglitz 主编的 *The Welfare State Revisited*（第 3—37 页），该书由哥伦比亚大学出版社出版，版权由博达创意代理有限公司代理，本文翻译发表得到了出版社的授权。需要指出的是，本文的讨论主要以美国为背景，因此对于市场和政府作用的观点，也应当基于美国的背景来认识和理解。——编者注

利国家的一些关键因素。①

1. 福利国家的基本原则

为了更准确地把握福利国家的原则和理念，我们在这里将福利国家与"新自由主义"国家或者市场化国家进行比较。②

新自由主义理论的核心理念是，市场机制总是有效的。（这一判断也有一些例外情况，即使一些信奉市场机制的人，也承认在某些情况下需要政府干预，例如维持宏观经济稳定或防止污染。）此外，市场机制的倡导者认为，只要采取适当的（一次性）再分配③，每一种帕累托最优结果（Pareto efficient outcome）都可以通过自由市场经济实现。这意味着可以将效率问题和分配问题分开考虑。经济学的任务是研究产出最大化（反映在 GDP 中），而将分配问题留给政治决策。当通过市场竞争实现效率最大化所需的条件未得到满足时，经济学家就要告诉政府应该怎么做。例如，建议政府必须严格执行反垄断法，以确保市场竞争机制发挥作用。

那些反对福利国家的政治家通常不是用规范的经济学语言来表达他们对福利国家的批评。相比较而言，他们谈论更多的是，为社会保险提供支持的税收会在何等程度上削弱对民众的激励。许多政治家看得更为深远，他们认为福利国家创造了一种依赖文化，含蓄一点讲，就是改变了人性。这些观点已经超出了标准的福利经济学范畴，后者通常将偏好视为固定和既定的。这是一个很重要的论点，我后面会给予回应。

相对而言，福利国家的倡导者认为，市场通常不是有效率的。市场失灵现象如此普遍且难以纠正，因此需要政府发挥积极作用。当然，政府首先应尽其所能，确保市场像标准教科书中描述的那样有序运行。例如，促进强有力的市场竞争，防范公司通过非法或不道德的手段侵害普通大众。

稍后，我会简要介绍过去 40 年来的相关理论研究，以帮助我们理解普遍存在的市场失灵现象。这些现象表明，市场机制时常会失效，这就需要政府发

---

① 《华尔街日报》对时任欧洲央行主席 Mario Draghi 的采访（Blackstone, Karnitschnig and Thomson, 2012）。

② 正如任何学说一样，这些市场主导哲学的信徒间也存在巨大观点分歧。我在此忽略这些细微差别，并将那些反对福利国家、主张依赖市场的学说统称为"新自由主义"。

③ 这就是福利经济学第一、第二基本定理。关于这些问题的进一步阐述，参见 Stiglitz（1994）。

挥重要作用，而这些作用通常与福利国家的制度安排相关。对此进行政治辩护的框架也就有所相同：人们对福利国家的需求源自市场机制的不完善，因为市场机制不完善有时会对人民生活和福祉产生灾难性影响。很显然，市场机制无法为个人可能面临的诸多重大风险提供保障，比如失业后的救济和退休后所需的养老保障。市场上已有的年金产品通常十分昂贵，且难以抵御通胀那样的风险。保险市场的缺失，无论对提高经济效率，还是改善个人福祉，都有不利影响。相反，如果我们能够建立完善的失业救济制度，则不仅可以改善民生，甚至能够增加 GDP（Stiglitz and Yun，2017）。

同样，现在还有大量人口居住在贫民窟，正在忍饥挨饿，无法获得必要的药品。根据联合国 1948 年《世界人权宣言》，获得基本生活必需品是一项基本人权。无论是根据基本经济权利还是其他方式来界定这些基本人权的剥夺，都需要具体的平等主义（specific equalitarianism），不仅关注收入，还须关注特定的产品（Tobin，1970）。经济学家有时会争论是什么导致了贫困：是市场失灵？还是个人原因？抑或是公共政策未能进行必要的再分配干预。事实却是，贫困现象总是十分复杂而普遍的。

尤其需要关注的是儿童贫困，这绝不是个人选择或行为的结果。显然，儿童贫困是一种社会不公，而且会拖累经济增长，因为贫困儿童长大成人后，无法充分发挥他们的人力资本潜力。

总而言之，建立福利国家的动因是经济和社会机制的失灵，这会导致社会难以承受的后果。经济学理论的发展只能帮助我们解释为什么这些市场失灵本是可以预料到的。

21 世纪福利国家的倡导者认为，社会上出现大面积的贫困现象是不正常的，政府有能力并且应当采取必要措施予以纠正。此外，普通个体单靠自己，难以应对突如其来的经济风险。在美国，曾被视为理所应当的中产阶级生活对大多数社会成员来说已是遥不可及。目前的情况是如此糟糕，以至于人口预期寿命事实上正在下降（Case and Deaton，2015，2017）。尽管福利国家不能包治百病，但福利国家的倡导者仍然认为它可以有所作为。传统福利国家的制度安排聚焦于市场失灵的某些方面，主要帮助个体提高应对市场风险的能力④，例如通过

---

④ 这里，可以比较福利国家与发展型国家（developmental state）、创新型国家（entrepreneurial state）：发展型国家强调政府在推动发展方面的作用（特别是在东亚，Chang，1999），创新型国家强调政府在促进创新方面的作用（Mazzucato，2015）。

养老保险（年金）和健康保险来提供社会保障。⑤ 当市场失灵导致无法为失业者和残障者提供保障的时候，福利国家则需要再度介入。

福利国家和发展型国家在国家作用的某些观点上是极为相似的。在发展型国家，人们认识到，经济追赶需要的结构改革，单纯依靠市场机制是难以实现的。同样，在福利国家，人们认为，国家干预的正当性部分是因为普遍存在的静态和动态市场失灵。发展型国家纠正市场失灵，在推动结构转型方面发挥了积极作用。它有助于树立一种信念，即让人们认识到变革是可能的，并理解变革的科学和技术基础。

倡导者们认为，21 世纪福利国家应超越传统的福利国家模式，他们提出了六个方面的关键因素。

第一，风险和创新。他们认为，市场不完善可能会削弱个体承担投资风险、积极创新的能力和意愿，因此，福利国家不仅在传统的静态框架内发挥有效作用，而且还能促进经济更有活力、更富创造性（Stiglitz，2015a）。

第二，国家是一个共同体，即社会团结。新自由主义的假设前提是个人利己主义。依靠市场背后的核心定理是亚当·斯密的"看不见的手"，该定理讲述的是，就像被一只看不见的手牵引，个人在追求自身利益的过程中能够增进全社会福祉。格林沃尔德和斯蒂格利茨（Greenwald and Stiglitz，1986）表明，看不见的手之所以看似经常看不见，是因为它并不存在：当存在不完全信息或不完全市场时，结果通常是帕累托无效率的。但是，建立福利国家的动因并非仅仅基于这一点，它的出发点是完全不同的。想象国家是一个共同体，一个大家庭。家庭成员之间照顾彼此、相互团结，这是家庭最重要的功能。许多福利国家的倡导者也以同样的方式思考社会：国家团结意味着那些有能力的人能够照顾那些不幸的人，至少，他们能提供某种形式的社会保护。

家庭（或公司）的运行原则与市场完全不同，即使有一些互惠关系，也不会附带明确的交换条件。同利己机制和市场机制一样，道德规范也是调节社会关系的重要手段。但有趣的是，只有在市场主体受到规范的强力约束时，市场机制自身才能顺畅运行，这些规范包括处罚作弊、鼓励履行合同。通过法律强制执行合同的成本极其高昂，而在广泛违约的情况下，市场机制就崩溃了。

---

⑤ 例如在美国，医疗保险为老年人提供健康保障，而在英国，国民卫生服务体系（NHS）向更广泛的群体提供健康保障。

法律一定程度上强化规范，严厉惩罚那些严重违反规范的人。

第三，内生偏好。社会的构建，包括经济活动的规则，影响着人性，包括个人的信仰、偏好和习惯。我们注意到，一些批评福利国家的人强调，福利国家可能会削弱受益人的责任感。支持福利国家的观点恰恰相反：福利国家让每一个人行事时总是更多地考虑他或她所处的社区，而且会从方方面面改善社会风气，这有利于增进社会团结。⑥ 新自由主义鼓励利己，因此导致许多人道德沦丧，这次大衰退（Great Recession）前银行家的表现尤其明显：只要有利可图又能逃避处罚，他们就会无所不用其极。对于造成金融危机的银行家来说，他们的贪婪行为有时候越过了法律的界限，如大规模的欺诈、数不胜数的内幕交易和市场操纵，还有种族和民族歧视。更常见的贪婪行为是规避法律，如滥用信用卡和掠夺性贷款。高盛公司负责人吹嘘新的规范：银行家曾经为自己备受信赖而自豪，现在则有新的标准，就是人人为己、买者责任自负。

第四，社会正义。福利国家对于实现最广泛的社会正义至关重要。罗尔斯（Rawls，1971）提出了一个关于社会正义的令人信服的说法。他认为社会正义就是人们隔着一道无知之幕，即在不知道自己的能力和自己的生活际遇时，选择社会运行的规则。我想补充一点：人们同样不知道他即将面临的风险。如果一个人想规避风险，市场又不能提供足够的保障，那么他就会希望社会能够提供保护。⑦

第五，全生命周期支持。⑧ 前面我们提到有充分的理由要求政府为儿童提供支持，特别是提供医疗保健和教育。还有类似的理由支持政府提供年金（退休）保险和健康保险。一个人的一生面临着各种各样的基本需求，例如，住房。新自由主义简单地认为，市场可以有效满足人在生命周期中的不同需求，至少能够实现基本的保障。这在一些国家可能是真的，但在其他一些国家却完全不是这样。比如，美国以私人部门为主的医疗体系的效率远远低于欧洲以公共部门为主的医疗体系，支出更大，但表现极差；澳大利亚由公共财政支持的学生贷款计划远比美国私人学生贷款计划公平和有效；美国的公共养老金计划远比任何私人年金更有效，而且管理费用要低得多。

---

⑥ Hoff and Stiglitz（2016）强调了偏好的内生性和社会在信念建构方面的作用。特别是可以参看他们引用的关于银行业如何影响贪心、不诚实习性的证据。
⑦ 前文关于内生偏好的讨论为社会正义框架的讨论带来了困难。
⑧ 本文的第 2 节阐述了这些问题，并特别讨论了对社会正义的影响。

第六，代际风险共担。无论人们如何看待福利国家和市场机制在风险共担方面的取舍或互补，总有一些风险是市场难以承担但国家能胜任的，代际风险共担就是其中一种。同一代人中，每个人可以与他人共同承担面临的社会风险。但一个人不可能与尚未出生的一代人签订共同承担风险的契约。然而，社会作为一个整体，可以而且一直在订立这样的社会契约。例如，一战和二战的部分费用就是由后面若干代人承担的。很显然，战争期间也会发生社会支出，总的消费是下降的。但是，后一代人通过社会保障和其他社会支出，事实上对20世纪40年代正处于劳动年龄的那些人实施了转移支付，这也意味着二战时期的那代人总消费减少的幅度并没有那么大。精心设计的社会保障体系，有一部分是用于实现代际风险共担的。

1.1　政府失灵和市场失灵

有人认为，我们描述的那些市场失灵现象是普遍存在的，而且从理论上讲，政府也有能力纠正市场失灵。但他们认为，政府失灵现象也广泛而深入，所以在实践中政府干预不太可能纠正市场失灵。

的确，大量证据表明，政府和市场都有缺陷，不能简单地肯定一方而否定另一方。政府在纠正市场失灵方面应该干预到什么程度，采取什么措施，还要取决于国家的能力和实力。当今世界，从各个方面衡量都表现良好的那些社会，普遍建立了功能完备的国家制度体系，这些国家的实践表明福利国家是可行的。在另一些社会中，可能还没有建立类似的国家制度体系。应当指出的是，在那些堪称典范的福利国家，如斯堪的纳维亚半岛国家，市场机制也运行得很好。这可能不是偶然的，它说明一个运转良好的福利国家也有助于市场机制的有效运行。

1.2　各项措施

对21世纪福利国家而言，国家如何处理市场失灵，并没有什么思想体系注定哪种方法最优。不管福利国家是采取政府直接提供服务，还是政府监管，抑或是干预市场，只要有效，方法并不重要。在某些情况下，市场的演化（有时是政府催化培育的结果）缓解了市场失灵的严重性，并改变了福利国家干预的性质。对此，有些人可能会说，今天的年金市场比社会保障计划创建时（20世纪30年代的美国）的年金市场发展得要好。这虽然是客观事实，但是今天的年金市场仍然无法提供可以抵御通胀等重大风险的产品，而且私人年金市场一直利用消费者的无知或非理性行为来赚取巨额利润，比如消费者总是高估某些风险发生的概率，而且私人年金产品会产生极其高昂的交易成本。

环顾全球，我们看到各个国家都采取了一系列改进措施，一些国家保留了传统福利制度并对其进行了修补。斯堪的纳维亚国家被普遍认为建立了完善的福利国家制度，但值得注意的是，也有一些发展中国家，比如纳米比亚、毛里求斯和塞舌尔，建立了一套适应其较低生活水准的福利制度。这些非洲国家将福利国家作为实现包括经济增长在内的恢宏社会进步目标的手段。事实上，他们确实做得不错，经济社会发展远优于非洲平均水平，许多人将其部分归功于成功的福利制度。再看另一个极端，一些国家包括美国，只有最低限度的社会保护。这些国家的社会安全网仅仅满足于防止挨饿，而不是让人们过上有尊严的生活，更不能为公民赋能让他们自立自强。

众多的制度、法律和政府项目构成福利国家的基本要素，即使那些自认为不是福利国家的国家，也或多或少存在一些福利国家的因素。例如，所有国家的政府都会投资于基础设施。只是在福利国家，这些投资更注重社会效益。对投资的社会收益的综合分析表明，这些投资的收益比单纯的 GDP 增长要大得多。在此，我想重点聚焦在与构建 21 世纪福利国家相关的政府作用上。

本文首先讨论一些观念，特别是经济理论中的观念演进，它们影响了或者本该影响我们对福利国家的思考。接下来讨论当今世界的变化对现代福利国家演进的影响。第 4 节分析 21 世纪福利国家的若干原则。最后，聚焦两个具体问题，福利国家和贫困（第 5 节），21 世纪美国福利国家（第 6 节）。

2. 观念的转变与福利国家的演进

世界正在发生深刻变化，我们对世界的认识也在发生深刻变化，这都影响了我们对福利国家的看法。

福利国家是在二战之后全社会空前团结的气氛中形成的。这是一个欧美经济快速增长的时代，也是一个共享繁荣的时代。每个群体的境遇都在改善，最底层群体发现他们的收入比他们上面层级的群体增长得更快。

到 20 世纪末，这种社会团结意识减弱了，而新自由主义似乎取得了胜利。值得注意的是，新自由主义并不是因为福利国家的失败而兴起的，但福利国家出现的种种问题确实为新自由主义大行其道提供了机会。例如，美国一度受通胀困扰，与此同时，还经历了越南战争但最后无功而返。宏观决策失误与石油价格冲击相互叠加，导致价格上涨、经济衰退、通胀和滞胀。但是，这些问题不是由福利国家造成的，放弃福利国家制度也不是解决之道。不过，这些问题还是为新自由主义者提供了口实，导致他们铺天盖地地批判福利国家。他们转而提倡另一种发展模式，即承诺更快的经济增长，快到能够让所有人都受益。蛋糕变得如此之大，以至于中低收入阶层即使分到的比例较小，绝对数量也在增加。但是，供给学派的改革最终并未成功，经济增长更慢而不是更快，不平等现象比"承诺的蛋糕"更糟糕，美国底层 90% 群体的收入基本停滞了（Stiglitz et al.，2015）。福利国家制度虽然有所削弱，但仍然发挥重要作用，对冲了这些不利影响（特别是在欧洲），但是并不能完全消除不利影响：大多数国家的不平等都在扩大。

2.1 经济学的发展

具有讽刺意味的是，虽然经济学家对市场机制的缺陷和市场失灵现象的认识越来越深入，但是对市场的执念也越来越强。亚当·斯密曾经假设，市场如同一只看不见的手，调节经济活动，可以实现社会福利最大化，这一假设已被推翻了。福利经济学第一定理，即每个竞争性市场经济都是有效率的，也被推翻了。经济学家已经认识到，市场并不总是竞争性的。同时也认识到，当存在经济外部性问题时，市场也不是有效率的。格林沃尔德和斯蒂格利茨（1986，1988）证明，即使竞争性市场，只要存在不完备信息（信息不对称）和不完全风险市场，市场就总是无效率的，对的，总是无效率的！⑨ 这种市场失灵不同于阿罗和德布鲁的开创性研究指出的那些市场失灵，即不完全竞争和经济外部性，这些市场失灵很容易被识别和纠正。经济外部性可以通过庇古税来矫正，非竞争行为可以通过反垄断政策解决。而阿诺特等人（Arnott、Rothschild、Greenwald、Geanakoplos、Polemarchakis and Stiglitz）发现的更广泛的市

---

⑨ 特别是，他们证明这一经济体系不是受限制的帕累托最优，后者是指在给定的市场结构中，存在着一些干预措施，让部分人受益，同时不使其他人受损。参见 Arnott、Greenwald and Stiglitz（1994），以及 Geanakoplos and Polemarchakis（1986）。

场失灵，却不那么容易解决。⑩ 这一系列的研究表明，市场只有在极其严格的约束条件下才是有效率的，而这些条件基本上从未被满足过。由此得到的结论就是，市场不是有效率的。

阿罗和德布鲁研究了保证市场有效率的约束条件。为使市场在风险管理方面有效，他们设想必须有一套保障组合，即所谓阿罗－德布鲁保障组合（Arrow-Debreu securities），事实上这样一套保障组合在现实中并不存在，大多数人很难为他们面临的重大风险购买保险。他们后来的研究侧重于以信息经济学解释为什么保险市场是不完全的。

这就引出来两个需要回答的问题：第一，如果市场有效率的约束条件在一定程度上近似满足，结论是否仍然成立？第二，是否存在更宽松的条件，使市场有效率的结论成立？市场派希望，只要信息不完备不至于过多，标准模型仍然具有解释力，经济运行不说十分有效率，至少也近似有效率。他们还希望提出比阿罗和德布鲁假设更为宽松的约束条件，在这些条件下经济是完全有效率的。

不幸的是，对市场派来说，这两种希望都落空了。罗斯柴尔德和斯蒂格利茨（Rothschild and Stiglitz，1976）以及戴蒙德（Diamond，1971）表明，即使细微的信息不完备，也会对经济运行产生重大影响。例如，有人曾设想不完全的保险市场可以实现效率型竞争（Diamond，1967），但这被证明是错误的（Stiglitz，1982）。

因此，传统福利经济学最关注的社会保护（social protection），就是从逐步认识市场的局限性展开的。

信息不完备也意味着我们无法将分配问题与效率问题分开，所以福利经济学第二定理也只有在严格限定和不现实的条件下才成立。⑪ 而在一个社会中，分配总要耗费巨大的代理成本。此外，信息不完备意味着旨在纠正分配不公的一次性税收难以实现。市场收入不平等加剧，增大了通过税收、转移支付进行再分配调节的压力，而且再分配本身也不是没有成本的。⑫

现在，人们不仅对市场失灵有了更多的了解，而且对不平等现象的成因和

---

⑩ Rothschild and Stiglitz（1976）表明，即使存在细微的信息不完备（不对称），也会对均衡状态产生重大影响，甚至会影响均衡的存在。简而言之，标准化理论并不牢靠。

⑪ 参见 Shapiro and Stiglitz（1984），Stiglitz（1993b，1994）。

⑫ 参见 Stiglitz（1998，2016b）。

负面影响也有了更全面的认识。19 世纪对不平等的解释（"罪有应得论"，边际生产力论）越来越没有说服力。越来越多的不平等只能部分归因于要素价格的变化，比如技术变革。由于教育体系变化以及经济分化加剧，许多不平等现象（不仅仅是财富）通过代际传递不断强化，税收制度也加剧了不平等的代际传递（Stiglitz，2015b）。

此外，博弈论和信息经济学的发展，使人们对不完全竞争现象的普遍性，对市场势力、不平等和社会不安全感之间的联系，有了更深的认识。市场势力通常由富人（一般通过公司）掌控，被用来压榨弱势群体甚至普通大众。因为市场并不存在于真空中而是被建构的：建构的市场结构影响效率和分配。游戏规则虽然由政治程序决定，但是经济权力往往可以转化为政治权力。富人借此掌控的政治权力，可以让他们制定游戏规则，以进一步提升市场势力，压榨劳动者和消费者，攫取利润。由此，一个恶性循环出现了（Stiglitz，2012）。

这种对不平等的全新认识，其深刻之处在于，它并未将经济表现（一般理解为经济增长、经济效率和经济稳定性）和平等视为非此即彼的关系。过去有学者认为，如果我们想扩大平等，就必须付出经济代价。我认为，我们其实为不平等付出了高昂的代价。一旦我们考虑到导致不平等的原因，如果我们减少在美国以及其他西方国家极端不平等的情况，我们其实可以获得更好的经济表现。越来越多的经济学家，还有国际货币基金组织、经合组织这样的主流机构，也持类似的看法。[13]

上述研究解释了为什么即使满足了传统经济学的大多数标准假设，包括理性经济人假设，市场也是低效率和不公平的。近几十年来，支撑新自由主义模式的完备信息、完全风险市场和完美竞争等假设受到了质疑。而且，由于行为经济学的发展，理性经济人假设本身也受到了质疑。企业无情地利用人性中的非理性因素[14]，而最容易受到压榨的正是那些最贫困的人。

然而，政府在遏制富人对穷人的压榨，或者设计社会民生项目时，并没有充分运用好这些洞见。尽管私人部门在塑造个人偏好方面花费了很大的精力，

---

[13] 这是 Stiglitz（2012）的核心观点。国际货币基金组织（Ostry、Berg and Tsangarides，2014；Dabla-Norris et al.，2015）、经合组织（Cingano，2014）和其他机构也有大量的实证研究支持这一观点。

[14] 这在经济大衰退中得到了有力的证明。参见 Stiglitz（2010）的第十章。也参见 Akerlof and Shiller（2015）。

但是政府部门和经济学家很少花精力去研究偏好的内生性和偏好对公共政策的影响。⑮ 此外，他们也很少关注发生在家庭和企业内部的资源分配，这两种资源分配都是在没有价格和市场机制的调节下发生的。

所有这些关于经济、市场的局限性、理性人假设的局限性、平等的重要性的认识，都会引起对福利国家的再思考。福利国家应该做什么？怎么做？21世纪福利国家应当也必然与20世纪中叶的福利国家有所不同。

3. 世界的变化

观念的改变让人们对福利国家以及福利国家在改善社会福祉方面发挥的作用重新燃起了兴趣，而当今世界发生的某些变化也强化了重构福利国家的必要性。

例如，劳动力市场的一个显著变化是不再有终身制工作。这意味着企业越来越没有动力对员工进行人力资本投资，员工对企业的忠诚度也在降低。20世纪中叶基于工作场所的福利主义在今天已经行不通了。⑯ 更糟糕的是，"共享经济"的兴起以及员工与雇主关系的"革命"，使员工越来越成为"独立承包商"。企业采取这种用工方式，部分是因为想避税和规避对雇主的某些限制性规定。

同时，不平等的迅速扩大也清晰地表明，至少单靠按新自由主义建构的市场本身，难以实现社会合意的目标，更别提像"社会正义"那样更高的目标。在美国，底层人民领着与60年前相同水平的实际工资。对中产阶级来说，一个男性全职工人的收入与40多年前大体相当，然而，现在没有受过大学教育的人越来越难找到一份全职工作。

在美国，大约有五分之一的人是在贫困家庭中成长起来的。人们普遍有一个强烈的共识，就是需要对儿童贫困问题做点什么。虽然美国承诺要消除歧视，但是，不同性别、种族、民族的人群之间仍存在巨大的工资差距，这表明歧视现象并未根除（在2008年的金融危机中，借贷程序中的种族歧视和民族歧视进一步证明了这一点）。不仅经济方面的变化使得公司不能像以前那样在社会保护中发挥积极作用，而且社会结构的变化也限制了社会机制的作用。人口结构变化意味着家庭结构逐步从大家庭转变为核心家庭，还出现了越来越多

---

⑮ 参见 Hoff and Stiglitz（2016），World Bank（2015），Sunstein（2016），以及其中引用的参考文献。

⑯ 就像以前一样，大家庭（extended family）的减少和城市化，以及社区意识减弱和宗教作用下降，使国家在社会保护方面的负担越来越重。

的非家庭（non-family），而且婚姻变得不讨喜，尤其是在低收入群体中。随着城市化进程的推进，人与人之间的社会纽带被削弱了，随之被削弱的还有社区共同体提供的社会保护（Putnam，2000，2015）

最后，还有一些变化削弱了工人的议价能力（包括对全球化的管理不善），强化了企业的市场支配力。一些因素导致了工会的弱化，而这又进一步削弱了工人的议价能力。此外，租金正在发挥越来越重要的作用，以至于许多（甚至是绝大多数）经济部门的运行越来越难以用竞争模型刻画（Council of Economic Advisors，2016）。

这意味着如果没有国家的保护，就会有更多的人滑落到社会底层。他们遭受的贫困问题只能通过国家来解决，这进一步强化了构建21世纪福利国家的必要性。

4. 21世纪福利国家的原则和措施

21世纪福利国家旨在建成一个公正社会，改善人民福祉。这基于如下逻辑前提：市场机制本身不能实现这一目标，企业利益和国家利益（普通公民的利益）往往不一致。

现代福利国家重点关注财产初始分配的不平等，关注市场力量的不对称（源自信息不对称、过往和现有的种种歧视），还有市场失灵。我们特别要关注那些无法自立的人，比如儿童，同时要确保大多数公民有机会达到与国家经济发展水平相称的中产阶级生活水平。

同样，现代福利国家不能仅仅提供"低保"这种水平的安全保障。传统福利国家专注于社会保护，主要是弥补私人风险市场的失灵。但现代福利国家能做的不限于此：它应该还是一个保护消费者、投资者和工人的系统，能够提高市场竞争力和透明度，因为更有竞争力、更透明的市场能提高社会福利。

21世纪福利国家的一个核心理念是机会平等，这就需要特别关注儿童的健康和教育，消除不平等代际传递的现象，反对各种形式的歧视。同时，人们越来越认识到，在一个收入和财富存在巨大差距的社会中，不可能有机会平等。

4.1 多措施并举

如前所述，21世纪福利国家注重创造机会和改善结果，但是对于实现这些目标需要采取的机制关注不多。21世纪福利国家有时采用市场机制，但反对收入拜物教（income fetishism，即通过兑现收益必然会提高福祉的观点），并尊重个人的选择。反对收入拜物教并非意味着家长制，尽管部分动机是因为担心儿童不被允许自己做出选择，并且可能无法做出正确的选择。行为经济学表明，个人往往会做出不符合其长期利益的短期行为，持续的非理性行为可能会被追求利润最大化的公司利用。但是，即使没有上述情况，市场机制也可能是不合适的：广泛存在的市场失灵可能至少使中等收入群体难以获得某些基本必需品。私人部门可以充分利用人们缺乏完备市场信息的弱点，随心所欲、尽其所能地攫取利润。这也意味着，如果我们依赖私人部门，就需要严格的监督和规制，但是这两者通常都难以实施。而且，私人部门一旦建立起来，就会通过政治经济程序，试图削弱监管及其执行力。

此外，私人部门的运行方式还会产生许多社会影响，有的还有很重要的社会影响。例如，在教育领域，它可能会导致按照收入或能力对人区别对待。[17]人们同样设想通过监管来防止这种情况，但是监管的设计和实施十分困难。此外，教育已被证明是特别容易出现剥削的领域之一：那些家庭贫困的人更难以判断那些正被"售卖"的东西的价值，美国的私立营利性大学特别善于利用这一点。教育行业也特别善于抵制外在的监管，比如强制他们披露有关信息（如毕业率、就业率和学位持有者的平均工资），这本来有利于学生根据自身潜能做出最优选择。

另外，人们一般认为，一个孩子在接受教育时也会受到其他孩子的影响，因此教育存在社会外部性。其实不止于此，政府提供的公共教育，可以让来自不同家庭背景的孩子分享各自的相似经历，这有助于凝聚社会，这正是我们前面讨论的偏好和态度具有内生性的一个例子。[18]

---

[17] 例如，如果富人更喜欢让他们的孩子与其他富家子女一起学习，那么学校为了利润最大化，也会将富家子女和穷人子女区隔开来。

[18] 鉴于教育在社会中的核心地位，关于这方面的文献汗牛充栋也就不足为奇了，这些文献的主题包括：择校对教育质量和教育隔离的影响；特定市场和类市场机制的后果，比如教育券和特许学校；私立教育的政治经济学；教育中的市场失灵（特别是当人们不仅将教育视为人力资本的一部分，还将其看成社会筛选人才、识别人才能力的核心）。Stiglitz（1973）讨论了社会外部性和教育的有效提供；Stiglitz（1974）采用多元主义政治模型，讨论了私人教育和公共教育之间的相互影响；Stiglitz（1977）从更宽泛的视角分析了地方政府提供公共品的低效率现象；Stiglitz（1975）分析了当教育存在筛选功能的情况下，教育供给市场是低效率的；Stiglitz（1988）分析了市场低效率如何进一步延伸到教科书供给市场。

在任何市场中，都存在市场势力和议价能力不对称的问题，这些问题对基本生活必需品的消极影响尤其大，因此人们通常会对再分配的效果更加关注（相比较而言，钻石行业的市场势力造成的社会影响可能比较有限）。如果我们仍然需要依靠市场机制，福利国家的政府就必须高度重视市场规则，改变规则可以改变议价的相对地位。

例如，在21世纪福利国家，大多数工作将由私人部门提供，必须制定相关规则，保证工人有参与集体谈判的权利。同时，政府需要对市场行为加以限制，比如设定最低工资、最高工时、最低加班费、最低家庭假期福利，等等。

所有与减少不平等相关的工具都可以被视为"福利政策"的一部分，其范畴远远超出了一般意义上的税收和转移支付政策。反垄断和消费者保护政策在防止剥削方面特别重要，在过去30年里，美国的公司治理和破产法的变化推动极端不平等现象达到顶峰，同时导致了贫困现象的增多。例如，债权人友好型的破产法刺激了掠夺性放贷，因为放款人知道个人借贷者更难清偿他们的债务。

4.2　政府的角色：生产者、监管者及培育者

新自由主义的主张总是试图抹杀政府的诸多作用，但认为政府为企业提供保护网例外。2008年金融危机之后，政府为企业提供安全网的作用是显而易见的。但人们经常讽刺的是，这个极力将国家角色边缘化的主张，却导致了有史以来最大的国家干预行动，而国家在为企业提供保护的同时，对失去住宅和工作的群体提供的社会保护却十分有限。在美国，用于"拯救经济"的数千亿美元中，只有很小一部分用于帮助私人业主，许多保守派还反对提供破产救济，反对给超过失业保险金领取期限的人继续提供支持。

其实，政府的公共项目可以在21世纪福利国家中发挥重要作用。下一节，我们将说明政府提供的收入依存型贷款（income-contingent loan）贷款项目发挥了哪些作用，还有我们之前提及的私人部门提供教育的相关问题。

政府在信息、交易成本、风险分摊和防止剥削方面有明显优势。在保险、教育和卫生等领域，尤其需要政府强有力的监管，主要是这些领域不仅存在市场失灵，而且存在大量剥削的机会。

如前所述，政府在许多领域包括创新领域，已被证明是非常有效率的培育

者和领导者。[19] 公共养老保险刺激了私人年金市场的发展，但是我要再次强调，私人年金产品仍然十分昂贵，部分是因为巨额利润、高昂的销售成本和其他交易成本。[20]

经济学的深入发展也有助于改进福利国家提供的公共项目。例如，行为经济学解释了"助推"（nudges）是如何提高养老储蓄率的（Sunstein and Thaler，2008）；将收入依存型贷款项目和标准的失业保险制度结合起来，可以使保险制度更加有效（Stiglitz and Yun，2014；2017），各种社会保险项目的整合也是如此（Stiglitz and Yun，2005）。信息经济学的发展清晰地表明，逆向选择和道德风险的相互交织，使健康保险完全依赖私人市场的做法是有问题的[21]，甚至在发挥私人保险对公共健康保险的补充作用方面，也需要十分谨慎。[22]

5. 贫困

福利国家兴起的一个重要背景是，人们日益认识到有相当一部分社会群体明显正在遭受贫困，即使在富裕国家也是如此。为简单起见，我们把这部分群体划分为三类：老人、青少年和劳动年龄人口。

5.1 老人

新自由主义和福利国家理论最大的分歧就在如何对待老人上。如果老人的收入不足以支撑他们过上体面的生活，新自由主义的应对方式是：他们本应该提前为自己的退休生活进行储蓄。那些没有存够钱的人正在为他们曾经的挥霍无度受到应有的惩罚，因为他们年轻时没有适当地储蓄，没有管控好风险。新自由主义认为，保姆式国家削弱了个人自助的激励，不可避免地导致那些有责任感的人花钱补贴那些不负责任的人。在一个社会中，总有一些人没有为养老存够钱，从人道主义出发，我们不能对那些储蓄不足的老人不管不顾。这就需要建立一个最低水平的强制储蓄计划或者强制性的基金。[23] 而且，由于一些人

---

[19] 参见 Mazzucato，*The Entrepreneurial State*（2015），该书描述了政府在近几十年来重大创新中发挥的核心作用。

[20] 而且，像所有保险市场一样，它们也面临逆向选择问题。

[21] 参见 Stiglitz and Yun（2013）。

[22] 至少在一定程度上，通过合理征税，可以解决大量外部性的问题。参见 Arnott and Stiglitz（1986，1990）。

[23] 参见 Stiglitz（1993a）。

终其一生的收入都很低，他们的储蓄甚至没有办法为其退休后提供最低程度的生活保障，所以需要在精算公平的基础上为他们提供补助。

　　然而，上述在20世纪盛行的学术观点忽略了年金和退休产品存在的多种市场失灵：（1）在社会保障计划产生之前，年金产品的市场供给并不充分。事实上，年金市场的发展极其缓慢。（2）即使年金市场发展起来了，保费也极其高昂，部分是因为与政府计划相比，私人年金计划管理成本过高。政府可以利用规模经济和范围经济，在筹集和分配资金等方面显著降低管理成本。（3）即使在今天，那些管理退休账户的人往往不需要遵守信托标准，导致大量财富从退休人员转移到资金管理人手中。（4）今天，针对一些重大风险的保险产品的市场供给仍不充分，这些风险有时是很难预测的。私人年金不提供应对通胀风险的保障，那些购买安全的政府债券的人不能购买保险以应对政府债券未来长期零利率导致的风险。

　　现代经济理论已经解释了为什么在逆向选择的情况下，重要的保险市场（如年金市场）可能并不存在。在这种情况下，政府可以实现筹资和风险共担，私人部门则做不到。

　　具有讽刺意味的是，推动社会保障私有化的最大动力，是金融部门希望获取更多的利润：他们会提高交易成本。他们知道有极大的空间去"钓愚"㉔（phish for phools），找到那些不怎么懂财务的人并获利。㉕

　　因此，在今天的美国，许多谨慎地将储蓄投资于政府债券的老人失去了收入来源。他们的投资是负责任的，但他们无法预料到十年来的零利率。新自由主义只认为是这些人不走运。福利国家倡导者则认为，可以通过提供社会保护，即社会保险，来改进社会福利，抵御市场的无常变化。

5.2　儿童

　　我们认为，新自由主义将老人贫困归咎于他们个人原因的说法当然是值得商榷的。但是，即使那些最信奉市场机制的人也同意，对儿童贫困问题不能这么看，因为你不能责怪儿童没有挑选更好的父母。

　　无可否认，确实存在对国家父爱主义（state paternalism）的担心。例如，

㉔　引用了 Akerlof and Shiller（2015）的说法。

㉕　金融部门参与了广泛的、有据可查的欺诈行为，但我们在这里谈论的是更微妙的情况：他们将产品以更高的价格卖给个人，而这并不是因为他们的产品更好。

161

如果父母对教育的看法与政府的看法不同，会发生什么？当然，那样的问题，无论在福利国家还是非福利国家，都会出现。福利国家关注的是获得资源包括教育资源的机会，而不是关注由谁来指导这些资源如何使用。

对儿童的支持，也存在道德风险或激励的问题。比如，父母如果知道国家会提供某种支持，他们可能就不会那么努力地工作。但是，这种消极影响的程度不会太深。在任何情况下，福利国家的倡导者都把儿童福祉和儿童长远发展放在首位。虽然这是一种道德立场，但从长期效率的角度看，促进儿童潜能发挥带来的收益肯定超过儿童支持政策本身的效率损失（如果这种损失真的存在的话）。

还有一个比较有哲学意味的问题是，许多父母认为他们有让自己的孩子比其他孩子更有优势的基本权利。这通常与机会平等的原则相冲突。在一些社会里，这种不平等被认为是不可接受的；而在另一些社会中，限制这种权利也被视为不可接受的。福利国家理论认为，每个孩子至少应该有机会发挥自身的潜能。这需要有良好的学前教育和家庭能负担得起的高等教育，这一般通过低学费（国家补贴）或收入依存型贷款（如在澳大利亚）实现。[26] 大多数赞同福利国家原则的人，也不反对父母给予孩子更优势的教育，他们只是希望天平至少能稍微向平等倾斜。因此，我们有免费的公共教育，而希望把孩子送到私立学校的父母则放弃这一好处。但是，特许学校运动（charter school movement）一定程度上试图规避建立更平等的教育体系，他们对学生的社会经济背景和种族组合进行严格监管。美国地方教育也存在类似的问题：随着经济分化不断加剧，富人逐渐搬到郊区的富人区，他们的孩子在那里获得"私立学校"提供的教育。因此，如果人们致力于维持一定程度的机会平等，就必须进一步促进经济融合，防止教育支出的分散。

5.3 劳动年龄人口

新自由主义和福利国家理论在讨论劳动年龄人口的贫困问题时有着巨大的分歧。年幼者无需对自身处境负责，老年人也许需要对自身处境负责，但是指责他们年轻时应该多存钱为时已晚。那么，那些有能力工作却不工作的人，应该任由他们受苦吗？

---

[26] Chapman、Higgins and Stiglitz（2014）.

针对这个问题，福利国家倡导者再次指出存在某种市场失灵现象。即当失业率高企的时候，个人可能很难找到工作。在这方面，印度为推进福利国家议程做出了突出贡献，他们实施的农村就业保障计划，为每位有就业意愿的人提供公共工程项目的就业机会，报酬为最低工资或略低于最低工资。

新自由主义和福利国家倡导者都赞成，全职工作者应免遭贫困。然而，如果市场工资水平太低，即使全职工作者也可能处于贫困状态。因此，有必要采取所得税抵免政策，以保证所有的全职工作者生活在贫困线之上（一些福利国家倡导者认为，政府还应该使用其他政策工具，即最低工资标准）。

除了收入，福利国家倡导者还关注人们获得某些生活必需品的能力，如食物、医疗和住房。假如每个人的收入足够高，可以充分获取生活必需品，当然也就不必关注这些产品，但是没有一个国家能够实现这一点。正因如此，福利国家倡导者认为，必须采取措施，确保每个人都能获得足够数量的生活必需品。但是，他们对这些市场的关注还有另一个原因，即这些市场并不总能很好地发挥作用，这往往导致大量穷人和中产阶级陷入贫困，因此直接干预是必要的。今天，随着我们对市场失灵的认识不断深化，我们对这些市场为什么失灵有了更好的把握，也有更多的专业知识来设计纠正市场失灵的方法，建立更完善的公共干预体系。相比较而言，新自由主义经济学家倾向于忽视市场失灵或低估市场失灵的影响。即使他们承认存在市场失灵，也认为政府干预不太可能有效，在某些情况下反而会加剧市场失灵。

技术替代劳动的趋势越来越受到人们关注，机器人可能会取代人类，除了高技能岗位外，就业机会将变得稀缺。这些变化导致越来越多的人支持全民基本收入（UBI，universal basic income），即向所有人发放补助。许多支持这一计划的人认为，选择性的福利项目（针对"有需要的人"）通常烦琐而低效，而且往往不能惠及真正有需要的人，还会损害项目受益人的尊严。尽管这些观点很有说服力，我仍然认为，工作是一个人赢得尊严和过上有意义生活的重要组成部分，我们的经济体系必须致力于向任何有能力和意愿工作的人提供可维持生计的工作机会。此外，即使在最富裕的国家，关于通过由税收支持的全民基本收入保证每个人过上体面生活，也远未达成共识。

6.21 世纪美国福利体系的基本要素

任何福利国家计划，都必须适应本国国情及其历史、制度和面临的问题。

在美国这样的发达国家，逃税空间极其有限，因为大多数交易都通过数字化的方式进行，而且交易转移到一个完全数字化的系统上也是很容易的（Stiglitz，2016a，2016c，2017）。相比较而言，拥有悠久福利制度传统的拉丁美洲，许多人仍然在非正规部门工作，从事小规模的经济活动。政府对这些经济活动往往缺乏监测，难以严格征税。这些非正规部门几乎不提供附加福利，而且很少像正规部门那样提供劳动保护。大部分社会保护项目都是针对正规部门员工的，他们通常比非正规部门的员工生活得更好。令人担心的是，如果这些社会保护项目出现赤字，通常用政府一般性收入来弥补，但其受益者都是生活状况高于平均水平的人。对此的应对措施是，扩大社会保护项目覆盖面以变成普惠型，减少社会保护与个人收入的关联性（因为大部分人的收入无法准确统计）。但是，这也会导致社会保护项目的社会保险因素减少，社会保险通常是在好的和坏的"事件"之间分摊收入，收入依存型公共贷款计划（将在后面更详细描述）或许是解决问题的一种方式。

福利国家概念一直受到方方面面的抵制，甚至民主党总统也为美国实行的公司福利制度的优势辩护，而不提及这一制度对社会其他人提供的社会保护较弱，说美国与斯堪的纳维亚半岛国家不同[27]，这给那些倡导公共项目的人带来了压力。然而，尽管人们总是对公共项目持怀疑态度，但是美国社会保障和联邦医疗保险（Medicare）却赢得了强有力的支持。2009年，在有南卡罗来纳州议员参加的市政厅会议上发生了一起著名事件，一位听众大声要求"把政府的手从我的医疗保险上拿开"。显然，由于该计划如此成功，以至于人们认为它一定是一个私人计划。

在以下几节，我将简要介绍21世纪美国福利国家的基本要素。

6.1 针对老年人的方案

联邦医疗保险和社会保障应该继续成为老年福利的核心项目。这些项目既有代际再分配的因素，也有代内再分配的因素。目前还不清楚这些项目在设计时是否考虑了不同收入阶层的预期寿命和退休年龄的差异，这些差异未来将变得越来越重要。[28] 通常来说，根据退休年龄调整退休收入结构，可以纠正现有

---

[27] 这是奥巴马为他的银行救助计划所做的辩护，当时有人指出，其实有更好的方法来救助陷入困境的银行，而且这些方法更符合资本主义的"规则"。参见 Stiglitz（2010）。

[28] 参见 Case and Deaton（2015，2017）。

的不公现象。同时，还有三个重要问题需要进一步考虑。

(1) 公共健康保险的覆盖范围，对私人补充保险更有力的信托监管，对特定类型的补充保险征税

私人补充保险与提供基本保障的公共保险相互影响。同样具有讽刺意味的是，新自由主义者一直担心道德风险，即保险会增加风险事故发生的概率。他们担心，拥有健康保险的人，会忽视自己的身体健康或者过度使用医疗服务。不过，当他们倡导私人补充保险时，又把这些担心遗忘了。如果保险由一个非掠夺性的完全竞争市场提供，就会出现过度保险的情况，因为私人部门不用考虑它们的保险为公共部门带来的额外费用。但是私人保险市场显然不是完全竞争的。此外考虑到保险覆盖范围的复杂性（即哪些是保险覆盖的，哪些是不覆盖的），他们有充足的机会利用老人来获利。

这就是为什么实施公共保险计划是十分必要的，它不会让消费者感到被利用。公共计划可能也会更便宜（每1美元保费的价值更高），原因很简单，因为公共保险计划覆盖全民，它具有规模经济和范围经济，美国政府已经为每个人提供了联邦医疗保险。此外，由于私人保险公司需要在营销、挑肥拣瘦（又译撇脂，努力确保只接受风险少的人投保）以及收取保险费和其他费用方面需要承担大量成本，而公共保险计划的总体"交易成本"（用于保险系统运行而不是提供医疗照护资金）会更低。

私人机构普遍有挑肥拣瘦的动机，即总是试图招募最健康的顾客，而将其他人排斥在外。鉴于此，需要通过禁入、监管、征税等方式对私人机构进行规范，减少挑肥拣瘦的动机。

(2) 退休保险

美国已经建立了一个多层次的养老保险体系，即政府提供的高效且普遍覆盖的基本养老保险、税收优惠支持的企业年金，以及补充养老金计划，该计划一定程度上也有税收优惠。在这些项目中，个人缴费被留在资本市场投资，个人退休后提取储蓄或者购买年金。企业年金已经从待遇确定型转变为缴费确定型，因此无论是企业年金还是个人补充养老金，对普通大众来说，都隐藏着巨大的风险。如前所述，市场上的年金产品也还有很多需要改进的地方。对全民基本养老保险制度的批评，不是基于制度本身缺乏效率，而是基于一个事实，即一些权威经济预测模型指出，未来75年养老保险的支出将超过收入。还有一些批评者认为，由于掺杂政治经济因素，基本养老保险制度难以实现收支平衡。

事实上，基本养老保险的赤字规模相对来说还是比较小的，小到通过例如引入移民等合理的替代方案就能使其收支平衡。另外，对项目筹资或制度本身进行微调，也能恢复收支平衡。然而，尽管预计到基本养老保险未来会出现资金缺口，但是现在政府仍然不愿采取重大改革，部分原因在于对基本养老保险赤字的预测高度依赖模型的假设。

2008 年金融危机之前，至少存在着将部分社会保障私有化的巨大推动力，尤其是来自私人金融部门的推动力。理由是私人部门的效率更高，而实际情况却恰恰相反，事实是私人部门试图攫取更多的租金。随着交易成本提高，年金供应商的收入也水涨船高，这些都以牺牲退休人员的利益为代价。英国社会保障部分私有化的实践表明，退休福利可能因此减少多达 40%（Orszag and Stiglitz, 2001）。

对私人部门的另一种批评是它们有"钓愚"的动机（Akerlof and Shiller, 2015），即开发更好的方式来剥削不明就里的人，这比降低交易成本或在投资中"战胜市场"更容易攫取利润，后两者实施起来都极其困难。事实上，金融业一直坚持抵制防范利益冲突的信托标准。他们似乎认为，如果不允许他们继续采用激化利益冲突的做法，行业就无法正常运行。

在这方面，公共保险可以为私人部门有效竞争和防止掠夺提供保障：政府允许个人为社会保障缴费，并将缴费视为就业所得。也就是说，每一个人的退休所得都源自退休前若干年自己的缴费，包括雇员缴费和雇主代缴费用。缴费越多，从社会保障中获得的回报越多。公共保险缴费是有限制的，所以目前它有一个上限。2017 年，雇主和雇员的缴费基数上限是 127 200 美元。公共保险应当增加一个选项，即允许个人的缴费基数超过缴费率为 6.2% 的缴费上限，超额部分形成的缴费所得暂存社会保障账户。

（3）老年护理

随着个人寿命越来越长，家庭规模越来越小，人口高度集中的城市房价高企，越来越多的人年老之后只能自我照顾。他们不得不求助于养老院，而这通常超出他们的支付能力。政府可以通过医疗保险分担一部分成本。长期以来，人们一直在争论是否应该在社会保障中增加护理院照料项目。事实上，在这方面，私人保险同样也是极其昂贵的。护理保险可以通过适度增加医疗保险或社会保障的缴费来提供。

6.2　针对儿童的项目

人们越来越关注贫困家庭儿童面临的不平等问题，并意识到对他们的投资可以带来丰厚的社会红利。加强对孕期和学前教育的政策支持很有必要，早先的儿童营养和健康干预项目已经证明了这一点。

减少儿童起跑线的不平等，不仅需要有平等的教育机会，还需要实施补偿教育。

儿童在家庭环境中长大成人，对低收入的父母提供支持，他们的子女也会因此受益。这也是所得税减免理念的具体体现，这些计划亟须拓展和加强。

不过，即使有补偿，贫困家庭的孩子往往也会输在起跑线上。到高等教育阶段时，他们又会处于不利地位。美国上过大学的人口比例曾经在世界上遥遥领先，现在却不再是了。与其他发达国家相比，家庭经济条件一般的美国年轻人通过上大学或接受高质量教育来发挥其聪明才智，变得更加困难。奥巴马总统认识到了这一点，但他只提出要普及社区学院。虽然社区学院在扩大入学机会方面发挥了重要作用，但其教育质量与美国国内好的大学相比仍有较大差距。一些批评者说，我们付不起这么多钱。但不知何故，在二战结束时，美国还背负着巨额债务（占 GDP 的 130%），国家却有能力为所有参加过战争的人提供教育，基本上每个年轻人，大量的妇女，只要他们有资格上学，就能在好学校接受多年教育。现在国家富裕多了，那些说国家负担不起的人总是在选择和偏好上做文章，他们认为有更好的方法来花这些钱，比如把钱留在富人、银行或公司的口袋里，让他们决定如何使用。相比之下，任何致力于 21 世纪福利国家的人都会认为，必须确保所有人都有机会上得起大学。

从世界范围看，解决教育机会公平有两种办法：低学费（由政府补贴资助）或提供收入依存型贷款。后者在澳大利亚已被证明特别有效，因为政府提供的贷款交易成本会很低。贷款偿还可以通过税收系统实施，而且政府的资本成本远远低于私人部门。

当然，这也是一个特别需要加强监管的领域，无论是筹资部门还是提供高等教育服务的人都需要受到监管。

6.3　保障充分就业的项目

同样，人们也越来越关注到，美国的穷人和许多中产阶级，都面临着就业机会不公平的问题，歧视无处不在。美国在促进妇女充分就业方面做得不多，乏善可陈，这也导致美国女性劳动参与率落后于其他国家。公共交通系统也比较薄弱，现有的体系难以为中低收入者提供上下班通勤服务。

此外，政府过于关注通胀问题，而不愿意采取有力的扩张性财政政策，这意味着经济增长通常难以支撑充分就业。失业通常导致工资水平下降，更不要说还有许多削弱员工谈判地位的规定。

针对这些问题的解决办法也很清楚：实施更有力、更高效的反歧视法；出台积极的劳动力市场政策，帮助失业者学习新技能；出台儿童照顾和家庭休假政策；完善有利于通勤的公共交通政策；以及对充分就业政策的重新承诺。

6.4 中产阶级生活的基本要素

对许多美国人来说，中产阶级生活的那些基本愿景似乎越来越遥不可及。支撑这些愿景的条件包括医疗保健、住房、子女教育，以及适度的安全保障，包括退休保障和失业时的社会保护。我们已经讨论了其中的若干方面，下面我将指出有一些项目可能解决现有安排中的其他缺陷。

（1）健康

《平价医疗法案》（ACA，又称《奥巴马医改法案》）在改善医疗服务可及性方面大有进步，但是仍然有 26 个州拒绝扩大医疗补助覆盖范围，而这本可以使更多没有医疗保险的人获得保障。扩展覆盖面是《平价医疗法案》"设计"的核心部分，现在医疗保险距离全覆盖仍然有巨大的缺口，但是无医疗保险的人相比《平价医疗法案》出台之前已经大大减少。（2017 年，当共和党人试图"废除并取代"《平价医疗法案》时，这一事实展露无遗。他们根本拿不出一个新方案，使现在获得了医疗保险的大约 2 000 万人在新方案下仍能享有保险。虽然许多美国人仍未完全认识到获得医疗服务是一项基本人权，但绝大多数人坚信不应该再让数百万人没有医疗保险。）除了确保每个人获得健康保障之外，还需要进一步开展三项改革：第一，像其他国家一样，承认获得健康和医疗服务是基本权利。

第二，改善医疗服务的竞争。《平价医疗法案》规定的许多所谓交易市场的竞争性令人失望，这些交易市场本应是消费者可以比较的市场。在某些情况下，需要强化反垄断执法。但在许多情况下，合谋行为可能不容易被证实，因此仅有竞争法案是远远不够的。

确保竞争的前提是有一个公共保险计划，该计划可以提高每个人对医疗服务的可及性（这最初是作为《平价医疗法案》的一部分提出的，但在立法辩论中被取消了），公共保险的存在将迫使私人部门开展价格竞争。

第三，也是最后一点，必须出台旨在改变生活陋习和确保良好营养的政策。越来越多的健康问题与社会疾病有关，如肥胖症。美国的许多地方被市场机制遗弃，难以获得新鲜水果和蔬菜，成为"食品沙漠"。在纽约，前市长迈克尔·布隆伯格展示了公共政策如何能够弥补这些缺陷。

有许多社会疾病是由企业贪婪所致。企业向儿童销售不健康的食品，让他们像成年人吸食香烟那样上瘾，大发其财。我们需要强有力的监管，坚决遏制这些疾病和死亡的传播。

（2）住房

许多美国人面临着住房短缺问题，他们只能以高成本获得购房资金。在2008年金融危机中，私人部门提供住房资金的筹资模式是有缺陷的，因为住房泡沫是这场危机的一大诱因。随着私人部门的做法受到审查，人们越来越清楚地看到，他们更专注于利用消费者和投资者牟利，而不是进行风险管理。值得注意的是，危机发生9年后，以私人部门为主的模式被彻底颠覆了，政府提供了90%以上的住房资金。

虽然在如何为低收入人群提供住房的问题上还没有定论，但在提供住房资金方面有一个简单的解决方案，我称之为住房资金的公共计划。在确定个人是否有资格获得抵押贷款时，有两项信息至关重要，即房屋价值和个人收入，而这两项信息都有公共记录，但是将这些信息从公共部门转移到私人部门的成本很高。而在公共计划下，就无需信息转移。此外，由于税收征管系统本身有范围经济，公共计划的征税成本将大大降低；还款还可以与收入挂钩；贷款利率可以略高于政府的借贷利率。总之，这是一个成本低、收益高的公共计划。

（3）社会保护体系

个体总是厌恶风险的，每一个人都会关心自己面临的风险，所以提供保障是有价值的。正如前文建议的那样，如果市场收费过高或者完全不提供个人想要的保障，那么政府可以提供。前文讨论的大部分内容其实都是社会保护体系的一部分。在此，我想提出两点意见。

大多数人在其终身就业的过程中只有很短的一段时间处于失业状态。失业对年轻人或普通工薪阶层来说，意味着很高的成本，因为他们不能跨期平滑收入。失业贷款（可以是收入依存型）不仅可以帮助个体平滑收入，而且可以避免失业保险制度经常出现的逆向激励。这有助于他们继续寻找与自身技能和偏好相匹配的工作，从而促进经济增长（Stiglitz and Yun，2005）。

但还有一些人面临反复失业或者长时间的失业，针对这种风险的保险，即"州际保险"（interstate insurance）是十分重要的。传统贷款通常针对处在短暂失业期的人，未来失业风险的变化正在降低传统贷款计划（即使可以贷到）的吸引力，因为在一些收入边际效用非常高的国家，它降低了消费。有一个简单的解决方案，即收入依存型失业贷款。因此，最佳的失业福利计划应是收入依存型失业贷款和失业保险的组合，这与美国目前的失业保障制度明显不同（Stiglitz and Yun，2014，2017）。

综合来看，最佳的社会保护体系意味着既要最大限度地降低社会风险，又能最大限度地减少市场扭曲（不利的激励效应）。这可以通过风险共担来实现，类似新加坡或马来西亚的公积金模式，每个人有一个个人终身账户来处理各种风险。它强调高度的个人责任，即由于风险共摊，个人可以自己处理他们面临的大部分风险，同时社会保险制度可以抵御巨灾风险。

7. 结语

许多批评福利国家的人认为，福利制度将导致经济下滑，因为社会责任的压力、社会保险带来的安全感都将削弱激励。但事实证明，所有的重大危机都与福利制度无关，而是由金融部门（雇用了许多福利国家批评者）的过度投机造成的。甚至在2008年金融危机之后，福利制度发达的国家往往都是危机后复苏最快的国家，而金融部门（包括欧洲中央银行）的一些人仍在寻找机会警告福利国家的危险。

人们有时在问：福利国家在今天是否可行？全球化在许多方面扩大了对现代福利国家的需求，但同时由于各国税收竞争，也削弱了政府提供福利的财政能力。[29]

对此，有两种回应：第一，我们必须改革全球化，限制税收竞争的范围，并设计有效的跨国公司税收制度。在欧洲，这是一个特别重要的问题，因为货物、资金和人员可以很容易跨国流动。在欧洲大陆，需要有一个覆盖全欧洲的

---

[29] 这是 Stiglitz（2013）分析的一个主题，亦可参见该卷中其他论文，特别是 Moene（2013）。

累进所得税，其收入可以部分用于提供一些基本的社会保护。

第二，一个精心设计的福利国家实际上会改善整体经济表现。正如我们指出的，有大量的理论和实证研究表明，更加平等的社会是更好的，有更快的经济增长，更稳定的社会秩序。例如，我们在前文指出，公平可以塑造更有创造性的社会，因为个人更乐意承担风险。[30] 卡尔·莫内及其合著者（Moene，2013；Barth、Moene and Willumsen，2015）还注意到福利国家对创造一个开放政治环境的好处：有了适度的社会保护，个人更愿意接受变化，心态更加开放。被甩在后面的美国人和欧洲人，他们明显增长的保护主义情绪证明了这一见解。

因此，福利国家不仅仅是一个关于社会公正的问题。我认为，福利国家最令人信服的是它超越了狭隘的经济论点，它甚至超越了社会正义的标准论据。我们必须扪心自问，我们希望生活在什么样的社会，我们希望成为什么样的人？对于那些支持福利国家的人来说，福利国家的核心作用是让人们具有社会良知、让人们与同胞相互团结、让人们富有同情心。

（国务院发展研究中心 单大圣 译 高世楫 校）

参考文献

Akerlof, G. A., and R. J. Shiller. 2015. *Phishing for Phools: The Economics of Manipulation and Deception.* Princeton, N. J.: Princeton University Press.

Arnott, Richard, and J. E. Stiglitz. 1986. "Moral Hazard and Optimal Commodity Taxation." *Journal of Public Economics* 29: 1 – 24.

Arnott, Richard, and J. E. Stiglitz. 1990. "The Welfare Economics of Moral Hazard." In *Risk, Information and Insurance: Essays in the Memory of Karl H. Borch*, ed. H. Louberge, pp. 91 – 122. Norwell, Mass.: Kluwer Academic.

Arnott, R., B. Greenwald, and J. E. Stiglitz. 1994. "Information and Economic Efficiency." *Information Economics and Policy* 6 (1): 77 – 82.

Blackstone, B., M. Karnitschnig, and R. Thomson. 2012. "Europe's Banker Talks Tough-Draghi Says Continent's Social Model Is 'Gone,' Won't Backtrack on Austerity." *Wall Street Journal.* Retrieved from www.wsj.com/articles/SB10001424052970203960804577241221244896782.

Barth, Erling, Karl O. Moene, and Fredrik Willumsen. 2015. "The Scandinavian Model-An Interpretation." *Journal of Public Economics* 117 (July): 60 – 72.

---

[30] 参见 Stiglitz（2015a）。

Case, A., and A. Deaton. 2015. "Rising Morbidity and Mortality in Midlife Among White Non-Hispanic Americans in the 21st Century." *Proceedings of the National Academy of Sciences*, 112 (49): 15078 – 83.

Case, A., and A. Deaton. 2017. "Mortality and Morbidity in the 21st Century." Brookings Papers on E-conomic Activity, Spring 2017. Washington, D. C.: Brookings Institution.

Chang, Ha-Joon. 1999. "The Economic Theory of the Developmental State." In *The Developmental State*, ed. Meredith Woo-Cumings, pp. 192 – 99. Ithaca, N. Y.: Cornell University Press.

Chapman, B., T. Higgins, and J. E. Stiglitz, eds. 2014. *Income Contingent Loans: Theory, Practice and Prospects*. Houndmills, U. K.: Palgrave Macmillan.

Cingano, F. 2014. "Trends in Income Inequality and Its Impact on Economic Growth." OECD Social, Employment and Migration Working Papers 163. Paris, France: OECD Publishing.

Council of Economic Advisers. 2016. *Economic Report of the President* (2016). Executive Office of the President. Washington, D. C.: U. S. Government Printing Office. Retrieved from www. gpo. gov/fdsys/pkg/ERP – 2016/pdf/ERP – 2016. pdf.

Dabla-Norris, M. E., M. K. Kochhar, M. N. Suphaphiphat, M. F. Ricka, and E. Tsounta. 2015. "Cau- ses and Consequences of Income Inequality: A Global Perspective." IMF Staff Discussion Notes, 15/13. https://www. imf. org/external/pubs/ft/sdn/2015/sdn1513. pdf.

Diamond, P. A. 1967. "The Role of a Stock Market in a General Equilibrium Model with Technological Un-certainty." *American Economic Review* 57 (4): 759 – 776.

Diamond, P. A. 1971. "A Model of Price Adjustment." *Journal of Economic Theory* 3 (2): 156 – 168.

Geanakoplos, J., and H. Polemarchakis. 1986. "Existence, Regularity, and Constrained Suboptimality of Competitive Allocations when the Asset Market Is Incomplete." In *Uncertainty, Information and Communication: Essays in Honor of KJ Arrow*, vol. 3, ed. W. P. Heller, R. M. Starr, and D. A. Starrett, pp. 65 – 96, Cambridge: Cambridge University Press.

Greenwald, Bruce, and J. E. Stiglitz. 1986. "Externalities in Economies with Imperfect Information and In-complete Markets." *Quarterly Journal of Economics* 101 (2): 229 – 264.

Greenwald, Bruce, and J. E. Stiglitz. 1988. "Pareto Inefficiency of Market Economies: Search and Effi-ciency Wage Models." *American Economic Review* 78 (2): 351 – 355.

Hoff, K., and J. E. Stiglitz. 2010. "Equilibrium Fictions: A Cognitive Approach to Societal Rigidity." *American Economic Review* 100 (2): 141 – 146. Shortened version of Policy Research Working Paper 5219 (same title), World Bank Development Research Group (February 2010). Accessible at http://elibrary. worldbank. org/docserver/download/5219. pdf? expires =1304012730&id =id&accname =guest&checksum =5428 C2B3013CF8ECBB54953BAC3F328C.

Greenwald, Bruce, and J. E. Stiglitz. 2016. "Striving for Balance in Economics: Towards a Theory of the Social Determination of Behavior." *Journal of Economic Behavior and Organization*126 (June): 25 – 57.

Mazzucato, M. 2015. *The Entrepreneurial State: Debunking Public vs. Private SectorMyths*. London: An-them.

Moene, K. O. 2013. "Scandinavian Equality: A Prime Example of Protection Without Protectionism." In *The Quest for Security: Protection Without Protectionism and the Challenge of Global Governance*, ed. M. Kaldor and J. E. Stiglitz, 48 – 74. New York: Columbia University Press.

Orszag, P., and J. E. Stiglitz. 2001. "Rethinking Pension Reform: Ten Myths About Social Security Sys-tems." In *New Ideas About Old Age Security*, ed. R. Holman and J. E. Stiglitz, 17 – 56. Washington, D. C.: World Bank.

Ostry, M. J. D., M. A. Berg, and M. C. G. Tsangarides. 2014. "Redistribution, Inequality, and Growth."

IMF Staff Discussion Notes, 14/2. https: //www. imf. org/external/pubs/ft/sdn/2014/sdn1402. pdf.

Putnam, R. D. 2000. *Bowling Alone: The Collapse and Revival of American Community.* New York: Simon & Schuster.

Putnam, R. D. 2015. *Our Kids: The American Dream in Crisis.* New York: Simon & Schuster. Rawls, John. 1971. *A Theory of Justice.* Cambridge, Mass. : Belknap Press of Harvard University Press.

Rothschild, M. , and J. E. Stiglitz. 1976. "Equilibrium in Competitive Insurance Markets: An Essay on the Economics of Imperfect Information. " *Quarterly Journal of Economics* 90 (4): 629 – 649.

Shapiro, C. , and J. E. Stiglitz. 1984. "Equilibrium Unemployment as a Worker Discipline Device. " *American Economic Review* 74 (3): 433 – 444.

Stiglitz, J. E. 1973. "Education and Inequality. " *Annals of the American Academy of Political and Social Sciences* 409: 135 – 145.

Stiglitz, J. E. . 1974. "Demand for Education in Public and Private School Systems. " *Journal of Public Economics* 2: 349 – 386.

Stiglitz, J. E. 1975. "The Theory of Screening, Education and the Distribution of Income. " *American Economic Review* 65 (3): 283 – 300. Reprinted in *Selected Works of Joseph E. Stiglitz. Vol. 1. Information and Economic Analysis,* 99 – 121. Oxford: Oxford University Press, 2009.

Stiglitz, J. E. 1977. "Theory of Local Public Goods. " In *The Economics of Public Services,* ed. M. S. Feldstein and R. P. Inman, 274 – 333. London: MacMillan.

Stiglitz, J. E. 1982. "The Inefficiency of the Stock Market Equilibrium. " *Review of Economic Studies* 49 (2): 241 – 261.

Stiglitz, J. E. 1988. "On the Market for Principles of Economics Textbooks: Innovation and Product Differentiation. " *Journal of Economic Education* 19 (2): 171 – 177.

Stiglitz, J. E. 1993a. "Perspectives on the Role of Government Risk-Bearing Within the Financial Sector. " In *Government Risk-Bearing,* ed. M. Sniderman, 109 – 130. Norwell, Mass. : Kluwer Academic.

Stiglitz, J. E. 1993b. "Remarks on Inequality, Agency Costs, and Economic Efficiency. " Prepared for a workshop in Economic Theories of Inequality, Stanford Institute for Theoretical Economics, Stanford University, Stanford, Calif. , March 11 – 13, 1993.

Stiglitz, J. E. 1994. *Whither Socialism?* Cambridge, Mass. : MIT Press.

Stiglitz, J. E. 1998. "Pareto Efficient Taxation and Expenditure Policies, with Applications to the Taxation of Capital, Public Investment, and Externalities. " Paper presented at a conference in honor of Agnar Sandmo, Bergen, Norway, January 1998.

Stiglitz, J. E. 2010. *Freefall: America, Free Markets, and the Sinking of the World Economy.* NewYork: Norton.

Stiglitz, J. E. 2012. *The Price of Inequality: How Today's Divided Society Endangers Our Future.* New York: Norton.

Stiglitz, J. E. 2013. "Social Protection Without Protectionism. " In *The Quest for Security: Protection without Protectionism and the Challenge of Global Governance,* ed. M. Kaldorand J. E. Stiglitz, 24 – 47, New York: Columbia University Press.

Stiglitz, J. E. 2015a. "Leaders and Followers: Perspectives on the Nordic Model and the Economics of Innovation. " *Journal of Public Economics* 127 (July): 3 – 16.

Stiglitz, J. E. 2015b. "The Origins of Inequality, and Policies to Contain It. " *National Tax Journal* 68 (2): 425 – 448.

Stiglitz, J. E. 2016a. *The Euro.* New York: Norton.

Stiglitz, J. E. 2016b. "In Praise of Frank Ramsey's Contribution to the Theory of Taxation." *Economic Journal* 125 (583): 235 – 268.

Stiglitz, J. E. 2016c. "The Theory of Credit and Macro-economic Stability." NBER Working Paper 22837. National Bureau of Economic Research, Cambridge, Mass.

Stiglitz, J. E. 2017. "Macro-economic Management in an Electronic Credit/Financial System." NBER Working Paper 23032. National Bureau of Economic Research, Cambridge, Mass.

Stiglitz, J. E., and J. Yun. 2005 "The Integration of Unemployment Insurance with Retirement Insurance." *Journal of Public Economics* 89: 2037 – 2067.

Stiglitz, J. E., and J. Yun. 2013. "Optimality and Equilibrium in a Competitive Insurance Market Under Adverse Selection and Moral Hazard." NBER Working Paper 19317. National Bureau of Economic Research, Cambridge, Mass.

Stiglitz, J. E., and J. Yun. 2014. "Income Contingent Loans for the Unemployed: A Prelude to a General Theory of the Efficient Provision of Social Insurance." In *Income Contingent Loans: Theory, Practice and Prospects*, ed. J. E. Stiglitz, B. Chapman, and T. Higgins, 180 – 204. New York: Palgrave Macmillan.

Stiglitz, J. E., and J. Yun. 2017. "Income Contingent Loan as an Unemployment Benefit." Columbia University Working Paper. Columbia University, New York.

Stiglitz, J. E, Nell Abernathy, Adam Hersh, Susan Holmberg, and Mike Konczal. 2015. *Rewriting the Rules of the American Economy*. A Roosevelt Institute Book. New York: Norton.

Sunstein, Cass. 2016. "People Prefer System 2 Nudges (Kind Of)." July 19, 2016. *Duke Law Journal* 66: 121.

Sunstein, Cass, and Richard H. Thaler. 2008. *Nudge: Improving Decisions About Health, Wealth, and Happiness*. New Haven, Conn.: Yale University Press.

Tobin, J. 1970. "On Limiting the Domain of Inequality." *Journal of Law & Economics* 13 (2): 263 – 277.

World Bank. 2015. *World Development Report 2015: Mind, Society, and Behavior*. Washington, D. C.: World Bank.

金融评论

Financial Review

Comparative

货币市场基金挤兑及其监管应对

王娴

2008 年全球金融危机中，美国发生了大规模货币市场基金挤兑，还导致了货币市场的崩溃以及风险向整个金融体系的传染。危机过后，国际组织和一些国家改革并强化了货币市场基金的资产监管与流动性监管，愈加重视其系统性影响。但是，2020 年 3 月，在新冠疫情冲击下，全球资本市场动荡，货币市场基金又出现了一轮大规模的挤兑，对货币市场基金的制度设计以及对 2008 年之后改革措施的检讨随即展开。本文共四个部分，第一部分分析货币市场基金挤兑的成因；第二部分分析应对挤兑的各种工具的可行性和制约因素；第三部分讨论货币市场基金挤兑的系统性影响与救助机制；第四部分结合中国货币市场基金的特殊性提出相应的监管建议。

一、货币市场基金挤兑的成因

货币市场基金挤兑的成因有多个方面，最重要的是其法律结构和估值方法。

1. 开放式基金的法律结构

货币市场基金是一类投资于货币市场工具的开放式基金，因此它与公司型

---

* 作者为清华大学国家金融研究院副院长、上市公司研究中心主任。曾在金融监管机构从事金融监管工作；加入清华大学后，从事金融监管及相关领域的研究和教学工作。研究方向：资本市场、金融监管、公司治理。

开放式基金有着相同的法律结构，也有相应的脆弱性。① 一般公司的股东在入股后不能退股，只允许转让股份，股东享有公司的剩余控制权和在公司清算时的剩余分配权（Grossman and Hart，1986）。尽管开放式基金和货币市场基金的投资者也是基金的股东，但是，开放式基金的股东可以随时退股，即赎回股份。全球第一部关于基金的立法——美国《1940年投资公司法》确立了公司型开放式基金的法律结构。该法律的第2（a）节第32条允许投资公司发行可赎回股票；第22（e）节规定，开放式基金的股东（以下简称"投资者"）可以在每个交易日按照基金的单位资产净值（Net Asset Value，以下简称"NAV"）申购和赎回基金份额。投资公司发行的可赎回证券使投资者在向发行人提交基金份额时，可获得发行人以当前净资产计算的等值现金，即赎回款。这相当于公司每日进行一次"清算"，投资者可以按照每股净资产退股。同时新加入的投资者，也按单位资产净值的价格购入基金份额。货币市场基金和其投资者的关系，也是这样一种特殊的法律关系。

2. 货币市场基金的固定面额赎回机制

货币市场基金尽管与其他开放式基金一样，按照单位资产净值赎回和申购。但是，它最特殊之处就在于按固定面额赎回，这是20世纪70年代初货币市场基金的重要创新。与其他开放式基金以资产组合的市价核算净资产并计算单位资产净值的方法不同，货币市场基金采用摊余成本估值法（amortized cost method of valuation②，又称固定估值法），也就是说，将每个交易日的收益折

---

① 在全球，开放式基金的法律结构有公司型、信托型和契约型三种，本文将从公司型货币市场基金的法律结构讨论其脆弱性和挤兑的成因，信托型和契约型货币市场基金的脆弱性与公司型基本相同，不再赘述。

② 1983年，美国证监会颁布《开放式投资公司（货币市场基金）份额价值计算法案》（Rule 2a-7），允许符合条件的货币市场基金采用摊余成本法估值，豁免采用《投资公司法》规定的根据资产组合的市值计算单位资产净值。摊余成本法也是有问题的，可能发生市价偏离1元面值的情况。在20世纪70年代货币市场兴起之初，美国证监会对摊余成本法是持保留态度的，参见 SEC（1977），Interpretation：Valuation of Debt Instruments by Money Market Funds and Certain Other Open – End Investment Companies. Retrieved from：https：//www. sec. gov/rules/interp/1977/ic – 9786. pdf。直到1983年，在行业的大力推动下，美国证监会才发布规则同意了这种估值方法。参见 Valuation of Debt Instruments and Computation of Current Price Per Share by Certain Open-End Investment Companies（Money Market Funds），Investment Company Act Release No. 13380（July 11，1983）［48 FR 32555（July 18，1983）］。

合为基金份额分配给投资者，以此保持单位资产净值固定为 1 元 *，每个交易日的收益反映为投资者持有份额的增加。根据这一估值和赎回机制，投资者就可以按照 1 元面值（penny-rounding method of pricing）申购或赎回（SEC，2014a）基金份额。

货币市场基金采用的摊余成本法隐含的一个假设是，基金持有的金融产品不会有违约风险和较显著的价差损失。尽管货币市场基金一般投资于期限短、信用风险低的金融工具，因此其流动性风险、信用风险和价差风险都很低（SEC，2014a），但风险始终存在，资产组合证券的违约等都会导致货币市场基金的单位资产净值偏离 1 元面值。典型的例子就是 2008 年 9 月 15 日雷曼兄弟破产，9 月 16 日，一只名为主要储备基金（Reserve Primary Fund，RPF）的货币市场基金因持有雷曼兄弟发行的约 7.85 亿美元商业票据（占其总资产的 1.2%），发生了较大幅度的偏离，并引发挤兑。

货币市场基金管理人是以高收益赢得竞争的，一个重要的途径就是投资于信用风险较高的金融产品。这个问题在 2007—2008 年较为普遍。以主要储备基金为例，它在危机前因大量持有风险较高的商业票据、结构化产品等金融工具，在晨星跟踪的 2 100 只货币市场基金中，收益率是最高的。当货币市场基金追逐高收益，持有高风险证券时，摊余成本法就蕴含着很高的挤兑风险。与银行往往通过持有高风险资产提高收益一样，一些投资基金为追逐高收益，也投资于风险较高的货币市场基金（Hanson et al.，2015）。

3. 准货币资产

通常情况下，只有信息不敏感的资产才能真正成为被普遍接受的支付工具。尽管货币市场基金的投资组合存在信用风险和市场风险，还存在流动性风险，本不应该成为准货币资产，但是以 1 元面值随时申购与赎回的法律结构和估值办法使其更加接近银行活期存款（Gordon and Gandia，2014），投资者对它普遍形成了"币值稳定"的预期，使它变成了准货币类资产（Dang et al.，2010）和"私人发行的支付工具"。20 世纪 70 年代初，货币市场基金一经推出就广受市场欢迎，原因就在于它成了现金的替代性金融工具，即可以有银行活期存款的支付功能，既可以签发支票，又可以获得高于存款的收益。在过去 40 年里，货币市场

---

* 这里的元可以是任何货币单位。——编者注

基金在全球迅速发展，已经成为各类投资者的流动性管理和准货币工具（Hanson et al.，2015）。对货币市场基金是"零风险"金融工具的这种认知，直到 2008 年的货币市场基金挤兑事件才被打破（Congressional Oversight Panel，2009）。

4. 货币市场基金内生的脆弱性

2022 年诺贝尔经济学奖得主戴蒙德和迪布维格研究了银行内生的脆弱性（Diamond and Dybvig，1983）。银行是从事流动性转换和期限转换业务的金融机构，它们通过存款业务获得资金，然后将之用于发放贷款，而贷款的流动性通常比较差，还面临借款人违约的风险。如果银行因经营不善而资不抵债或破产，包括存款人在内的债权人就会遭受损失。在银行正常经营时期，客户的存取款是相对平衡的，银行通过保留一定的流动性资产以应对客户的提款需求。当多个存款人提出提款要求时，银行就按照"先到先提"的原则满足存款人的提款要求。但是，一旦出现银行挤兑，存款就会大量流失。这时候，银行需要变现非流动性资产，如抛售贷款等流动性较差的资产来应对挤兑，从而遭受损失并引发连锁反应，使本来资产质量良好的银行也可能陷入破产的困境。

银行存款人与银行之间是债权债务关系③，一旦银行破产，存款人就要和银行的其他债权人一起参加破产清算，对于资不抵债的银行，存款人就不一定能收回本金和利息，从而会面临损失。这样一来，当观察到一家银行遭受挤兑时，由于信息问题，存款人无法判断银行经营情况，就会选择"先发制人"策略④，在银行未宣布破产前抢先提款，这样可以保证收回本金和利息。如果存款人都选择"先发制人"、加入挤兑，银行的流动性就会迅速枯竭。在此情况下，银行不得不抛售资产以满足存款人挤兑，由此遭受的损失可能导致银行破产。

这就是戴蒙德 – 迪布维格模型揭示的银行多重均衡，即银行通常处于稳定的经营状况。但是，一旦遭遇挤兑，即使资产质量良好、经营稳健的银行也可能因为挤兑而破产。银行的多重均衡特征和内生脆弱性，是由银行与存款人的法律关系决定的。

---

③ 存款的本意是"存放"，因此作为存款人则拥有了随时提取的权利，银行作为"存款的保管人"，其义务是应存款人的请求应当及时兑付存款（Bouvier，1856）。

④ "先发制人"行为倾向是指率先采取某一行动的行为人可以比后采取行动的行为人获得更大收益或避免更大损失，从而使率先行动成为所有行为人的占优策略。

货币市场基金在法律结构上与银行活期存款不同，但是它的投资者可以按面值赎回投资的法律关系，也使它具有与银行相似的脆弱性，本文将利用戴蒙德－迪布维格模型（1983）展开分析。假设货币市场基金只有两个投资者，投资者1和投资者2，他们在 T 日分别持有 n 和 m 份基金份额，总资产值为 $n+m$。如果货币市场基金在 T 日出现了估值偏差，其内在价值小于1，总资产 $TAV_T < (n+m)$，此时，投资者1观察到货币市场基金的估值偏差，会选择"先发制人"策略，在 T 日赎回 n 份货币市场基金，获得 n 元赎回款。T 日末，货币市场基金的 $NAV_{T+1} = (TAV_T - n)/m < 1$，如果该货币市场基金在 T+1 日被清算，则投资者2只能获得 $NAV_{T+1} \times m$ 的赎回款。即使 T+1 日不清算，投资者2的资产价值也低于面值，利益就会受损（如图1所示）。

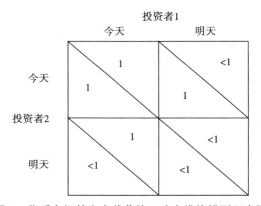

图1　货币市场基金中戴蒙德－迪布维格模型示意图

那么，投资者的占优策略就是 T 日赎回。正如国际货币基金组织的报告（IMF，2015）指出的："在这种情况下，一些了解或获得市场价格信息的投资者会以极快的速度赎回，其速度远远高于其他长期持有公司股票的股东，并触发一部分投资者先于其他投资者赎回。"根据戴蒙德－迪布维格模型，银行的脆弱性在于信息不对称，存款人无法准确判断银行的资产质量和经营状况，他们根据观察到的其他存款人的行为来选择行动。银行遭遇挤兑的信息还可能触发更大规模的挤兑（Ross，1989）。

货币市场基金的挤兑也与此类似，抢先赎回的投资者带来的成本将转嫁给存续的投资者，一部分投资者的大规模赎回也会触发挤兑。在遭遇挤兑时，货币市场基金管理人会优先选择出售流动性好的优质资产以满足挤兑的流动性需求，于是，其剩余资产组合的质量就会变差，由此剩余投资者的利益也会受损。继续出让流动性不佳的资产，也会导致价差损失。与银行存款人一样，货币市场基金投资者具有"先发制人"的行为倾向，使货币市场基金面临与银行类似的内生脆弱性和挤兑风险（IMF，2015；IOSCO，2012；PWG，2020）。

二、防范货币市场基金挤兑风险可供选择的措施

2008 年金融危机之后，世界各国都出台了防范货币市场基金挤兑的改革措施，包括强化了资产管理、按照流动性指标设置了暂停赎回等"门槛"、对一部分货币市场基金实行浮动估值法。但是，2020 年 3 月因新冠疫情引发的市场大幅波动中，大规模的货币市场基金挤兑再次发生，一些国家又开始评估和反思危机后的改革措施。

1. 资本监管

资本的最重要功能是吸收损失，特别是银行，充足的资本是防范挤兑的最重要"屏障"。银行通过维持充足资本向市场发出正面信号（Ross，1977），在市场约束下，银行有维持资本充足的内在激励（Acharya，1988）。但是，由于信息不对称等导致的市场失灵，以及银行挤兑的传染效应和负外部性极大，世界各国基本建立了以资本充足率为核心的银行监管机制。2008 年金融危机后，很多监管机构和专家都提出了强化货币市场基金资本监管的建议。例如，2012 年，美国金融稳定监管委员会（FSOC）提出让货币市场基金建立资本缓冲⑤。资本缓冲是一个"独立"的资产池，在货币市场基金遭受本金损失时用于补充资本，使单位资产净值回归 1 元面值（FSOC，2012），可作为稳定单位资产净值的机制（Squam Lake Group，2011）。

但是，由于货币市场基金投资者可以赎回股份的法律结构，通过强化资本监管、防范挤兑不具可行性。银行资本监管的基本前提是，银行的股东不允许退股，资本"不会缩减"，资本是吸收银行损失的"第一道防线"。银行必须维持充足的资本，如果资本充足率低于一定水平，监管机构还会要求其启动恢复计划，及时补充资本。而货币市场基金投资者随时赎回的机制，本质上是允

---

⑤ FSOC 提出了两个建议：一是建立总资产 1% 的小额资本缓冲，并与最低在险余额（minimum balance at risk）相结合；二是建立 3% 的资本缓冲并与投资组合的多样化、信息披露和流动性要求相结合。另见 Hanson et al.（2015）。

许股东随时退股，因此货币市场基金的资本就处于时刻变化之中。在遭遇挤兑时，投资者不仅不会"留下来"吸收损失，而且会加速挤兑，保全自身利益。挤兑使货币市场基金的资本迅速减少，剩余的投资者不仅要承担其他投资者挤兑带来的损失，还要承担资产流动性不佳导致的价差损失，没有投资者会愿意成为"损失吸收者"，所有投资者都希望尽快赎回。在此情况下，即使有缓冲资本也难以缓解挤兑。

不仅如此，建立资本缓冲还存在技术上的障碍：一是公平对待所有投资者的问题。货币市场基金的资本缓冲是按一定比例从基金总资产中提取出来并在单独账户中记录的资本，只有在单位资产净值偏离到一定程度或者基金最终清盘时才可以动用。理论上讲，资本缓冲归 T 日的所有投资者拥有，却要到动用资本缓冲的（T＋C）日才属于所有投资者拥有的可分配财产。在计算 T 日的单位资产净值时，货币市场基金的总资产并不包含资本缓冲，也就是说，在（T＋C）日之前赎回的投资者参与了资本缓冲的建立，但并不享有这部分资产的权益，这与公平对待所有股东的基本原则存在冲突（EFAMA，2012）。二是资本缓冲的规模。只有资本缓冲的规模足够大，才能维护投资者的信心，消除"先发制人"的行为倾向，而大规模资本缓冲将给投资者带来过高成本，对收益率本就不高的货币市场基金来说，这可能侵蚀其所有的投资收益。以规模不可能足够大的资本缓冲给投资者提供的"安全感"，不仅可能是虚幻的，还可能引发道德风险。三是动用资本缓冲的触发条件设定。如果触发条件过于严格，则难以达到缓解"先发制人"冲动的目的；如果过于宽松，则可能频繁触发，会影响市场的稳定预期。权衡下来，美国证监会认为，资本缓冲带来的危害可能大于其收益（Gallagher，2014），最终未被采纳。2020年12月，美国总统金融市场工作小组（PWG）重提建立资本缓冲。2021年12月，美国证监会指出，资本缓冲存在的技术难题以及较高的间接成本，也难以应对 2020 年 3 月市场压力时期的挤兑问题（SEC，2021）。

2. 调整估值方法，降低"准货币化"属性

当私人部门提供的准货币类资产成为支付工具时，它们面临的挤兑风险以及管理人抛售资产导致的外部性，会增加金融体系的脆弱性（Greenwood et al.，2015，2017）。为此，实行浮动估值，降低货币市场基金的准货币属性，成为一些国际组织的改革建议（FSB，2011；FSOC，2012；IOSCO，2012）。

美国的改革要求货币市场基金定期核算影子价格（shadow price），实行摆动估值法（swing pricing）。所谓摆动估值法是指货币市场基金要定期根据市场公允价格，计算资产组合的影子价格，根据影子价格计算基金资产净值。当基金资产净值与"摊余成本法"计算的基金资产净值的偏离度绝对值达到或超过 0.25% 时，应根据风险控制的需要调整组合。如果偏离度绝对值达到或超过 0.5%，货币市场基金的董事会要采取措施使价值回到面值（SEC，2014a）⑥，即摆动估值法。

2012 年，美国总统金融市场工作委员会小组的报告指出，美国证监会 2010 年的改革不够充分、到位，并进一步提出了货币市场基金实行浮动估值法的建议（PWG，2020）。2012 年《多德－弗兰克法案》颁布后，金融稳定监督委员会提出货币市场基金的系统性影响仍然存在，进而敦促美国证监会从浮动估值等方面强化监管（FSOC，2012），时任财政部长盖特纳也援引总统金融市场工作小组的建议，并提出了类似的主张（Geithner，2012），还强硬地督促美国证监会采取进一步改革措施，时任美联储主席伯南克（Bernanke，2012）和存款保险公司前主席也建议实行浮动估值法（Bair，2013）。为此，在 2014 年美国证监会出台的改革方案中，除政府型货币市场基金⑦和零售优质型货币市场基金⑧外，信息敏感程度更高（Gallagher et al.，2020）的"机构投资者优质货币市场基金"⑨ 以及机构免税型货币市场基金⑩都实行浮动估值（SEC，2014b）。欧盟的改革也是一样，只允许"单位资产净值固定型货币市场基金"（Constant NAV MMF，简称 CNAV MMF）使用固定估值。

美国 2014 年的改革从宣布到 2016 年 10 月正式实施的两年时间里，优质

---

⑥ 1971—2008 年，只有一只货币市场基金"偏离 1 美元"。1994 年，Community Bankers US Government Fund 因投资衍生品遭受损失而跌破面值，该基金被迫清算。

⑦ 政府型货币市场基金（Government Money Market Fund，GMMF）需要将超过 99.5% 的资产投资于现金和政府债券及其回购，而且如果因赎回导致低于该比例，则不能购买其他资产直至满足要求为止。

⑧ 零售优质型货币市场基金（Retail Prime Money Market Fund，RPMMF）仅向零售客户销售，投资于非政府债券以及以其作为质押的回购的比例低于 99.5%。

⑨ 机构投资者优质型货币市场基金（Institutional Prime Money Market Fund，IPMMF）仅向机构投资者销售，投资于非政府债券以及以其作为质押的回购的比例低于 99.5%。

⑩ 机构免税型货币市场基金（Institutional Tax-exempt Money Market Fund，TEMMF）仅向机构投资者销售，可以投资于免税型政府债券以及以其作为质押的回购。

型货币市场基金⑪的总资产缩水了 1.2 万亿美元（降低了 69%），免税型货币市场基金⑫则减少了约 1 200 亿美元（降低了 47%），资产向政府型货币市场基金转移（PWG，2020），反映出各类投资者对固定估值货币市场基金的偏好。在 2020 年 3 月的危机中，无论是机构还是散户投资者都出现了大规模挤兑并"逃向高质量资产"的现象，优质型货币市场基金的规模缩减 30%，其中零售优质型货币市场基金也缩减了 10%。

2020 年新冠疫情期间的挤兑，是对美国和欧盟 2008 年金融危机之后实施的货币市场基金改革措施的一次检验，也说明了浮动估值并不能克服挤兑风险。有学者（Gordon and Gandia，2014）指出，采用浮动估值对投资者的赎回行为没有统计上的显著影响。尽管如此，2020 年 12 月美国总统金融市场工作小组仍然建议进一步缩小固定估值的范围，对零售优质型货币市场基金也实行浮动估值制度，仅允许政府型货币市场基金使用固定估值（PWG，2020）。2021 年，美国证监会再次建议对机构投资者优质货币市场基金和机构免税型货币市场基金实行摆动估价法，其目的在于，将赎回产生的流动性成本公平地分摊给赎回投资者，尤其是在市场压力时期，缓解投资者的"先发制人"动机（SEC，2021）。

3. 流动性监管与"赎回门槛"制度

2008 年金融危机之后，开放式基金的流动性风险管理问题引起了国际监管组织和各国监管部门的重视，金融稳定委员会（FSB）于 2017 年 1 月发布了《应对资产管理业务结构脆弱性的政策建议》，就开放式基金的流动性管理以及应急机制提出了建议（FSB，2017），其中最受关注的是货币市场基金的流动性风险。

强化流动性监管主要有两方面的措施：一是提高了资产组合持有的流动性

---

⑪ 优质型货币市场基金（Prime Money Market Fund，PMMF）投资于非政府债券以及以其作为质押的回购的比例低于 99.5%，又可以分为仅向机构投资者发行的机构优质型货币市场基金和仅向零售客户销售的零售优质型货币市场基金。

⑫ 免税型货币市场基金（Tax Exemption Money Market Fund，TEMMF）投资于免税债券以及以其作为质押的回购，又可以分为仅向机构投资者发行的机构免税型货币市场基金和仅向零售客户销售的零售免税型货币市场基金。

资产的监管要求。例如，2010 年美国的改革，提出了日流动性资产⑬比例大于 10% 和周流动性资产⑭比例大于 30% 的要求。

二是基于流动性要求，建立了暂停赎回期和收取"流动性费用"（liquidity fees，即"赎回门槛"制度）。暂停赎回期是一个"冷却期"，在此期间投资者也可能会理性看待市场状况，而不是盲目加入挤兑，这样，挤兑恐慌有可能会自然消退（SEC，2014b）。同时，货币市场基金持有的资产会相继到期，流动性会"有机增长"，管理人可以有时间从容应对挤兑。收取流动性费用，让"先发制人"抢先赎回的投资者交纳额外费用，承担"先发制人"的成本或负外部性，促使挤兑的"外部性内部化"，弱化挤兑激励和对剩余投资者的影响。

美国《1940 年投资公司法》第 22（e）节第（3）条设定了暂停赎回的规则，即遇到大额赎回可以最多延迟 7 日支付赎回款。暂停赎回是对货币市场基金投资者随时赎回的权利进行限制，是货币市场基金保持资本和损失吸收能力的一种方式。但是，在现实中，如果一只货币市场基金宣布暂停赎回，发起人、管理人的声誉会受到很大影响，他们更倾向于选择"私下"处理，即抛售资产以应对赎回，而不是宣布暂停赎回。此时，管理人会优先选择出售流动性好、质量高的资产，这会对剩余资产的总体流动性和质量产生负面影响。如果在市场压力时期采用抛售资产的方式，则对剩余投资者利益的损害更大。

2005 年 3 月，美国证监会修改了"赎回门槛"规则，允许货币市场基金收取不超过赎回金额 2% 的流动性费用。⑮ 2014 年，美国证监会在确定了货币市场基金流动性监管指标后，又建立了与流动性挂钩的流动性费用等制度，即

⑬　根据 17 CFR Parts 270 Rule 2a－7（a）（8），日流动性资产（Daily Liquid Assets，DLA）包括：（i）现金，（ii）美国政府的直接债务，或（iii）在一个工作日内到期或可以行使支取权和可以支付的证券。

⑭　根据 17 CFR Parts 270 Rule 2a－7（c）（32），周流动性资产（Weekly Liquid Assets，WLA）包括：（i）现金，（ii）美国政府的直接债务，（iii）在五个工作日内到期或可以行使支取权和可以支付的证券，或（iv）由美国政府控制或监管的机构发行的有折扣且到期日偿还的剩余期限在 60 日之内的证券。

⑮　Mutual Fund Redemption Fees，Investment Company Act Release No. 26782（Mar. 11，2005）［70 FR 13328（Mar. 18，2005）］，但是，此规则的目的主要是以赎回费用"惩罚"短线交易（Scott，2012）。

流动性风险较高的机构优质型货币市场基金和机构免税型货币市场基金如果出现以下两种流动性资产比例下降的情形，其董事会就可以决定：一是收取流动性费用，当周流动性资产降至 30% 以下时，对赎回收取不超过 2% 的流动性费用，直到周流动性资产恢复到 30% 的水平；在周流动性资产低于 10% 时，必须评估货币市场基金的流动性，并收取 1% 的流动性费用，直到董事会决议可对赎回费用进行上下调整。二是暂停赎回，在周流动性资产降至 30% 以下时，可以在 90 天内设置最长不超过 10 天的暂停赎回期，即赎回门槛制度（SEC，2014b）。2017 年，欧盟的改革方案，也同样授权货币市场基金的董事会在流动性低于一定水平时，可以决定收取赎回流动性费用或暂停赎回（EU，2017）。2015 年，中国人民银行和中国证监会联合发布的《货币市场基金监督管理办法》也建立了类似的制度。[16]

在 2014 年引入"赎回门槛"时，就有反对的声音，理由包括：赎回门槛不仅不能消除"先发制人"行为的动机，还可能加剧这种行为倾向（Cipriani and La Spada，2021）和危机时期的挤兑（Hanson et al.，2015）。这是因为在市场压力时期，投资者"逃向"质量更高、流动性更好或透明度更高的证券和基金的激励会进一步增强，从而加剧挤兑（Stein，2014）。当时，虽然美国证监会也承认这两项改革措施的效果难以预测，但仍然相信这些措施可以让货币市场基金更好地管理大额赎回并防止挤兑蔓延（SEC，2014b）。但是，在 2020 年 3 月新冠疫情冲击时期，投资者担心很多货币市场基金，尤其是优质型货币市场基金在周流动性资产接近或降至 30% 时，可能随时宣布启动"赎回门槛"，就"先行"加入挤兑行列，从而导致货币市场流动性紧张和市场恐慌加剧（PWG，2020），美联储不得不为货币市场基金提供紧急流动性救助。"赎回门槛"引发的挤兑，类似于股票价格涨（跌）停限制的磁石效应（magnet effect），在市场价格逼近涨（跌）停限制时，投资者对流动性的担忧会"诱使"他们提前兑现流动性，以涨（跌）停的价格报单，导致价格迅速向涨（跌）停的价格逼近。为此，2020 年 12 月美国总统金融工作小组

---

[16] 《货币市场基金监督管理办法》（2015 年证监会令〔第 120 号〕）第十七条规定，当货币市场基金持有的现金、国债、中央银行票据、政策性金融债券以及 5 个交易日内到期的其他金融工具占基金资产净值的比例合计低于 5% 且偏离度为负时，基金管理人应当对当日单个基金份额持有人申请赎回基金份额超过基金总份额 1% 以上的赎回申请征收 1% 的强制赎回费用，并将上述赎回费用全额计入基金财产。

的报告提出，将"赎回门槛"与流动性监管"脱钩"（PWG，2020）。2021年，美国证监会在《货币市场基金改革（征求意见稿）》中提出的第一项建议便是"取消流动性收费和赎回门槛"，原因在于"赎回门槛"制度在市场压力时期反而加剧了"先发制人"，投资者担心启动"赎回门槛"会丧失流动性或者需要支付流动性费用，进而希望更快地实现流动性，而货币市场基金为应对赎回被迫抛售资产，也加剧了市场下跌，并引发了一系列连锁反应（SEC，2021）。

在2020年新冠疫情引发的危机中，流动性不高的货币市场基金遭受挤兑的情况更加严重（Li et al.，2020），这表明各类投资者对风险都是敏感的，尤其是在危机时机，流动性风险较高的基金更容易遭遇挤兑。为此，2021年，美国证监会提出进一步提高资产组合的流动性要求，将日流动性资产比例从10%提高到25%，周流动性资产比例从30%提高到50%（SEC，2021）。

4. 资产监管

2008年之后货币市场基金改革的重点之一是降低资产组合的利率风险和信用风险（SEC，2010），作为事前监管措施（FSB，2017）[17]，资本监管可以缓解货币市场基金的期限错配，降低单位资产净值偏离面值的可能性。

2010年，美国证监会修改了2a-7规则：一是提高货币市场基金持有高质量资产的比例，货币市场基金持有二级证券[18]的比例从5%降到3%。二是提高分散度要求，货币市场基金持有单一发行人发行的二级证券的比例从1%或低于1万美元降到低于0.5%。三是缩短久期，货币市场基金资产组合的加权平均到期天数，从没有规定到设定为最多不超过120天，持有的二级证券到期日从397天缩短到45天。四是建立定期压力测试制度。

美国2014年的改革进一步提高了对政府型货币市场基金和零售优质型货

---

[17] 金融稳定委员会针对开放式基金的结构脆弱性（structural vulnerability）提出了防范期限错配的事前监管措施，包括缩短投资期限、赎回周期（即投资者从提出赎回到收到现金的时间）、基金的杠杆、操作风险、证券借贷几个方面。

[18] 17 CFR Parts 270 Rule 2a-7（c）（3）（ii）和（c）（4）（i）（C）。二级证券是指符合以下条件的证券：获得评级的证券，获得全国认证统计评级机构（Nationally Recognized Statistical Ratings Organizations，NRSROs）最高短期债务评级的证券；如果未评级，则由基金董事会确定为具有可比质量的证券。

币市场基金资产组合质量的要求。2013 年，欧盟实施的货币市场基金改革，对资产组合的监管措施与美国大致相同。[19] 中国的货币市场基金监管改革，重点也是强化对资产组合风险的管理。[20] 此前，欧盟的改革也是一样，只允许"单位资产净值固定型货币市场基金"使用摊余成本法估值，同时提出了更加严格的资产组合质量要求。

三、货币市场基金挤兑的系统性影响

系统性风险是传染性、外部性极高的金融风险，危机中风险"传染"的重要枢纽就是货币市场基金，这也集中暴露了该类基金挤兑与银行挤兑同样具有"自我实现"的系统性影响（Chen et al. ，2010）。

2008 年 9 月 15 日，雷曼公司破产，持有该公司商业票据的主要储备基金净值跌破 1 美元面值（Investment Company Institute，2009），在主要储备基金遭到巨额赎回后，引发了其他货币市场基金的大规模挤兑，在一周时间里，美国货币市场基金遭遇了 3 000 亿美元的巨额赎回，总资产规模下降了 14%。货币市场基金挤兑还引发了其他共同基金的大规模赎回和抛售，沉重打击了资产

[19] 一是划分货币市场基金的类型，并实行不同的监管制度。可将货币市场基金分为四类：（1）短期单位资产净值可变型货币市场基金（short-term variable NAV MMF）；（2）标准单位资产净值可变型货币市场基金（standard variable NAV MMF）；（3）公共债务单位资产净值固定型货币市场基金（public debt constant NAV MMF）；（4）低波动单位资产净值货币市场基金（low volatility NAV MMF）。第三类和第四类货币市场基金的主要区别在于：（1）前者必须将其 99.5% 的资产投资于政府证券；（2）前者可以使用现有的摊余成本法估值，后者只能对剩余期限在 75 天之内的资产以及与市场价格相差 10 个基点以内的资产使用摊余成本法。（3）前者不受任何监管流动性要求的限制，尽管许多货币市场基金出于评级机构要求、行业机构要求等与美国的货币市场基金保持一致而采用流动性限制。第三类和第四类货币市场基必须具备以下条件：日到期资产占净资产的 10% 和周到期资产占净资产的 30%，但 17.5% 可以是剩余期限小于 190 天的政府债券。如果这两类基金的每周到期资产比例低于 30% 的门槛，且单个工作日的每日净赎回额超过总资产的 10%，董事会必须考虑是收取流动性费用、赎回门槛还是暂停赎回。如果每周到期资产的比例低于 10%，董事会必须暂停赎回或收取流动性费用。如果在 90 天内，暂停的总持续时间超过 15 天，两类基金将自动取消资格。Regulation (EU) 2017/1131 of The European Parliament and of The Council of 14 June 2017 on Money Market Funds (2017). Retrieved from https：//eur – lex. europa. eu/eli/reg/2017/1131/oj.

[20] 《货币市场基金监督管理办法》（2015 年证监会令〔第 120 号〕）规定货币市场基金的资产组合投资标的包括：一是合格标的，即现金以及期限在 1 年以内（含 1 年）的银行存款、债券回购、中央银行票据、同业存单。二是组合的久期平均剩余期限不得超过 120 天，平均剩余存续期不得超过 240 天。三是信用等级需在 AA + 及以上。

价格和市场信心。金融资产价格下跌导致所有金融机构的资产负债表恶化，进而引发了金融机构等市场参与者的集体性抛售，从事对冲和信用交易的投资者要么被强行平仓，要么需要补充担保品，进一步触发了融资螺旋（funding spiral）和流动性螺旋（liquidity spiral）的交互影响。在挤兑潮中，货币市场基金大量抛售商业票据等货币市场工具，价格螺旋与融资螺旋相互交织，货币市场一度陷入停顿（Brunnermeier and Oehmke，2012）。2008 年 9 月，很多货币市场基金为应对挤兑，不得不抛售资产，抛售的商业票据就达 2 000 多亿美元，占比达到29%，票据市场一度陷入瘫痪，金融危机迅速向实体经济蔓延（Manconi et al.，2012）。

当前，货币市场已经成为全球金融机构、政府和企业最主要的短期资金融通场所，它们通过发行商业票据等获得低成本的短期资金，货币市场融资的便利性也使整个融资者期限错配严重，而且需要频繁地滚动发行、"借新还旧"。这样一来，货币市场的持续稳健运转就成为保证整个经济正常运转的"基础设施"。一旦货币市场不能持续提供融资功能，其影响就远远不止金融机构本身，而且会外溢到实体经济，有很强的传染性（Jackson and Pernoud，2021）。在 2011 年的欧洲主权债务危机中，货币市场基金也遭遇了巨额赎回并产生连锁反应（SEC，2012）。2011 年 6 月至 8 月欧债危机爆发期间，恐慌情绪蔓延，欧洲货币市场基金的赎回总量超过 1 800 亿欧元，影响了实体经济的货币市场融资（Chernenko and Sunderam，2014）。投资者赎回规模较大的是优质型货币市场基金，而后逃向高质量的政府型货币市场基金（Chernenko and Sunderam，2014；Kacperczyk and Schnabl，2013）。2020 年 3 月受新冠疫情冲击，货币市场基金挤兑和资产抛售也引发了货币市场危机，3 月 23 日美国商业票据发行利率飙升了90%，利差扩大，实体经济和一些金融机构的融资受阻。

这几次货币市场基金挤兑，在传染路径和影响上还具有相似性。一是挤兑从资产质量相对低的货币市场基金开始，并向高质量的货币市场基金蔓延。2008 年和 2020 年挤兑都是从优质型货币市场基金开始的，并波及其他货币市场基金，这些基金抛售资产引发了货币市场工具的价格下跌，并通过市场信心等多方面的传染，致使危机波及更广的领域（McCabe，2010）。二是资产流动性较差的货币市场基金更容易遭遇挤兑。流动性越差的货币市场基金抛售资产后，剩余资产的质量和流动性恶化愈加严重，剩余投资者利益受损越大，投资者"先发制人"的动机越强烈。2007 年 7 月到 2008 年 6 月，德国流动性最差的 25% 的货币市场基金净流出量约占总流出量的 60%。三是没有得到救助的基金，挤兑更严重。2008 年危机救助中，那些没有得到政府救助的货币市场基金不仅挤兑严重，而且抛售资产对其净值的影响更大，例如，收益增强型（Yield Plus）基金的净值跌至 0.97 美元，国际流动型（International Liquidity）基金更是跌至 0.91 美元。

格林斯潘（1996）曾指出："连锁反应的可能性永远存在，如果不加以制止而任其蔓延，一连串的违约将导致金融崩溃。"2008 年 9 月 19 日，面对货币市场基金挤兑及其严重的外部性，美国财政部（2008）出台临时担保计划，为根据 2a－7 规则设立的所有货币市场基金提供了为期 1 年的担保，美联储推出资产支持商业票据货币市场基金流动性工具（AMLF）、商业票据融资工具（CPFF）等多项措施为市场提供流动性，才逐步遏制住货币市场基金的挤兑和资产抛售。

在银行体系面临挤兑时，最后贷款人可以为银行系统提供流动性支持（Thornton，1802），从而大大降低银行挤兑发生的概率（Goodhart，1988）[21]，戴蒙德－迪布维格的建议则是建立存款保险制度。央行和财政部门对货币市场基金的救助，在 2008 年金融危机和 2020 年货币市场危机中都起到了关键作用。2020 年 3 月，美联储和美国财政部的疫情应对措施快速启动。第一项措施就是 3 月 18 日对货币市场基金的流动性救助，美联储通过货币市场基金流动性工具（MMLF）提供流动性救助，还缩小了商业票据等货币市场工具的利差，保障了货币市场的正常运行，确保实体经济的融资需求得以满足（Li et al.，2020）。

2008 年金融危机之后，国际组织和各国监管部门高度重视货币市场基金挤兑。2011 年，金融稳定委员会在《加强对影子银行的监督和监管》报告中指出，由于货币市场基金具有流动性转换和期限转换的功能，且货币市场是政府、金融机构和实体经济的重要短期资金筹集场所，应将货币市场基金作为影子银行加以监管（FSB，2011）。[22] 另外，货币市场基金在货币政策传导中影响较大，对金融市场稳定和经济健康稳定发展具有重要影响（Gorton and Metrick，2010；Xiao，2020），而它又缺乏银行存款保险机制和最后贷款人的流动

---

[21] 另一项制度就是存款保险制度（Diamond and Dybvig，1983）。

[22] 到 2011 年底，货币市场基金持有 40% 以美元计价的金融公司票据和 1/3 的可转让存单，欧洲一半 1 年期以下债务工具都由货币市场基金持有（IOSCO，2012）。

性救助机制，因此货币市场基金挤兑问题更需要引起重视（FSB，2011）。

2008 年金融危机后，在反思货币市场基金挤兑的系统性影响的过程中，有人建议引入央行或者财政部门的常规救助措施，例如对货币市场基金建立类似于银行的常规性流动性救助机制（Stevens，2011），或者实施类似银行的监管措施（PWG，2020）。但是，各界对 2008 年金融危机中最后贷款人和存款保险制度带来的道德风险高度警觉，以致这些建议难以被采纳。

2020 年 3 月新冠疫情危机过后，出现了建立"私人货币市场基金救助"的建议。美国总统金融市场工作小组（2020）提出：一是可以建立"会员制"的"流动性交换银行"（liquidity exchange bank，LEB）。流动性交换银行由货币市场基金或其发起人出资或持续缴费建立，类似于中央银行的贴现窗口，可以通过购买成员货币市场基金的资产等方式提供流动性救助。但是，流动性交换银行也面临规模、救助条件、监管机制、是否可以从央行获得流动性救助等一系列问题，道德风险同样是各界关注的焦点。二是引入货币市场基金发起人的"自救"机制，即在市场压力时期或面临挤兑时，发起人为货币市场基金提供稳定价格和流动性支持。然而，这里同样面临货币市场基金法律结构的制约，发起人与货币市场基金是独立的法律主体，不得也不应承担货币市场基金的损失，例如，美国《联邦储备法案》第 23 条就限制银行与其作为发起人的货币市场基金及其关联公司的关联交易。历史上和 2008 年金融危机期间，一些国家的货币市场基金的发起人或管理人虽然曾经为货币市场基金提供过资金和流动性支持[23]（Schapiro，2012；Shilling and H. Silva，2012；Shilling et al.，2010），但这种救助往往是出于维护其自身声誉的考虑，既不是法律义务，也不是公开进行的。2020 年 3 月新冠疫情引发的危机中，美联储、联邦存款保险公司（FDIC）和货币监理署（OCC）临时解除了对银行支持其发起的货币市场基金的限制，美国证监会也突破了利益冲突等监管限制，允许发起人救助其发起的货币市场基金。

尽管如此，该建议还是受到了较大质疑：一是私人救助的规模有限，如遇大额挤兑，发起人也无力救助；二是"默示"的发起人支持机制（implicit sponsor support）本身具有较大的不确定性，而且投资者还会误以为货币市场

---

[23] 美国证监会前主席 Mary L. Schapiro 曾指出，从 20 世纪 70 年代第一只货币市场基金成立以来，有 300 多次发起人的救助行为。

基金是"刚性兑付",会加剧道德风险。㉔ 三是如果建立"明示"的发起人支持机制（explicit sponsor support），不仅会加剧道德风险，产生对发起人及货币市场基金的"过度信任"，可能使货币基金市场向发起人"背景"强大的货币市场基金集中，在增加系统性影响的同时，还可能出现"大而不能倒"的问题（IOSCO，2012）。美国证监会于2021年发布的《货币市场基金改革》㉕，没有采纳发起人自救的建议。

四、监管建议

2008年金融危机后，国际组织和各国监管当局高度重视货币市场基金挤兑及其系统性影响㉖，围绕资产监管、流动性监管及门槛、估值制度进行了改革。但是，在2020年3月新冠疫情冲击下，再次发生了大范围、大规模货币市场基金挤兑，这不仅表明了其内生的脆弱性，也说明前期的改革未能有效解决挤兑问题，新一轮货币市场基金监管制度改革已经提上议事日程。基于货币市场基金的法律结构、内生脆弱性以及可供选择的监管措施，本文提出如下建议。

1. 总体建议

开放式基金允许持有人（股东）"退股"，资本处于时刻变动的状态，这既是包括货币市场基金在内的所有开放式基金的内生脆弱性之根源，也使得资本监管存在制度和技术障碍，无法将银行资本充足性等监管机制简单移植到开放式基金。采用摊余成本法和固定面额赎回的货币市场基金，投资者"先发制人"的行为倾向更为显著，挤兑以及连锁反应和系统性影响很大。对于货币市场基金的挤兑或流动性问题，也不宜通过中央银行的流动性救助或存款保险机构等机制缓解，这会引发"货币市场基金不能倒"等问题。"私人部门"建立的流动性救助或保险机制，不仅同样面临制度和技术障碍，而且可靠性和市场信心的维护力度也不够，难以有效防范挤兑。

㉔ Money Market Fund Reform，17 CFR Parts 230，239，270，274 and 279 Stat.（2014）.

㉕ SEC（2021），SEC Proposes Amendments to Money Market Fund Rules，https：//www.sec.gov/news/press－release/2021－258.

㉖ IOSCO.（2012）. *Policy Recommendations for Money Market Funds*. Retrieved from www.csrc.gov.cn/pub/csrc_en/affairs/AffairsIOSCO/201210/P020121010500138903810.pdf.

对于实行固定估值的货币市场基金，防范挤兑的最重要手段应该是强化资产监管标准，包括提高资产组合的信用等级、提高分散度、缩短久期，降低资产组合的利率风险、信用风险和流动性风险，降低资产组合偏离面值的可能性。同时，强化对货币市场基金运作的日常监督，建立定期压力测试制度，强化对估值偏离度的监控，同时引入摆动估值法。

对于持有超过一定比例的信用风险金融工具的货币市场基金，建议实行浮动估值法。实行浮动估值法的基金都不得使用"货币市场基金"的名称，即只有高比例持有政府债券且固定估值的，才能使用"货币市场基金"的名称。

2. 中国货币市场基金的特殊性和相关监管建议

中国货币市场基金尽管没有发生过欧美市场 2008 年和 2020 年那样的大规模挤兑，但是也曾发生单位资产净值较大幅度偏离面值和类似挤兑的情形。[27] 中国人民银行在 2014 年的《中国金融稳定报告》中指出中国货币市场基金存在内生脆弱性以及类似于存款挤兑的风险，2018 年的《中国金融稳定报告》又专门讨论了货币市场基金流动性风险防范的问题。

中国货币市场基金与欧美货币市场基金有以下几个方面的不同：

一是资产组合"质量要求低"。2008 年之后，欧美货币市场基金改革都提高了该类基金的资产监管标准。相比而言，中国货币市场基金投资于具有信用风险的金融工具的比例更高，久期也更长。[28]

---

[27] 2016 年 11 月，货币市场短期资金价格攀升较快，货币市场基金承受较大净赎回，一个月内规模下降幅度达 13%（中国人民银行，2018）。

[28] 《货币市场基金监督管理办法》（2015 年证监会令〔第 120 号〕）第四条：货币市场基金应当投资于以下金融工具：（一）现金；（二）期限在 1 年以内（含 1 年）的银行存款、债券回购、中央银行票据、同业存单；（三）剩余期限在 397 天以内（含 397 天）的债券、非金融企业债务融资工具、资产支持证券；（四）中国证监会、中国人民银行认可的其他具有良好流动性的货币市场工具。第五条：货币市场基金不得投资于信用等级在 AA + 以下的债券与非金融企业债务融资工具。第九条：货币市场基金投资组合的平均剩余期限不得超过 120 天，平均剩余存续期不得超过 240 天。2020 年 6 月 11 日，中国银保监会、中国人民银行联合发布《关于规范现金管理类理财产品管理有关事项的通知》（银保监发〔2021〕20 号），明确了这类产品的监管要求，《通知》整体上与货币市场基金等同类资管产品监管标准即《货币市场基金监督管理办法》保持一致。

表1　美国2010年和2014年改革后的货币市场基金监管制度

MMF 的类型	NAV 估值	日流动性要求	周流动性要求	资产组合信用质量	流动性费用	赎回门槛
政府	固定	≥10%	≥30%	仅限于政府债	无	无
机构优先	浮动	≥10%	≥30%	较低信用风险	≤2%	在90天内最多10个交易日
零售优先	固定	≥10%	≥30%	较低信用风险	≤2%	在90天内最多10个交易日
机构免税	浮动	无	≥30%	较低信用风险	≤2%	在90天内最多10个交易日

注：2014年美国证监会的货币市场基金改革措施要求，如果基金的周流动性资产低于其总资产的30%，所有优质型货币市场基金和免税型货币市场基金可以决定在90天内暂停最多10个工作日的赎回（也称"赎回门槛"），或对赎回收取2%的流动性费用。

表2　中国货币市场基金及现金管理类理财产品监管制度

MMF 的类型	NAV 估值	日流动性要求	5日流动性要求	资产组合信用质量与久期	流动性费用	赎回门槛
所有 MMF、产品名称中使用"货币""现金""流动"等类似字样的现金管理类理财产品	固定	≥5%	≥10%	（一）现金；（二）期限在1年以内（含1年）的银行存款、债券回购、中央银行票据、同业存单；（三）剩余期限在397天以内（含397天）的债券、非金融企业债务融资工具、资产支持证券。投资组合的平均剩余期限120天，平均剩余存续期240天。	5日流动性资产比例低于5%且偏离度为负时，对超过总份额1%以上的赎回申请征收1%的强制赎回费用	可以暂停赎回，不与流动性指标挂钩

注：涉及《货币市场基金监督管理办法》（2015年证监会令〔第120号〕）和《关于规范现金管理类理财产品管理有关事项的通知》（银保监发〔2021〕20号）的规定。2017年，中国证监会颁布的《公开募集开放式证券投资基金流动性风险管理规定》（证监会公告〔2017〕12号）第八章货币市场基金特别规定中，对持有人集中度高的货币市场基金提出了更严格的流动性管理要求，不过未在表中体现。

　　二是全部货币市场基金都实行固定估值，未对持有较高比例具有信用风险的金融资产的货币市场基金实行浮动估值。

　　三是中国货币市场基金的流动性风险更高。中国货币市场基金实行 T + 1

赎回，但现实中，一些货币市场基金开始实行 T + 0 快速赎回（当日赎回），还有一些可以用作互联网支付平台的实时支付工具（实时赎回）。当日赎回和实时赎回意味着货币市场基金的流动性要求更高，需要持有充足的现金或优质的日流动性资产。这类货币市场基金往往通过银行等基金销售机构提供的隔夜融资等融资方式"向投资人提供快速赎回等增值服务"㉙，这就形成了货币市场基金或其管理人与基金销售机构之间的借贷关系，以及与互联网支付平台、互联网销售平台之间复杂的结算支付关系。一旦这类货币市场基金遭遇挤兑，其流动性风险可能迅速向银行等销售机构传染，并可能蔓延至整个金融市场。㉚ 2018 年证监会发布《关于进一步规范货币市场基金互联网销售、赎回相关服务的指导意见》，规定基金管理人、销售机构等不得为"T + 0 赎回提现业务"提供垫支，并且设置了单个投资者单日单只货币市场基金 1 万元的 T + 0 赎回提现上限。㉛ 但是，在实际操作中，依然存在大量规避监管、有令不行的情况。

　　四是"准货币属性"更强。相比传统的货币市场基金，可以用作"实时支付"工具的货币市场基金（以下简称支付类货币市场基金），成了"私人"提供的支付工具。支付类货币市场基金既拥有活期存款的支付功能又拥有高于

㉙　《货币市场基金监督管理办法》（2015 年证监会令〔第 120 号〕）第二十三条：基金管理人、基金销售机构、基金销售支付结算机构以及互联网机构在从事或者参与货币市场基金销售过程中，向投资人提供快速赎回等增值服务的，应当充分揭示增值服务的业务规则，并采取有效方式披露增值服务的内容、范围、权利义务、费用及限制条件等信息。

㉚　在开放式基金面临巨额赎回的情况时，作为"事后措施"，可以通过借贷满足流动性需要，防止抛售和对市场的冲击。但以隔夜（甚至是实时）融资为货币市场基金提供持续的流动性支持是国际市场极少采取的做法，对于投资期限与赎回周期的期限错配问题，也是需要特别注意的。尤其要重视在市场压力时期，这种错配导致的风险以及对金融市场的外溢性影响，另参见 FSB（2017）。

㉛　《关于进一步规范货币市场基金互联网销售、赎回相关服务的指导意见》（证监会公告〔2018〕10 号）第二条：（一）对单个投资者在单个销售渠道持有的单只货币市场基金单个自然日的"T + 0 赎回提现业务"提现金额设定不高于 1 万元的上限。自本指导意见施行之日起，新开展的"T + 0 赎回提现业务"应当按照前述要求执行，自 2018 年 7 月 1 日起，对于存量的"T + 0 赎回提现业务"，相关机构应当按照前述要求完成规范整改；（二）除具有基金销售业务资格的商业银行外，基金管理人、非银行基金销售机构等机构及个人不得以自有资金或向银行申请授信等任何方式为货币市场基金"T + 0 赎回提现业务"提供垫支，任何机构不得使用基金销售结算资金为"T + 0 赎回提现业务"提供垫支。自本指导意见施行之日起，新开展的"T + 0 赎回提现业务"应当按照前述要求执行，自 2018 年 12 月 1 日起，对于存量的"T + 0 赎回提现业务"，相关机构应当按照前述要求完成规范整改。

活期存款的收益，成为活期存款的"替代"性金融工具，在"存款搬家"的竞争压力下，银行也推出了 T+0 现金管理类理财产品。

五是建立了"明示"的管理人及其股东为货币市场基金提供救助的制度。我国的《货币市场基金监督管理办法》规定，遇到金融工具出现兑付风险、巨额赎回、流动性压力、负偏离度绝对值超过 0.25% 等极端情形，基金管理人及其股东可以使用固有资金弥补基金潜在资产损失或从货币市场基金购买金融工具[32]。这是"明示"的管理人及其股东对货币市场基金面值赎回的"保障机制"，与《证券投资基金法》关于基金与管理人资产独立的规定不相符，强化了货币市场基金"准货币化"的幻觉，助长了该类基金的扩张，并使这类基金管理人在竞争中更具优势，进而更容易导致货币市场基金的集中。这种机制容易使投资者对具有"强大"股东背景的管理人产生类似于"大而不能倒"的幻觉。

六是集中度高。除了股东背景等导致的货币市场基金向少数管理人集中，具有互联网平台公司背景的管理人在监管套利中建立的支付类货币市场基金在竞争中也更具优势。2014 年 3 月，规模最大的货币市场基金的市场份额曾高达 35.3%。虽然经过监管部门的窗口指导，但在 2018 年 3 月，规模最大的货币市场基金已达到 1.6 万亿元，占整个货币市场基金的市场份额达到 21.21%。在监管部门采取相关措施之后，它们则通过"监管套利""隐蔽"集中度，问题依然存在。

国际证监会组织（IOSCO）高度关注货币市场基金的集中及其对银行流动性的依赖，认为这在风险发生时的传染效应更强，系统性影响更大（IOSCO，2012）。中国证监会在《公开募集开放式证券投资基金流动性风险管理规定》中，将管理人的风险准备金余额与其管理的单只货币市场基金的规模挂钩，以

---

[32] 《货币市场基金监督管理办法》（2015 年证监会令〔第 120 号〕）第十二条：当负偏离度绝对值达到 0.5% 时，基金管理人应当使用风险准备金或者固有资金弥补潜在资产损失，将负偏离度绝对值控制在 0.5% 以内。第二十九条：如果出现因提前支取而导致利息损失的情形，基金管理人应当使用风险准备金予以弥补，风险准备金不足的，应当使用固有资金予以弥补。第三十二条：货币市场基金遇到下列极端风险情形之一的，基金管理人及其股东在履行内部程序后，可以使用固有资金从货币市场基金购买金融工具。（一）货币市场基金持有的金融工具出现兑付风险；（二）货币市场基金发生巨额赎回，且持有资产的流动性难以满足赎回要求；（三）货币市场基金负偏离度绝对值超过 0.25% 时，需要从货币市场基金购买风险资产。基金管理人及其股东购买相关金融工具的价格不得低于该金融工具的账面价值。

限制规模"无序扩张"，但这同样容易引致投资者对这类基金刚性兑付的错误认知和向背景较强的管理人集中。[33] 针对这些问题，中国证监会在 2022 年 1 月发布《重要货币市场基金监管暂行规定（征求意见稿）》，提出对连续 20 个交易日规模在 2 000 亿元以上和持有人数量超过 5 000 万人的货币市场基金，设置更加严格的资产管理和流动性管理要求。

鉴于中国货币市场基金的以上特点，本文提出以下几点建议：一是进一步强化货币市场基金的资产监管；二是对投资于信用债超过一定比例的货币市场基金，实行浮动估值，且不得再使用"货币市场基金"的名称；三是取消管理人及其股东的救助机制，同时取消货币市场基金规模与管理人风险准备金挂钩的做法；四是对 T + 0 赎回和实时赎回的货币市场基金，实行更加严格的信用风险和流动性风险监管措施。

参考文献

Acharya S. A Generalized Econometric Model and Tests of a Signalling Hypothesis with Two Discrete Signals［J］. The Journal of Finance, 1988, 43（2）: 413 – 429.

Acharya V V, Pedersen L H, Philippon T, Richardson M. Measuring Systemic Risk［J］. The Review of Financial Studies, 2017, 30（1）: 2 – 47.

Armantier O, Ghysels E, Sarkar A, Shrader J. Discount Window Stigma during the 2007 – 2008 Financial Crisis［J］. Journal of Financial Economics, 2015, 118（2）: 317 – 335.

Bair S C. Examining the SEC's Money Market Fund Rule Proposal-Testimony of Sheila C. Bair［OL］. 2013. Retrieved from https: //docs. house. gov/meetings/BA/BA16/20130918/101350/HHRG – 113 – BA16 – Wstate – BairS – 20130918. pdf.

Bernanke B S. Fostering Financial Stability［OL］. At the 2012 Federal Reserve Bank of Atlanta Financial Markets Conference, Stone Mountain, Georgia. 2012. Retrieved from https: //www. federalreserve. gov/newsevents/speech/bernanke20120409a. htm.

Bouvier J. A Law Dictionary（6th ed.）［M］. Philadelphia: Childs & Peterson, 1856.

Carlson M, Macchiavelli M. Emergency Loans and Collateral Upgrades: How Broker – dealers Used Federal Reserve Credit During the 2008 Financial Crisis［J］. Journal of Financial Economics, 2020, 137（3）: 701 – 722.

Chen Q, Goldstein I, Jiang, W. Payoff Complementarities and Financial Fragility: Evidence from Mutual Fund Outflows［J］. Journal of Financial Economics, 2010, 97（2）: 239 – 262.

Chernenko S, Sunderam A. Frictions in Shadow Banking: Evidence from the Lending Behavior of Money

---

[33] 《公开募集开放式证券投资基金流动性风险管理规定》（证监会公告〔2017〕12 号）第二十九条：基金管理人应当对所管理的采用摊余成本法进行核算的货币市场基金实施规模控制。同一基金管理人所管理采用摊余成本法进行核算的货币市场基金的月末资产净值合计不得超过该基金管理人风险准备金月末余额的 200 倍。

Market Mutual Funds [J]. The Review of Financial Studies, 2014, 27 (6): 1717 – 1750.

Cho D D, Russell J, Tiao G C, Tsay R. The Magnet Effect of Price Limits: Evidence from High-Frequency Data on Taiwan Stock Exchange [J]. Journal of Empirical Finance, 2003, 10 (1): 133 – 168.

Cipriani M, La Spada G. Investors's Appetite for Money-like Assets: The MMF Industry after the 2014 Regulatory Reform [J]. Journal of Financial Economics, 2021, 140 (1): 250 – 269.

Congressional Oversight Panel. Guarantees And Contingent Payments In TARP and Related Programs [EB/OL]. 2009. Retrieved from https: //ypfsresourcelibrary. blob. core. windows. net.

Dang T V, Gorton G B, Holmstrom B. Ignorance, Debt and Financial Crises [OL]. 2010.

Diamond D W, Dybvig P H. Bank Runs, Deposit Insurance, and Liquidity [J]. Journal of Political Economy, 1983, 91 (3): 401 – 419.

Duygan-Bump B, Parkinson P, Rosengren E, Suarez G A, Willen P. How Effective Were the Federal Reserve Emergency Liquidity Facilities? Evidence from the Asset-Backed Commercial Paper Money Market Mutual Fund Liquidity Facility [J]. The Journal of Finance, 2013, 68 (2), 715 – 737.

Regulation (EU) 2017/1131 of The European Parliament and of The Council of 14 June 2017 on Money Market Funds [R]. 2017.

Fed. Financial Stability Report [R]. 2020. Retrieved from https: //www. federalreserve. gov/publications/files/financial – stability – report – 20200515. pdf

Fisch J E. Tales From the Dark Side: Money Market Funds and the Shadow Banking Debate [C]. In William A. Birdthistle& J. Morley (Eds.), Research Handbook on the Regulation of Mutual Funds. London: Edward Elgar Publishing, 2015.

FSB. Shadow Banking: Strengthening Oversight and Regulation [EB/OL]. 2011. Retrieved from https: //www. fsb. org/wp – content/uploads/r_ 111027a. pdf.

FSB. Policy Recommendations to Address Structural Vulnerabilities from Asset Management Activities [EB/OL]. 2017. Retrieved from https: //www. fsb. org/wp – content/uploads/FSB – Policy – Recommendations – on – Asset – Management – Structural – Vulnerabilities. pdf.

FSOC. Proposed Recommendations Regarding Money Market Mutual Fund Reform [EB/OL]. 2012. Retrieved from http: //www. gpo. gov/fdsys/pkg/FR – 2012 – 11 – 19/pdf/2012 – 28041. pdf.

Gallagher, D. Statement of Commissioner Daniel M. Gallagher [EB/OL]. 2014.

Gallagher E A, Schmidt L D W, Timmermann A, Wermers R. Investor Information Acquisition and Money Market Fund Risk Rebalancing during the 2011 – 2012 Eurozone Crisis [J]. The Review of Financial Studies, 2020, 33 (4): 1445 – 1483.

Geithner T F. Letter to Members, Financial Stability Oversight Council [EB/OL]. 2012. Retrieved from https: //www. treasury. gov/connect/blog/Documents/Sec. Geithner. Letter. To. FSOC. pdf.

Goodhart C A E. The Evolution of Central Banks. Cambridge, Mass. : MIT Press, 1988.

Gordon J N, Gandia C M. Money Market Funds Run Risk: Will Floating Net Asset Value Fix the Problem? [J]. Columbia Business Law Review, 2014, 2: 314 – 370.

Gorton G, Metrick A. Regulating the Shadow Banking System [J]. Brookings Papers on Economic Activity, 2010, 41: 261 – 312.

Gorton G, Pennacchi G. Financial Intermediaries and Liquidity Creation [J]. The Journal of Finance, 1990, 45 (1): 49 – 71.

Greenspan A. The Challenge of Central Banking in a Democratic Society [EB/OL]. At the Annual Dinner and Francis Boyer Lecture of The American Enterprise Institute for Public Policy Research. 1996. Retrieved from https: //www. federalreserve. gov/boarddocs/speeches/1996/19961205. htm.

Greenwood R, Hanson S G, Stein J C. A Comparative-Advantage Approach to Government Debt Maturity [J]. The Journal of Finance, 2015, 70 (4): 1683 – 1722.

Greenwood R, Hanson S G, Stein J C. The Federal Reserve's Balance Sheet as a Financial-Stability Tool [C]. In World Scientific Book Chapters. Singapore: World Scientific Publishing Co. Pte. Ltd, 2017: 63 – 124.

Grossman J S, Hart D O. The Costs and Benefits of Ownership: A Theory of Vertical and Lateral Integration [J]. The Journal of political economy, 1986, 94 (4): 691 – 719.

Hanson S G, Scharfstein D S, Sunderam A. An Evaluation of Money Market Fund Reform Proposals [J]. IMF Economic Review, 2015, 63 (4): 984 – 1023.

Holmstrom B. Understanding the Role of Debt in the Financial System [J]. BIS Working Papers Series. 2015.

Hsieh P-H, Kim Y H, Yang J J. The Magnet Effect of Price Limits: A Logit Approach [J]. Journal of Empirical Finance, 2009, 16 (5): 830 – 837.

IMF. The Asset Management Industry And Financial Stability [EB/OL]. 2015. Retrieved from https: //www. imf. org/External/Pubs/FT/GFSR/2015/01/pdf/c3. pdf.

Investment Company Institute. Report of The Money Market Working Group [R]. 2009. Retrieved from http: //www. ici. org/pdf/ppr_ 09_ mmwg. pdf.

IOSCO. Policy Recommendations for Money Market Funds [EB/OL]. 2012. Retrieved from www. csrc. gov. cn/pub/csrc_ en/affairs/AffairsIOSCO/201210/P020121010500138903810. pdf.

Jackson M, Pernoud A. Systemic Risk in Financial Networks: A Survey [J]. Annual Review of Economics, 2021, 13: 171 – 202.

Kacperczyk M, Schnabl P. How Safe Are Money Market Funds? [J]. The Quarterly Journal of Economics, 2013, 128 (3): 1073 – 1122.

Li L, Li Y, Macchiavelli M, Zhou X. Liquidity Restrictions, Runs, and Central Bank Interventions: Evidence from Money Market Funds [J/OL]. 2020. Retrieved from: https: //ccl. yale. edu/sites/default/files/files/Macchiavelli_Marco (MMFs). pdf.

Manconi A, Massa M, Yasuda A. The Role of Institutional Investors in Propagating the Crisis of 2007 – 2008 [J]. Journal of Financial Economics, 2012, 104: 419 – 518.

McCabe P E. The Cross Section of Money Market Fund Risks and Financial Crises [R]. Staff working papers in the Finance and Economics Discussion Series. 2010. Retrieved from: https: //www. federalreserve. gov/Pubs/feds/2010/201051/201051pap. pdf.

PWG. Report of the President's Working Group on Financial Markets Overview of Recent Events and Potential Reform Options for Money Market Funds [R]. 2020. Retrieved from https: //home. treasury. gov/system/files/136/PWG – MMF – report – final – Dec – 2020. pdf.

Ross S A. The Determination of Financial Structure: The Incentive-Signalling Approach [J]. The Bell Journal of Economics, 1977, 8 (1): 23 – 40.

Ross S A. Institutional Markets, Financial Marketing, and Financial Innovation. The Journal of Finance, 1989, 44 (3): 541 – 556.

Scott H S. International Finance: Law and Regulation (3rd ed.). London: Sweet & Maxwell, 2012.

SEC. SEC Approves Money Market Fund Reforms to Better Protect Investors [Press release]. 2010. Retrieved from https: //www. sec. gov/news/press/2010/2010 – 14. htm.

SEC. Response to Questions Posed by Commissioners Aguilar, Paredes, and Gallagher [R]. 2012. Retrieved from http: //www. sec. gov/news/studies/2012/money – market – funds – memo – 2012. pdf.

SEC. (2014a). Money Market Fund Reform, 17 CFR Parts 230, 239, 270, 274 and 279 Stat. [EB/

OL〕. 2014a. Retrieved from . https：//www. sec. gov/rules/final/2014/33 - 9616. pdf.

SEC. （2014b）. SEC Adopts Money Market Fund Reform Rules〔Press release〕. 2014b. Retrieved from https：//www. sec. gov/news/press - release/2014 - 143.

SEC. Proposes Amendments to Money Market Fund Rules.〔Press release〕. 2021. Retrieved from：https：//www. sec. gov/news/press - release/2021 - 258.

Squam Lake Group. Reforming Money Market Funds〔R〕. 2011. Retrieved from http：//www. squamlakegroup. org/Squam% 20Lake% 20MMF% 20January% 2014% 20Final. pdf.

Stein K M. Statement of Commissioner Kara M. Stein〔Press release〕. 2014. Retrieved from https：//www. sec. gov/news/public - statement/2014 - 07 - 23 - open - meeting - statement - kms.

Stevens P S. Letter from Paul Schott Stevens, ICI CEO to Ms. Elizabeth M. Murphy, SEC Secretary - Re：President's Working Group Report on Money Market Fund Reform Options〔R〕. 2011. Retrieved from https：//www. ici. org/system/files/attachments/pdf/11_ sec_ pwg_ com. pdf.

Thornton H. An Enquiry into the Nature and Effects of the Paper Credit of Great Britain. London：Printed for J. Hatchard et al. , 1802.

U. S. Department of Treasury. Treasury Announces Guaranty Program for Money Market Funds〔Press release〕. 2008. Retrieved from http：//www. treasury. gov/presscenter/press - releases/Pages/hp1147. aspx.

Xiao K. （2020）. Monetary Transmission through Shadow Banks〔J〕. The Review of Financial Studies, 2020, 33（6）：2379 - 2420.

EFAMA. EFAMA' s Response to IOSCO' s Consultation on Money Market Fund Systemic Risk Analysis & Reform Options〔R〕. 2012. Retrieved from https：//www. efama. org/sites/default/files/files/AIFMD. pdf.

Brunnermeier M K, Oehmke M. Bubbles, Financial Crises, and Systemic Risk〔J〕. NBER Working Paper Series. 2012.

Fed. Federal Reserve announces the creation of the Money Market Investor Funding Facility （MMIFF）. 2008. Retrived from：https：//www. federalreserve. gov/newsevents/pressreleases/monetary20081021a. htm.

SEC. （2012）. Response to Questions Posed by Commissioners Aguilar, Paredes, and Gallagher. Retrieved from http：//www. sec. gov/news/studies/2012/money - market - funds - memo - 2012. pdf.

中国人民银行. 中国金融稳定报告（2014）〔R〕. 2014. 检索自 http：//www. pbc. gov. cn/jinrongwendingju/146766/146772/146776/2806414/index. html.

中国人民银行. 中国金融稳定报告（2018）〔R〕. 2018. 检索自 http：//www. pbc. gov. cn/jinrongwendingju/146766/146772/3656006/index. html.

政策评论

Policy Review

Comparative

宽松货币政策的作用与副作用

张斌　朱鹤

　　当前的宏观经济政策选择中对货币政策的使用非常谨慎。即便在经济持续显著下行、增速明显低于潜在水平的环境下①，我国还是沿用了"稳健货币政策"的表述。使用货币政策的顾虑有多个方面，既包括美联储加息给人民币汇率和跨境资本流动带来进一步的压力，更重要的是对宽松货币政策作用的怀疑，以及对宽松货币政策副作用的担心。具体而言，一是在预期减弱、疫情冲击和供给冲击的环境下，宽松货币政策的作用受到怀疑；二是货币当局小幅调整了政策利率，降低了贷款利率，但是经济景气程度没有明显回升，宽松货币政策的作用受到怀疑；三是货币政策与财政政策之间，财政政策见效更快，中国应该首先考虑财政政策；四是宽松货币政策会带来副作用，比如刺激资产价格泡沫、恶化收入和财富分配、阻碍市场自发的优胜劣汰和催生僵尸企业等。

　　学术界对宽松货币政策的怀疑有着悠久的历史。古典经济学派和真实经济周期学派相信市场自发修复功能，否定货币政策的作用；货币主义和新古典学派反对相机抉择的货币政策，强调给货币政策施加规则；凯恩斯、传统凯恩斯学派和新凯恩斯学派则指出流动性陷阱给货币政策带来了局限性。尽管面临种

---

* 张斌，中国社会科学院世界经济与政治研究所副所长；朱鹤，中国金融四十人论坛研究部副主任，经济学博士，研究领域为中国宏观经济与金融市场。

① 与此相关的证据包括低通胀和低迷的劳动力市场，以及使用各种GDP缺口计算方法所能得到的结果。

种质疑，宽松货币政策在对抗经济下行周期中仍然被寄予厚望。大萧条时期，货币政策失误被认为是大萧条的重要诱因。埃肯格林和特明（Eichengreen and Termin，2000）指出，当世界经济处于下行趋势时，中央银行家继续折磨经济，直到它失去知觉。大萧条的中期，中央银行家仍为通货膨胀担心，类似于在"洪水中高呼救火"。近30年来，无论是在2008年全球金融危机之前的大缓和时期，还是危机之后，货币政策的操作框架和政策工具不断创新，货币政策在逆周期政策中的重要性进一步凸显。

如何看待货币政策的作用对当前货币政策实践有重要参考价值。本文分三个部分对货币政策的作用与副作用展开讨论。第一部分，立足于货币政策研究的学术历史，梳理对货币政策作用机制的认识；第二部分，结合中国相关实证数据，分析货币政策在当前经济环境下能在多大程度上发挥扩大总需求的作用；第三部分，逐一讨论货币政策的副作用。

总体而言，宽松货币政策在对抗经济周期下行方面能够发挥重大作用，作用机制不只是通过利率下行减少投资成本，还包括改变市场流动性和风险溢价，强化企业、居民和政府的资产负债表进而增加其支出，以及刺激货币贬值提高出口。货币政策工具不只是政策利率，也包括各种创新的量化货币政策工具，货币政策空间随着政策工具创新不断扩大。结合中国的情况看，降低政策利率100个基点带来融资端利率和存款收益利率的不对称下降，居民、企业和政府净现金流分别增加1 188亿元、9 442亿元和1 248亿元，考虑不同群体的边际支出倾向和乘数效应以后会增加总收入14 670亿元，拉动1.2个百分点的名义GDP增速。这些计算没有考虑降低政策利率对房地产和股票价格以及由此对总支出水平的影响。在讨论宽松货币政策的副作用时，对资产价格泡沫和金融不稳定的担心得到广泛认同，解决这类问题更合意的政策手段是监管政策，灵活的通胀目标制能够兼容货币政策目标和金融稳定目标；宽松货币政策会恶化收入和财富分配的说法没有得到国外和国内实证研究的支持；宽松货币政策增加僵尸企业和延缓优胜劣汰的看法仍存有争议，僵尸企业的产生可能来自经济周期下行，而在经济周期下行中被淘汰的未必是低效率企业。

一、货币政策的作用

1. 历史上的宏观经济学派观点交锋

对货币政策作用的争论贯穿整个宏观经济学的学术史。在古典经济学派、凯恩斯学派、货币学派、新古典学派、真实经济周期学派、新凯恩斯学派以及近十年来的异质性个体新凯恩斯宏观经济模型中，宏观经济学家对货币政策的作用有不同看法，对货币政策作用的认识处于不断进步的过程中。

　　宏观经济学派对货币政策作用有不同看法的原因来自多个方面，至少包括：（1）时代背景差异，20世纪二三十年代的大萧条催生了对凯恩斯及以后的凯恩斯主义学者对市场自发修复力量的批判，20世纪七八十年代的大滞胀催生了货币主义和新古典学派对相机抉择政策的批判。（2）研究方法差异，从古典学派到后续的各种学派，宏观经济学采用的研究框架和分析技术不断提升，从古典学派的完全竞争到新凯恩斯学派的垄断竞争，从主流凯恩斯的静态一般均衡到新古典以后的动态一般均衡，从主流凯恩斯的缺乏微观基础的事前假定到新古典以后带有个体优化行为的微观基础，从新古典的代表性个体到新凯恩斯模型的异质性个体，研究假设不断逼近现实，研究结论也随之出现差异。（3）中央银行的能力差异，在古典经济学家时代，货币政策工具相对有限，大量国家甚至还没有中央银行，而在现代国家，中央银行的政策工具箱更加丰富且在不断创新之中，特别是2008年全球金融危机以后，各种货币政策工具创新大大拓宽了传统货币政策的边界。（4）经济和金融环境差异，古典经济学家身处金属本位时代，经济主体的资产负债表结构相对简单；新凯恩斯经济学家则身处更复杂的金融市场，经济个体的资产负债表结构复杂且有显著差异，影响货币政策作用的发挥。

　　古典经济学家的宏观经济观点非常多样化。后来的经济学家出于比较研究的需要，把以马歇尔、庇古为代表的英国古典经济学家的观点作为古典经济学派的代表，马克思、马尔萨斯等古典经济学家与这种定义下的英国古典经济学派有着大相径庭的分析框架和观点。② 英国古典经济学派使用实体经济与货币的两分法原则。对实体经济部门而言，市场有强大的自发调节机制，能够自发实现充分就业。对货币而言，只能影响价格水平，不会影响真实产出水平。在英国古典经济学派的观点中，不需要货币政策，货币政策难以影响就业和产出。

　　20世纪20年代末30年代初的大萧条带来了对市场自发修复能力的质

---

② 布赖恩·斯诺登，霍华德·R.文.现代宏观经济学：起源、发展与现状［M］.余江涛，魏威，译，南京：江苏人民出版社，2009：33—34.

疑，对古典经济学的批判也随之而来。凯恩斯认为在不确定预期和动物精神的作用下，投资会大幅下降并带动更严重的产出下降，市场难以自发修复到充分就业状态。凯恩斯赞同通过财政政策刺激提高总需求，他认同货币政策提高总需求的作用，但也提出了流动性偏好对货币政策作用的限制，对此下文还会进一步讨论。凯恩斯之后的主流凯恩斯主义学者建立了 IS – LM 分析框架，认为由于价格刚性和工资刚性的存在，市场难以充分出清，需要逆周期政策帮助经济实现充分就业。与凯恩斯类似，主流凯恩斯主义者赞同财政和货币政策的逆周期作用，并认识到流动性偏好对货币政策带来的限制。

20 世纪 60 年代以后，特别是受七八十年代欧美国家滞胀的影响，货币主义学派、新古典学派和真实经济周期学派相继登场，对主流凯恩斯主义者的逆周期政策展开了一系列批评。货币主义代表弗里德曼开展了对货币需求的研究，发现货币需求具有利率敏感性，没有证据表明利率下降时货币需求的利率弹性大幅提高，水平状态的 LM 曲线并不存在，IS – LM 依然适用于货币数量论[3]，货币政策可以在短期内影响产出。弗里德曼同时强调，货币政策不能在长期内影响产出，过度的货币供给只会带来通胀。弗里德曼在有关附加预期的菲利普斯曲线的代表性研究中指出，把货币工资和失业率联系在一起的菲利普斯曲线是错误的，工人真正关心的是真实工资，既包括名义工资也包括通胀预期。一旦把通胀预期引入菲利普斯曲线，通过持续增加货币带动产出持续上升的主张就难以成立。货币学派反对相机抉择的货币政策，赞成有规则的货币政策。

与古典学派相同，以卢卡斯为代表的新古典学派相信市场的自发修复能力，坚持价格弹性和市场出清。新古典学派为宏观经济学引入了理性预期和微观基础，卢卡斯指出只有超出预期的货币政策才能在短期内影响产出。新古典学派还提出动态不一致理论，与货币主义学派一样反对相机抉择，赞同采取有规则的货币政策。新古典学派对后来的宏观经济分析框架产生了重大影响，微观基础和理性预期被广泛应用于后续的各种宏观经济模型中。

与古典学派、新古典学派类似，真实经济周期理论同样强调市场强大的自发修复功能，没有必要采取逆周期的货币和财政政策。真实经济周期学派认

③ Friedman, M.. The Role of Monetary Policy. *American Economic Review*, (1968) 58: 1 – 17.

为，经济周期波动主要来自技术冲击。真实经济周期理论在分析框架和认识角度上对宏观经济波动研究做出了重要贡献，但难以回答为什么会出现大萧条。造成经济周期波动的原因也远不止真实冲击。

为了回应新古典学派和真实经济周期学派对凯恩斯经济学的批判，新凯恩斯学派应运而生，并成为近30年来宏观经济学研究的主流。与传统凯恩斯学派相同之处在于，早期的新凯恩斯学派同样强调在价格刚性的作用下，市场难以自发出清，新凯恩斯学派为此引入了价格刚性的微观基础分析，引入了不完全竞争市场。新凯恩斯学派也充分吸取了货币主义、新古典学派和真实经济周期理论的内容，包括微观基础、理性预期、真实冲击、动态不一致等，从形式上看新凯恩斯模型更像新古典模型而不是传统的主流凯恩斯模型。也有学者把新凯恩斯学派称为"新古典范本里掺撒了满桶的粗砂"。新凯恩斯框架可以广泛容纳商品市场、劳动力市场、信贷市场和金融市场的各种摩擦，这些摩擦使得市场难以出清，经济运行会偏离潜在产出水平，不能实现充分就业。货币和财政逆周期政策能够帮助经济恢复到潜在产出水平，实现充分就业。与此同时，新凯恩斯学派认同此前对相机抉择政策的有益批判，赞同受限制的相机抉择政策。

在新凯恩斯学派的分析框架下，对货币政策作用的研究大幅扩展，货币政策是否发挥逆周期作用不再有疑问，研究的重点在于金融部门在经济周期中的独特作用，各种货币政策工具的创新，以及货币政策更细致的作用机制。表1简单列出了各个学派对宏观经济运行和货币政策的主要观点。下文将专门介绍新凯恩斯经济学中关于货币政策研究的最新进展。

2. 异质性个体的新凯恩斯模型

包含异质性个体的新一代新凯恩斯模型（以下简称"HANK 模型"）对货币政策作用提出了新的分析视角。HANK 模型与代表性个体的新凯恩斯模型（以下简称"RANK 模型"）相对应。这类模型有三个特征：一是充分吸取了前期各个宏观经济学派的知识积累，包括新古典宏观经济学强调的带有微观基础的动态一般均衡建模方法和理性预期，实际经济周期理论强调的包括技术冲击在内的各类冲击；二是具有新凯恩斯模型的价格刚性、垄断竞争市场结构的一般性特征；三是加入了经济主体的异质性特征，模型包含了三种金融资产结构的家庭，家庭金融资产结构差异带来了货币政策作用的显著差异。货币政策通过资产负债表渠道带来的影响被更充分地纳入这类宏观经济模型。

表 1　主要宏观经济学派对货币政策的认识

	冲击来源	市场调整	价格工资调整	作用机制	货币政策规则还是相机抉择	货币政策能否改善就业和增长
古典经济学	实际冲击	强有力	完全弹性	古典两分法，货币不影响实体经济	不需要货币政策	不能
凯恩斯《通论》	预期与不确定性	微弱	刚性	流动性偏好和利率投资不敏感，制约货币政策的作用	相机抉择	有条件的作用
主流凯恩斯	需求冲击、供给冲击	微弱	刚性	流动性偏好和利率投资不敏感，制约货币政策的作用	相机抉择	有条件的作用
货币学派	货币扰动	有力	弹性	货币需求具有利率敏感性。附加预期的菲利普斯曲线	规则	短期可以，长期不能（自然失业率）
新古典学派	货币扰动	强有力	完全弹性	理性预期下，只有意外货币供给才能影响产出	规则	意外的短期可以，长期不能（自然失业率）
真实经济周期学派	技术冲击	强有力	完全弹性	经济波动来自技术冲击，货币无足轻重	规则	不能
新凯恩斯学派（RANK）	需求冲击、供给冲击	缓慢	刚性	利率调整带来消费跨期替代和投资变化，改变总需求	受约束的相机抉择	短期可以，磁滞效应下中长期也有可能避免产出和就业损失
异质性个体的新凯恩斯宏观经济模型（HANK）	需求冲击、供给冲击	缓慢	刚性	利率除了带来消费跨期替代，还通过资产负债表和乘数效应刺激消费，改变总需求	受约束的相机抉择	短期可以，对消费的刺激有更多作用渠道；磁滞效应下中长期也有可能

过去的宏观经济模型主要关注利率调整对投资的影响，HANK 模型更多关注利率通过改变资产负债表和劳动收入对消费的影响，拓宽了利率对宏观经济影响的研究视野。HANK 模型将利率调整对经济增长和就业的影响分为直接渠

道和间接渠道。直接渠道包括：

（1）跨期替代效应。利率调整改变了消费的跨期价格，这是代表性个体新凯恩斯模型中利率调整对消费最主要的影响渠道。举个极端例子，如果利率从10%降低到0，当期消费的机会成本大幅下降，刺激当期消费增加；反之，如果利率从0提高到10%，会激励更多的储蓄，减少当期消费。

（2）净利率敞口效应。利率调整对净负债者和净储蓄者带来不同的影响，进而影响其支出水平。对于净负债者，利率下降增加了其净收入，在给定的边际消费倾向下影响消费；对于净储蓄者，利率下降减少了其净收入，在给定的边际消费倾向下影响消费。这里尤其重要的是选择可调整贷款利率的住房抵押贷款，降低利率明显减轻了这部分家庭的债务负担，提高家庭净收入和支出水平。

间接渠道包括：

（1）劳动收入效应。降低利率提高总需求水平，提高劳动需求和劳动者收入，提高消费。劳动收入效应取决于三个因素：一是劳动收入在总收入的占比，二是劳动收入对经济周期波动的反应程度，三是边际消费倾向。

（2）名义长期债务重估效应。降低利率提高价格水平，降低了名义债务的真实负担，对于大部分家庭主要是住房抵押贷款的真实负债下降。名义长期债务重估效应取决于债务规模和边际消费倾向。

（3）股票、地产等资本利得带来的相关效应。降低利率提高了这些资产价格的估值，带来资本利得，提高消费水平。此外，资产价格上升同时提高了抵押品价值，也能起到克服流动性约束和提高消费水平的作用。

（4）财政效应。降低利率提高价格水平，同时也改变了公共财政部门的预算约束，作为净负债方的公共部门真实债务负担下降。因此，降低利率的宏观经济政策效果也取决于财政部门在新的预算约束下是否采取了政策调整。

以上货币政策的作用机制并不适用于每个家庭。对于不同的家庭金融资产负债结构，货币政策通过以上不同渠道对消费的影响有显著差异。HANK模型把家庭分为三类：一是没有流动性约束的家庭，即能借到钱，且有金融资产储蓄和房产，或有住房抵押贷款的家庭；二是有流动性约束，流动资产接近于零，没有非流动资产的家庭，即借不到钱，没有金融资产储蓄也没有房产的家庭；三是有流动性约束，流动资产接近于零，有非流动资产也有负债的家庭，即借不到钱，没有金融资产储蓄但是有房产和住房抵押贷款的家庭。没有流动性约束的家庭可以进行跨期消费平滑，这使得利率调整的跨期替代效应更加突出。面临流动性约束的家庭则没有办法进行跨期消费平滑，但是边际消费倾向接近于1，劳动收入增加后对消费的影响更突出。对于持有住房抵押贷款的家庭，净利率敞口效应、名义长期债务重估对家庭资产负债表和消费的影响更突出。

卡普兰等人（Kaplan et al.，2018）[④] 认为，比较而言，降低利率政策对消费和总需求影响的间接效应更加突出，特别是要考虑到财政政策是否也随着货币政策调整做出了反应。有研究（Jiri et al.，2020）[⑤] 基于欧洲四国（德国、法国、加拿大、西班牙）的数据分析了降低利率对不同类型家庭的影响，发现80个基点的利率下降会使流动性资产接近于零且没有非流动资产家庭（占比10%）的消费增加1个百分点，流动性资产接近于零但有非流动资产（主要是房产）家庭的消费增加1.8个百分点，没有流动性约束的家庭消费增加0.7个百分点。该研究还发现，住房自有率、住房抵押贷款利率是否可调整、劳动力市场制度对货币政策的传导非常重要。西班牙住房自有率更高，流动性资产接近于零但有非流动资产家庭的占比更高，利率下降对西班牙消费的影响明显大于德国。

表2 宽松货币政策的作用

	消费	投资	财政支出	对净出口
宽松货币政策的作用	跨期平滑（主要反映在没有流动性约束的家庭）	降低债务成本	降低真实债务负担，提高偿债能力和财政收入，改变预算约束	货币贬值，提高出口和进口替代竞争力
	净利率敞口效应，净负债者得利（主要反映在住房抵押贷款家庭），净储蓄者受损	提高市场流动性，提高资本估值和抵押品价值，降低风险溢价，改善预期……		
	劳动收入效应（主要反映在低收入家庭）			
	名义长期债务重估效应（通胀上升降低了真实债务水平）			
	股票、地产等资本利得带来的财富效应、抵押品效应等			

④ Kaplan, Greg, Benjamin Moll, and Giovanni L. Violante. "Monetary Policy According to HANK." *American Economic Review*, 2018, 108（3）: 697–743.

⑤ Jiri Slacalek & Oreste Tristani & Giovanni L. Violante, 2020. "Household Balance Sheet Channels of Monetary Policy: A Back of the Envelope Calculation for the Euro Area," NBER Working Papers 26630, National Bureau of Economic Research.

3. 货币政策发挥作用受到的限制

尽管货币政策的作用在当前主流宏观经济学中得到普遍认同，但货币政策的作用在某些环境下会受到限制。正如凯恩斯指出的："如果货币是刺激经济的饮料，喝到嘴里要过几道关。如果流动性偏好超过货币数量增加，或者预期资本回报率降幅超过利率降幅，则增加货币难以发挥作用。"除了克服流动性偏好阻碍利率下降，还必须有足够幅度的利率下降，才能让货币政策真正发挥作用。

第一种情况是凯恩斯提到的流动性偏好。古典和新古典经济学家认为，"利率是推迟消费的报偿"，利率取决于节俭或者说时间偏好，以及资本边际回报率。凯恩斯在《通论》中指出，人们首先决定消费/储蓄，之后还要决定储蓄究竟以现金还是其他资产（债券）的形式存放。利率并非推迟消费的报偿，而是持有现金/流动性的机会成本。当未来预期的不确定性上升或者市场普遍存在看空预期时，持有流动性的机会成本下降，对流动性的需求增加，对以债券为代表的其他金融资产的需求则下降。在这种环境下，即便增加货币供给，新增的货币也会被吸纳为现金，而不会通过购买金融资产降低利率，从而起不到支持投资的作用。货币主义对流动性偏好提出了不同意见。弗里德曼认为，货币需求取决于持久收入、其他资产收益率（利率）和通胀预期，且货币需求相对稳定。经验证据表明，货币需求对利率的弹性相对稳定，流动性偏好阻碍利率下降的说法并不成立。

凯恩斯基本上生活在金本位制时代，中央银行对利率水平的干预程度有限。在当前发达的金融体系和主权信用货币制度下，流动性不再仅仅是现金，众多金融资产也有非常高的流动性，可以非常便捷地转化为现金；多数货币当局的调控手段已经从货币数量转向短期利率，除非已经面临零利率，货币当局可以直接调高或调低政策利率，进而让市场利率随之调整。有了这些变化，中央银行就能够克服流动性偏好上升阻碍利率下降的情况。如果中央银行采取直接购买风险资产的量化宽松政策，它对风险溢价和市场利率的影响就更加直接。此外，即便看空预期盛行，投资的预期收益率非常差，货币政策难以发挥直接刺激投资的作用，但正如 HANK 模型表明的，降低利率通过消费、政府支出等渠道发挥作用，进而改善投资预期。

第二种情况是未来预期的不确定性上升或者市场普遍存在的看空预期不仅

影响了流动性需求，还影响投资者对未来资本回报的预期，如果货币政策调整带来的利率下降幅度低于投资者预期的未来资本回报率的下降幅度，货币政策可能还是难以发挥作用。这带来了对货币政策作用受限的另一个讨论，即零利率下限（Zero Low Bond）。

零利率下限是指名义利率接近于零或者等于零，传统货币政策难以再发挥刺激经济的作用，也被称为流动性陷阱。在这种情况下，债券利率接近于零，持有债券与现金没有差别，货币当局向市场注入货币不能进一步降低利率。传统货币政策工具失效。萨默斯再次提出的"长期停滞假说"与零利率下限高度相关。陷入长期停滞的原因在于降低名义利率可能会遇到零利率下限，即便把名义利率降到零或者稍低于零的负利率水平，通胀水平还是很低，现实中的真实利率可能不足以低到与实现充分就业相一致的水平（Teulings and Baldwin，2014）。

传统货币政策面临零利率下限的挑战，发达国家货币当局在 2008 年金融危机后大量使用了非传统货币政策工具，让货币政策发挥作用。各国中央银行的非传统货币政策工具形式多样，主要内容是信贷宽松、量化宽松和引导预期。信贷宽松的重点是通过购买资产改善企业资产负债表的资产方；量化宽松的重点是通过流动性工具改善企业的负债方；引导预期主要是通过给出未来政策调整的明确路径引导社会公众的决策。从实施效果看，这些非传统货币政策工具进一步降低了中长期利率和风险溢价，降低了融资成本，提高了资产估值。从美国、欧元区和日本实体经济部门的表现看，在传统和非传统货币政策工具的共同作用下，利率和风险溢价下降后的美国经济逐渐实现了就业和通胀目标，新冠疫情后的新一轮宽松政策甚至带来了过热的需求和高通胀；欧元区基本实现了就业和通胀目标；日本尽管一直难以实现预期通胀目标，但实现了 20 世纪 80 年代末以来持续时间最长的经济复苏。

4. 货币政策与财政政策的作用比较

传统货币政策工具在零利率下限环境下受到制约，除了采取非传统的货币政策工具创新，通过财政政策提高总需求也受到重视。货币和财政政策工具都发挥提升总需求的作用，但是作用机制有显著差别。在实现同样的就业和通胀目标前提下，更倚重货币政策还是财政政策工具也是值得关注的问题。

货币政策主要通过改变价格信号（利率）来改善私人部门面临的跨期资

金价格和资产负债表，支持其增加支出，同时也会通过增加税收和减少真实债务负担带动公共部门的资产负债表改善。货币政策的特征包括：（1）总量政策，（2）从改变利率到提升总需求会有一定的时间滞后，（3）会伴随私人部门的债务上升和（4）资产价格上升。

财政政策的内容很多，这里主要是指为了提升总需求而采取的增加政府支出的政策，这类政策不仅直接增加了总需求，还会通过乘数效应放大政府支出对总需求的影响，私人部门资产负债表也可能因此得到改善。财政政策的特征包括：（1）政府选择支出领域，具有结构特征；（2）政府直接增加支出，总需求提升的时间滞后更短；（3）政府部门债务上升。

究竟更多使用货币政策还是财政政策作为提高总需求的政策工具，不仅要看各种工具面临的约束条件，比如货币政策面临零利率下限，财政政策面临公共债务过高或者政治上难以通过的困境，也要评估哪种政策更适合该经济体。这需要结合该经济体的具体情况具体分析，没有统一答案。一般而言，在较为有效的监管体系下，由私人部门决定支出扩张的方向可能效率更高，未来的后遗症更少。政府直接增加支出（比如改善基础设施投资和公共服务）可能在克服市场失灵方面发挥积极作用，但也可能造成浪费和资源配置扭曲。

二、货币政策在中国的作用

宽松货币政策可以从多个渠道影响总需求水平。这里我们从改善居民、企业和政府现金流的角度，重点关注降低政策利率对总需求带来的影响。具体估算逻辑如下：政策利率下降→融资和存款利率下降→现金流变化→支出变化→乘数效应以后的总需求变化。

（1）基于历史经验计算政策利率变化后各种融资利率的变化和各种存款利率的变化；

（2）基于居民、非金融企业（包括房地产、平台、工业企业和其他类型企业）和政府三个部门的负债和资产结构，计算融资利率变化对以上主体负债端和资产端的影响，进而计算得到现金流变化；

（3）根据各个部门不同的支出结构，分析现金流改善带来的支出变化，以及支出变化在乘数效应影响下带来的总需求变化。

计算过程的参数设定来自历史经验，未必完全符合当前的现实，但对于认识降低政策利率的影响能够提供参考价值。这里没有考虑利率下降带来的财富效应、资产估值效应、跨期消费替代以及资本市场风险偏好变化对总需求的影响。

1. 政策利率向终端融资利率和存款理财利率的传导

（1）对融资端利率的影响

2015 年以来共有两轮下调七天公开市场操作利率（OMO）的时期。第一轮是 2015 年 1—10 月，共下调公开市场操作利率 10 次，累计下调 185 个基点。第二轮是 2019—2022 年，共下调逆回购利率 5 次，累计下调 55 个基点。两轮下调公开市场操作利率对无风险利率（国债利率）和企业债利率的影响有明显差异。以下调公开市场操作利率前后 20 个交易日为观察周期，2015 年央行共下调公开市场操作利率 10 次，累计下调 185 个基点，DR007⑥ 充分反映了降息的影响，降幅超过逆回购利率降幅的两倍。无风险收益率（2 年期国债）没有反映公开市场操作利率下调的影响，AA - 评级企业债利率有明显下降，风险溢价显著下行。2019—2022 年，央行共下调逆回购利率 5 次，累计下调 55 个基点，DR007 同样反映了降息的影响，且幅度超过了公开市场操作利率下降的幅度。与 2015 年降息周期不同的是，本轮降息中无风险收益率（2 年期国债）显著下行，平均降幅是公开市场操作利率降幅的两倍。

表 3　下调逆回购利率前后 20 个交易日各市场利率的均值差　　　　（单位：基点）

下调公开市场操作利率前后 20 个交易日各市场利率的均值差	逆回购利率	DR007	无风险利率：2 年期国债	AA - 企业债利率：2 年期
2015 年 10 次降息的累计变化	− 185	− 460	− 14	− 137
2019—2022 年 5 次降息的累计变化	− 55	− 76	− 116	− 70
平均传导率		1.93%	1.09%	

资料来源：Wind，作者计算。

2016 年以来，中期借贷便利利率（以下简称 MLF 利率）成为央行引导中期利率的政策工具。2019 年，央行确立了"MLF→贷款基础利率（LPR）→贷款利率"的中期利率调控模式。2016—2022 年，共下调 1 年期 MLF 利率 5 次，其中最近一次是 2022 年 8 月 15 日。平均来看，金融机构人民币贷款平均

---

⑥　存款类金融机构 7 天债券回购利率，反映了存款类金融机构的融资成本。

利率能够比较充分地反映 MLF 利率下调的影响，但不同类型的贷款利率表现有明显差异。每次下调 MLF 利率之后，金融机构人民币贷款平均利率都会下降，平均而言下降幅度是 MLF 利率降幅的 1.5 倍。其中，一般贷款利率下降幅度是 MLF 利率降幅的 1.64 倍，票据融资利率的 1.11 倍，个人住房贷款利率的 1.47 倍。

表 4　下调 MLF 利率后信贷市场利率的变化　　　　　　　　（单位：基点）

下调 MLF 利率后信贷市场利率的变化	MLF 利率变化	利率变化⑦			
		平均利率	一般贷款	票据融资	个人住房贷款
2016/2/19	−25	−4	−9	−19	−8
2019/11/5	−5	−18	−22	−7	7
2020/2/17—2020/4/15	−30	−48	−41	−20	−1
2022/1/17	−10	−35	−43	−32	−101
平均传导率		1.50%	1.64%	1.11%	1.47%

资料来源：Wind，作者计算。

（2）对存款和理财利率的影响

从过去的降息操作看，政策利率下降同样会带动存款和理财利率的下降。2015 年的降息周期中，公开市场操作利率累计下降 185 个基点，存款基准利率下行 150 个基点。2019—2022 年 1 月的降息周期中，公开市场操作利率累计下降 55 个基点，7 天理财产品平均收益率从 3.7% 下降到 3.2%，降了 50 个基点，同期结构性存款加权平均利率从 3.55% 下降到 3%，降了 55 个基点。基于上述事实，从政策利率下降到存款端利率的传导大约为 90%，即每降低 100 个基点的政策利率会让居民部门的存款和理财类资产收益率下降 90 个基点。

2. 对居民、企业和政府现金流的影响

（1）居民现金流

截至 2022 年 8 月，我国居民部门负债规模为 73.2 万亿元，其中短期贷款为 17.9 万亿元，中长期贷款为 55.3 万亿元，中长期贷款中的住房抵押贷款为

---

⑦　利率变化为下调 MLF 利率的当季或下季度的贷款利率变化。其中，2020 年因为是连续两次下调，为一二季度变化的累计值。2022 年取一二季度的累计值。

38.9 万亿元。降低政策利率对不同期限的负债成本影响机制不同。对于短期债务可以直接降低当期的利息支出，对于中长期债务则要根据平均久期和偿还方式确定最终的影响。

我们参考部分文献中的测算设定（袁志辉和刘志龙，2020），将房贷的平均久期设为 15 年[8]，非房贷中长期贷款的平均久期为 10 年，偿还方式为等额本息，测算利率下降对居民债务成本的影响。测算结果表明，政策利率下降 100 个基点，居民部门短期融资利率下降 164 个基点，债务利息减少 3 015 亿元；居民部门中长期融资利率下降 147 个基点，债务本息支出减少 4 797 亿元，合计支出减少 7 740 亿元。

截至 2022 年 8 月，我国居民部门存款规模为 114.2 万亿元，其中活期存款为 35.6 万亿元，定期存款为 78.6 万亿元。我国居民还持有 6.2 万亿元的货币基金和大约 27.3 万亿元的理财。政策利率下降不影响活期利率，主要影响部分定期存款和其他类型资产的收益率。这里我们假定到期后接续部分占定期存款的一半，大约 39.3 万亿元受到存款利率下降的影响，货币基金和理财存款也会受到影响。政策利率下降 100 个基点，居民部门的资产收益率下降 90 个基点，居民利息收益下降 6 552 亿元。

（2）对非金融企业部门现金流的影响

非金融企业部门现金流的债务总规模估算。有两个口径估算企业部门的债务总规模。一是国际清算银行（BIS）每季度公布的中国非金融企业杠杆率，根据其最新数据，截至 2021 年末，中国非金融企业部门总负债约 174 万亿元。二是国内非金融企业部门相关债务的加总。此处考虑的企业债务主要指非金融企业对金融部门的债务，并不包括非金融企业部门内部相互之间的债务，如应付账款。非金融企业部门的债务主要包括四类：银行贷款、企业债券、信托贷款、委托贷款。截至 2021 年底，银行对非金融企业及机关团体的贷款是 122.67 万亿元，社会融资规模中的企业债券存量是 29.93 万亿元，委托贷款 10.87 万亿元，信托贷款是 4.36 万亿元，合计为 167.84 万亿元。此外，截至 2021 年底，我国非金融企业海外发行人民币债券约 3.34 万亿元（美元债按照 6.5∶1 的汇率折算）。两者合计约 171.18 万亿元。接下来，我们将每类债务按

---

⑧　袁志辉，刘志龙. 基于宏观资产负债表的居民债务问题及其风险研究［J］. 国际金融研究，2020（2）：15 – 25.

照不同的企业部门进行拆分。我们把企业部门分成四个子部门：工业、房地产、城投平台及其他。其他部门中包含农业和非金融地产类的服务业。

企业债券。 截至2021年底，企业债券合计约33.3万亿元，其中国内企业债约30万亿元，海外企业债约3.3万亿元（表5）。分行业看，城投、房地产、工业企业和其他企业的国内债券分别为12.6万亿元、2.4万亿元、5.8万亿元和9.13万亿元。海外债券方面，截至2021年底，内地房企海外人民币和港币债券余额约1 200亿元，美元债余额为2 327亿美元，按照6.5∶1的美元兑人民币汇率折算，为15 125亿元，合计约1.7万亿元。同样的方法可计算出地方投融资平台海外债券规模折算成人民币约6 700亿元，产业企业海外债券约9 700亿元。⑨

信托贷款和委托贷款。 截至2021年底，我国信托贷款余额为4.36万亿元，但是缺少分部门的结构数据。此处，我们根据信托业协会披露的资金信托投向数据，辅助测算信托贷款在不同企业部门之间的分布。截至2021年底，我国资金信托投向房地产的规模是1.76万亿元，投向基础产业的是1.69万亿元，投向基础工商企业的余额是4.16万亿元，三者合计共约7.59万亿元，占比分别为23.1%、22.1%和54.8%。根据这个比例可以推算出信托贷款中投向房地产和城投平台的资金大概各1万亿元。

表5　企业债券的部门分布⑩　　　　　　　　　　　　　　　　（单位：万亿元）

	国内债券	海外债券	合计
企业债	29.93	3.34	33.27
城投	12.60	0.67	13.27
房地产	2.40	1.70	4.10
工业	5.80	0.97	6.77
其他	9.13		9.13

资料来源：Wind。

---

⑨ 此处假定产业债券均为工业企业。

⑩ 城投平台债根据Wind统计数据得出；房地产、工业部门的债券根据企业债存量数据的行业直接得到，工业部门债券包括采矿业、制造业和电力行业。其他部门用企业债券规模减去以上部分轧差得到。

委托贷款缺乏更细致的公开数据，根据调研情况，这部分贷款主要投向房地产行业和城投平台，且以房地产为主，因此考虑这部分贷款在房地产和城投平台的规模分别为 7 万亿元和 3.87 万亿元的同时，由于房地产行业和城投平台公司在后文分析中的行为模式一致，加之这部分贷款规模并不大，此处的划分不会对后文的分析造成实质性影响。

银行贷款。2021 年底，金融机构对企业及其他部门的贷款余额中，短期贷款及票据融资 44.1 万亿元，中长期贷款 75.3 万亿元。在中长期贷款中，包括对工业中长期贷款 13.5 万亿元，对服务业中长期贷款约 50 万亿元，对其他部门的中长期贷款约 12 万亿元（表 6）。其他数据推算如下：

（1）金融机构发放的房地产开发贷款余额是 12 万亿元，这部分均纳入中长期贷款。

（2）2021 年，2 427 家制造业和采掘业上市公司有息负债（短期 + 长期）共有 6.4 万亿元，其中体现为银行贷款的短期借款和长期借款分别是 2.81 万亿元和 2.74 万亿元，可见短期借款基本与长期借款规模一致。照此推算，工业部门的短期贷款和票据融资规模也在 13.5 万亿元。

（3）2021 年，A 股 + H 股房地产上市公司的有息负债率为 32.3%，2021 年房地产企业债务增速假定为 10%，整体债务为 93.5 万亿元，结合上市公司有息负债率可知房地产行业对应的有息债务是 30.2 万亿元。信托贷款投向房地产的余额是 1 万亿元，房地产企业债券（国内 + 海外）为 4.1 万亿元，则房地产贷款负债约为 18 万亿元。再减去 12 万亿元的房地产开发贷款（计入中长期贷款），得到房地产短期贷款和票据融资约 6 万亿元。

（4）根据万德（Wind）数据库中的城投平台公司财务数据，截至 2021 年底，城投平台公司的银行贷款规模共 30.42 万亿元，其中长期借款为 26 万亿元，短期贷款为 4.42 万亿元。需要注意的是，万德数据库中的城投公司显然没有涵盖所有城投平台，因此直接替代会低估城投平台在银行贷款中的比例，进而高估其他部门的贷款比例。

结合上述内容，我们得到四个非金融企业部门的债务分布情况。房地产和城投平台两类企业的债务规模合计达 78.6 万亿元，工业企业 36.2 万亿元，其他企业 53.1 万亿元（表 7）。

表6 各部门的银行贷款结构分布 （单位：万亿元）

银行贷款的结构		
短期贷款和票据融资	44.1	
工业		*13.50*
城投		4.42
房地产		*6.00*
其他		*20.18*
中长期贷款	75.3	
工业		13.50
城投		26.00
房地产		12.00
其他		*23.80*

注：斜体为推算数据。

表7 企业部门内部的债务分布 （单位：万亿元）

	贷款	债券	信托贷款	委托贷款	合计
房地产	18.00	4.1	1.01	7.00	30.11
城投平台	30.42	13.27	0.96	3.87	48.52
工业	27.00	6.77	2.39		36.16
其他	43.98	9.13			53.11
合计	119.40*	33.27	4.36		10.87

注：*此处的数据为短期贷款和票据融资＋中长期贷款之和，比金融机构对企业及其他部门贷款余额少3.28万亿元，误差为2.7%，目前没有找到明确的误差来源，可能是由其他类型的融资模式导致。

两类条件会影响房地产和城投平台企业的债务利息变化。一是企业的债务形式。企业债券发行利率是固定的，多数企业的贷款合同也以固定利率为主。[11] 在这种情况下，企业要享受到利率下降的优惠，就需要回购债券并重新

---

[11] 信托和委托贷款很难置换，此处暂不考虑。

发债，或者申请提前还款并重新签订合同，因此企业存量债务的置换比例决定了能够享受到多少基准利率下降带来的利息下降。二是基准利率向终端融资利率的传导效率。根据以上计算，政策利率下降 100 个基点，企业短期负债融资利率下降 111 个基点，长期负债融资利率下降 164 个基点，这里假定在企业各种形式的债务中，一半的债务置换为更低成本的债务。各种类型企业短期债务合计 44.1 万亿元，可以节省利息成本 2 448 亿元；长期债务 123.8 万亿元，可以节省利息成本 10 152 亿元；二者合计节省 12 599 亿元。

企业部门的资产端收益会受到利率下降的影响。我国非金融企业部门持有的生息金融资产主要以银行存款为主，同时还有少量理财。截至 2022 年 8 月，我国非金融企业部门持有的活期存款约 27.14 万亿元，定期及其他存款约 50.97 万亿元，理财产品约 1.65 万亿元。在基准利率下降 100 个基点的情况下，活期存款利率不受影响，基于上一轮政策利率下降的经验，假定 2/3 的定期存款和全部理财产品收益率下降 90 个基点，则企业部门存款利息收益减少 3 157 亿元。

（3）政府部门现金流

政府部门存量债务除非置换，否则无法享受到当期利率下降带来的利息支出下降。因此，在不考虑政府部门主动对存量债务进行置换的情况下，融资利率减少可以从新增和到期债券再融资两个角度考虑。新增债务方面，假定 2022 年实际 GDP 增速是 4%，GDP 缩减指数是 2%，则名义 GDP 增速为 6%，GDP 规模达 120 万亿元。如果 2023 年的赤字率依然保持在 2.8% 的水平，则对应的赤字规模为 33 600 亿元，与 2022 年 33 700 亿元的赤字规模基本一致。因此，我们依然按照 2022 年的预算赤字规模（33 700 亿元）和中央地方赤字分配来测算。

假定 2023 年新增地方专项债规模与 2022 年一致，即 36 500 亿元，则 2023 年新增政府债券总规模为 70 200 亿元。到期再融资方面，未来一年内到期的国债、地方一般债和地方专项债规模合计为 76 275 亿元。两者加总可得新增和到期债券再融资规模为 146 475 亿元（表 8）。政府债券是金融市场的无风险资产，基于上一轮政策利率下降的经验，政策利率下降 100 个基点带来政府债券发行利率下降 109 个基点，利息支出减少 1 597 亿元。此处不考虑降低基准利率对政府部门现金流入的改善，即其他部门因现金流改善带动的支出增加也会增加政府的税收收入，这又会进一步增强降低基准利率对政府部门现金流的改善效果。

表8　2023年政府债券发行规模　　　　　　　　　　　　（单位：亿元）

	新增	未来一年到期债券规模	合计发行
国债	26 500	39 628	66 128
地方一般债	7 200	18 732	25 932
地方专项债	36 500	17 915	54 415
合计	70 200	76 275	146 475

降低基准利率还会影响政府财政存款的收益率。截至2022年8月，政府部门的财政存款余额为58 164亿元。现阶段财政存款大多是招标的定期存款，稳定性更好，因此降低100个基点的基准利率对这部分资产的收益率影响同样会打折扣。这里假定有2/3的政府招标定期存款利率受政策利率下降影响，利率会下降90个基点，则存款利息收入减少349亿元。

加总以上计算，100个基点的政策利率下降带来短期融资利率下降164个基点[12]，居民和企业中长期债务利率分别下降147和164个基点，由此带来居民部门债务利息下降7 740亿元，企业部门债务利息下降12 599亿元，政府债务利息下降1 597亿元，合计21 936亿元。与此同时，100个基点的政策利率下降带来90个基点的存款利率下降，由此带来居民、企业和政府存款和理财产品收益分别下降6 552亿元、3 157亿元和349亿元，共计下降10 058亿元。合计债务利息成本下降和存款利息收益下降，三个部门共计现金流改善11 878亿元。

3. 支出变化和乘数效应

居民部门持有的资产和负债并非均匀分布在居民部门内部，而是有明显的结构性特征。一般来看，负债更多集中于中青年购房家庭，而存款则主要由不再购房的中老年家庭持有。不同群体对应的边际消费倾向也有很大差异，背负房贷的中青年家庭往往有更高的边际消费倾向，而主要持有存款的中老年群体的边际消费倾向一般会非常低。假定基准利率降低100个基点带来的居民部门利息支出下降（7 740亿元）主要集中在中青年家庭，减少的资产利息收入（6 552亿元）主要集中在中老年家庭。同时参考张翼[13]（2016）的研究，中

---

⑫　根据政策利率下降后各种类型利率下降的幅度和各种类型债务所占的比重加权平均计算。

⑬　张翼. 当前中国社会各阶层的消费倾向——从生存性消费到发展性消费［J］. 社会学研究，2016（4）：74－97＋243－244.

青年购房家庭边际消费倾向设定为 0.5，不再购房的中老年家庭的边际消费倾向为 0.17，由此计算得到利率下降变化带来的消费支出增加 2 756 亿元。

降低政策利率带来的流动性改善对企业支出的影响会有比较明显的差异。有些企业会把钱存下来，有的企业会花出去。一般情况下，现金流比较紧张的企业更容易把钱直接花掉，形成有效支出。例如，房地产企业会更倾向于把节省下来的利息支出用于"保交楼"，地方平台公司也更愿意把省下来的利息花出去。对于制造业企业则未必如此：一是因为当前制造业企业的现金流状况并不算特别紧张，节约的利息支出本身就是利润改善；二是从历史经验看，制造业投资对利息支出的变化本身并不算敏感；三是过去两年制造业投资始终保持强劲，继续扩张的动力并不是来自利息，而是终端需求能否持续扩张。

这里我们假定房地产和城投平台公司的净现金流改善全部形成新的支出。根据前面的计算，这两部分减少的利息支出为 6 217 亿元，假定房地产和城投平台公司持有的定期存款规模占非金融企业部门的三分之一，利率下降带来的资产利息收入减少 1 052 亿元，房地产和城投平台公司的净现金流改善为 5 165 亿元，这部分现金流改善都用于新增支出。假定工业企业和其他企业现金流改善不会形成新的支出（表9）。

在维持政府债务率不变的情况下，政策利率降低 100 个基点减少债务利息支出 1 597 亿元[14]，假设政府存款有 2/3 受到降息影响，利息收入减少 349 亿元，政府部门的现金流增加 1 248 亿元，这部分会全部转化为支出。

表9　政策利率下降100个基点带来的现金流变化和支出变化　　　　（单位：亿元）

	债务利息降幅	利息收益降幅	净现金流变化	支出增加	乘数效应
居民	7 740	6 552	1 188	2 756	
企业	12 599	3 157	9 442	5 165	
政府	1 597	349	1 248	1 248	
加总	21 936	10 058	11 878	9 169	14 670

资料来源：作者计算得到。

合并以上三项，降低 100 个基点的基准利率会带动居民、非金融企业和政府直接增加支出 9 169 亿元。现金流改善带来的支出增加会通过乘数效应进一

⑭　根据到期债务规模和利率下降幅度计算得到。

步改善总需求和总收入。乘数效应取决于边际消费倾向的大小。边际消费倾向越大，乘数效应越大，增加支出对收入改善的效果也会更明显。同样参考前面张翼计算的我国居民部门的平均边际消费倾向 0.38，对应的乘数效应约为 1.6，则降低 100 个基点的基准利率带来的收入改善是 14 670 亿元，能够拉动 1.2 个百分点的名义 GDP 增速。[15]

以上计算都没有考虑降低利率通过财富效应、资产估值效应、跨期消费替代以及资本市场风险偏好变化渠道对总需求的影响。

三、货币政策的副作用

这里首先需要对货币政策的副作用给出定义。货币政策操作不当，过度紧缩或者宽松的货币政策会给经济带来严重的负面作用。正如众多大萧条研究者指出的，大萧条的发生很大程度上可以归咎于货币和信贷不足。然而这并非货币政策的副作用，而是货币政策失误带来的副作用。我们这里说的货币政策副作用，指的是货币政策在实现就业和通胀目标情况下带来的副作用。对货币政策副作用的关注主要有三个方面：一是宽松货币政策是否带来资产价格泡沫以及由此引发的系统性金融风险，二是宽松货币政策是否恶化收入分配，三是宽松货币政策是否带来更多僵尸企业。

1. 货币政策与资产价格泡沫和系统性金融风险

对宽松货币政策的广泛担心是它可能会提高系统性金融风险。萨默斯（2014）[16] 指出低利率会带来金融市场的不稳定。低利率环境会提高投资者的风险偏好；低利息偿付要求会带来更多不负责任的贷款；利率低于预期经济增速会刺激更多庞氏金融投资（Ponzi Financial Structure）。德雷克斯勒等人（Drechsler et al.，2018）[17] 指出，降低利率会降低流动性溢价和运用杠杆的成本，提高杠杆率，进一步导致更低的风险溢价、更高和更波动的资产价格，以及更高的投资和产出水平。伍德福德（Woodford，2012）指出，哪怕是小幅的

---

[15] 此处对 GDP 增速的测算基于政府部门分析中对 2022 年名义 GDP 规模的测算，即 120 万亿元。

[16] Summers, L. "US Economic Prospects: Secular Stagnation, Hysteresis and the Zero Lower Bound", *Business Economics*, 2014: 65 – 73.

[17] DRECHSLER, ITAMAR, et al. "A Model of Monetary Policy and Risk Premia." *The Journal of Finance*, vol. 73, no. 1, 2018, pp. 317 – 73. JSTOR, http://www.jstor.org/stable/26653277.

利率下降也会显著刺激企业更多运用杠杆和过度使用短期债务融资工具。布伦纳梅尔等人（Brunnermeier and Schnabel，2015；Bordo and Landon-Lane，2013）也指出，所有的资产价格泡沫都发生在货币政策宽松时期，而在中央银行和货币政策尚不存在的时代，资产价格泡沫则发生在私人银行增发票据的时期。需要补充的一点是，资产价格泡沫与系统性金融风险并不能画等号。资产价格上升并非判断系统性金融风险上升的合适指标，资产价格上升中的合理成分和泡沫成分很难区分。即便资产价格上升中有大量泡沫成分，泡沫破灭也未必会带来系统性金融风险。如果资产价格上涨过程中的杠杆得到控制，资产价格下跌带来的损失主要由投资者承担而不会过度传染到金融中介部门，则资产价格泡沫破灭并不一定带来系统性金融风险。

尽管宽松货币政策可能会刺激杠杆和资产价格泡沫，增加金融系统不稳定性，但在实践中如何平衡货币政策目标和金融稳定的关系对决策者带来了挑战。施坦因（Stein，2014）[18] 指出，货币当局面临的一个选择难题是为了防范系统性金融风险上升，是否应该放弃货币政策调整以及由此带来的就业和产出。监管政策在应对杠杆率上升和金融风险方面更有针对性，但也面临多方面约束。监管政策可能会面临监管套利，未必能真正降低金融风险；利益集团和其他政治因素使监管政策难以出台；过于严格的监管政策可能会遏制行业发展；监管政策往往滞后于市场；等等。给定监管政策的局限，货币政策需要考虑系统性金融风险。

货币政策理论上可能会改变系统性金融风险的程度，但是在实践中面临诸多困难。首先，如何判断系统性金融风险。金融部门杠杆率是判断系统性金融风险最重要的指标，然而如何有效度量金融部门杠杆率并不容易，传统银行部门的资本充足率不足以反映真正的杠杆率，真正危险的是脱离监管的金融部门杠杆率，而要解决这个问题，首先应该是监管政策。博里奥和德雷曼（Borio and Drehmann，2009）认为，更广义的杠杆率，即非金融部门债务与GDP的比率对其趋势值的偏离可以预测系统性金融风险，这种方法面临的问题是如何准确计算非金融部门债务与GDP比率的潜在水平（特别是针对内部经济结构或者外部经济环境显著变化的经济体而言），如何认识货币政策对非金融部门

---

[18]　Jeremy C. Stein，2014. "Incorporating Financial Stability Considerations into a Monetary Policy Framework：a speech at the International Research Forum on Monetary Policy，Washington，D. C.，March 21，2014，" Speech 796，Board of Governors of the Federal Reserve System（U. S.）.

债务与 GDP 比率路径的影响，这些问题都还没有答案。针对不同国家，答案可能会大相径庭。其次是如何权衡风险和成本，一方面是预期的系统性金融风险上升带来的损失，一方面是预期的就业和产出损失，如何权衡非常困难。最后是工具选择，货币政策工具多大程度上能够影响系统性金融风险。针对货币政策目标与金融稳定目标之间的权衡，伍德福德（2012）[19] 认为，灵活的通胀目标制能够较好地兼顾两个目标。

2. 货币政策与收入和财富分配

宽松货币政策存在扩大收入和财富不平等的机制，包括（1）收入组成假说：绝大部分家庭的收入来自劳动工资收入，少部分家庭的收入来自资本回报，宽松货币政策更有利于资本回报，而这个群体一般来说更加富裕，因此宽松货币政策加剧了收入和财富分配不平等。（2）金融分割假说：紧密参与金融市场交易的群体相比于和金融市场缺乏紧密联系的群体，更能从宽松货币政策中得利，这会加剧收入和财富分配不平等（Williamson，2009）。（3）资产组合假说：穷人资产组合中现金比例更高，宽松货币政策降低了现金的真实购买力，不利于穷人，加剧了收入和财富分配不平等。

宽松货币政策也有收窄收入和财富不平等的机制，包括（1）储蓄再分配假说：利率下降有利于债务人而不利于债权人，债权人往往比债务人更加富裕，因此宽松货币政策减少了收入和财富分配不平等（Doepke and Schneider，2006）。（2）收入异质化假说：卡朋特等人（Carpenter and Rodgers，2006；Heathcote et al.，2010）指出，收入分配最底层的群体最容易受到经济周期波动的影响，经济低迷时期低收入者最先失业或者降薪，而高收入群体受经济波动影响相对较小，宽松货币政策有利于低收入群体保住就业和增加工资收入，减少收入分配不平。（3）资产价格假说：施坦因斯等人（Steins et al.，2017）发现，20 世纪 70 年代，美国中产阶级在收入分配中的不利局面越来越突出，而在财富分配中的不利局面则好于收入分配，造成这种差异的主要原因是宽松货币政策使中产阶级持有的房产增值，减弱了财富向最富有人群的过度集中。2007 年次贷危机以后，这种局面随着房地产价格上涨难以持续而终止，财富

---

⑲　Michael Woodford, 2012. "Inflation Targeting and Financial Stability," NBER Working Papers 17967, National Bureau of Economic Research, Inc.

更加向最富有的人群集中。

货币政策对收入和财富分配有众多不同方向的作用机制，究竟哪个机制更重要是实证问题。有研究（Romer and Romer，1998）发现，宽松货币政策可以在短期内降低贫困率，但是贫困率会随着时间拉长而逆转，对贫困人口最好的货币政策是保持通胀稳定和降低产出缺口。四位美国学者（Coibion et al.，2017）的实证研究表明，至少就美国而言，紧缩货币政策总体上会加剧劳动收入、总收入、消费和总支出等多个角度的不平等，宽松货币政策则会缓解不平等。他们验证了收入异质化假说，即紧缩货币政策会降低收入分配最底层群体的劳动收入，增加高收入群体的收入。美国的经验未必适用于其他国家，货币政策对收入和财富分配的影响在不同国家也会有不同表现。采取宽松货币政策至少短期内有利于改善劳动力市场和增加低收入群体收入，有利于提升股票和房地产资产价格和资本回报，有利于债务人，至于是改善还是恶化收入和财富分配则要看各国的劳动力市场状况、收入和财富分配格局等。货币政策对收入和财富分配的影响更多是周期意义上的短期影响而非长期影响。

结合中国的情况看，张斌、董丰、魏薇和邹静娴（2022）的研究发现，信贷增长总体而言缩小了家庭收入不平等。信贷增长提高了中低收入群体的劳动时间和劳动收入，缩小了劳动收入不平等。中国家庭的非货币金融资产比例较低，高收入家庭也不例外，且大部分家庭难以从金融资产交易中获利，信贷增长对金融资产不平等的影响不显著。信贷增长带来了各个收入组的房产价值上涨，高收入家庭房产价值上涨的幅度高于中低收入家庭，房价上涨扩大了不同收入家庭持有的房产价值差距。

3. 宽松货币政策与僵尸企业和生产效率

宽松货币政策降低了企业融资成本，改善了企业的融资可得性。有学者担心这可能会导致银行持续给过去有信贷关系的低效率企业贷款，不利于经济结构调整和未来的经济复苏。阿查亚等人（Acharya et al.，2019）认为，欧洲央行2012年采取直接货币交易（Outright Monetary Transactions，OMT）项目以后，欧元区边缘国家的银行被变相地补充了资本，银行增加了对过去有信贷关系的低效率企业的贷款，这并没有带来投资和就业增加。相反，因为信贷资源配置被扭曲，大量僵尸企业的存在不利于那些值得信赖的企业，进而不利于经济复苏。

针对这种观点，加格农（Gagnon，2020）认为，如果经济运行不低于潜在产出水平，上述对僵尸企业的批评成立；而当经济运行低于潜在产出水平时，造成了更多僵尸企业的出现，僵尸企业的存在不是原因而是结果。另一种批评观点认为，经济周期下行阶段破产的未必都是低效率企业，而可能是小企业和新企业，因此宽松货币政策挽救的未必都是低效率企业。与此相关的证据来自巴登－富勒（Baden-Fuller，1989）[20] 的研究，他以英国20世纪80年代钢铁铸件企业的破产案为例，发现工厂是否关闭并非只是因为盈利状况，企业经营的多元化程度、融资可得性等其他众多因素也会影响企业是否关闭工厂。多元化经营和有更强融资可得性的企业即便面临正现金流，盈利状况并不十分糟糕也更倾向于关闭工厂；而非多元化经营的企业即便现金流为负，盈利状况糟糕，也不愿意关闭工厂。考虑到新企业和小企业面临更弱的融资可得性和更低的企业储蓄，宽松货币政策挽救的并不一定都是利润最差的企业。

对宽松货币政策的另一种批评意见是发达国家面临深层次的问题，比如生产率增速放缓、企业资产负债表恶化、收入分配恶化、人口年龄结构老化、债务负担过重等，需要结构改革政策才能解决这些问题，单靠货币政策不能解决。这种批评意见实际上混淆了总需求管理、结构改革和社会公正三类不同的问题。针对这三类不同的问题，分别有不同的应对政策工具，比如总需求管理政策工具主要包括货币和财政政策；结构改革政策工具包括贸易、产业、基础设施建设等众多政策；实现社会公正的政策工具包括累进税、社会福利、社会转移支付等。

在实践中，结构改革政策和收入分配政策往往会因遇到巨大政治阻力而难以实施，（至少在短期内）很难做到改善资源配置效率和优化收入分配。宽松货币政策成为应对经济困局的重要手段，这引起了过度依赖宽松货币政策的担心。从历史经验看，如果货币政策对经济下行没有做出充分反应，经济糟糕到非常严重的程度，国内政治压力也会大增，有些情况下会逼出大的结构改革政策，比如20世纪30年代大萧条期间美国出台了大量结构改革政策，完善了经济制度，推动了后来的美国经济持续增长。在有些情况下，逼出的不是经济结构改革，而是动荡和战争，或者经济长期一蹶不振。货币政策不对经济下行做

⑳ Baden-Fuller, C., 1989. "Exits from declining industries and the case of steel castings". *Economic Journal* 99, 949－961.

出充分反应，试图通过持续的经济低迷甚至经济衰退倒逼结构改革是非常危险的做法。

四、结论性评述

在新冠疫情、俄乌冲突、房地产市场剧烈调整等多重因素影响下，我国经济已经连续三年低于潜在经济增速。尽快摆脱经济低迷局面，提高产出和就业水平是当前宏观经济政策的首要任务。货币政策是世界各国应对经济低迷局面的首选政策工具。在我国过去几年的货币政策操作当中，一直面临着各种各样的困扰和担心，货币政策在应对经济下行方面也较为谨慎。尽管本轮经济下行幅度和长度远远超过 2015 年前后的经济下行，但是货币政策利率的下行幅度远低于 2015 年。

本文立足于货币政策研究的学术历史，梳理对货币政策作用机制的认识，并结合相关实证数据，分析了货币政策在当前经济环境下能在多大程度上发挥扩大总需求的作用，而后逐一讨论货币政策的副作用。我们发现，总体而言宽松货币政策在对抗经济周期下行方面能够发挥重要作用，我国应该采取更加积极的货币政策应对当前经济低迷的局面。货币政策的作用机制不只是通过利率下行减少投资成本，还包括改变市场流动性和风险溢价，强化企业、居民和政府的资产负债表进而增加其支出，以及刺激货币贬值提高出口。仅仅通过改善现金流渠道，降低政策利率 100 个基点，就能显著提高居民、企业和政府净现金流，拉动 1.2 个百分点的名义 GDP 增速。对宽松货币政策各种副作用的担心并不全都能成立。宽松货币政策可能会增加金融不稳定性，但是解决问题的出发点不是放弃宽松货币政策，而是完善金融监管政策。宽松货币政策会恶化收入和财富分配的说法没有得到国外和国内实证研究的支持。宽松货币政策增加僵尸企业和延缓优胜劣汰的看法仍存有争议，僵尸企业的产生可能来自经济周期下行，而在经济周期下行中被淘汰的未必是低效率企业，宽松货币政策未必会恶化经济结构。

图书在版编目（CIP）数据

比较.第 124 辑 / 吴敬琏主编 . -- 北京：中信出版
社，2023.2

ISBN 978-7-5217-5088-1

I. ①比… II. ①吴… III. ①比较经济学 IV.
① F064.2

中国版本图书馆 CIP 数据核字 (2022) 第 251885 号

比较·第 124 辑

主　编：吴敬琏

策划者：《比较》编辑室

出版者：中信出版集团股份有限公司

经销者：中信出版集团股份有限公司＋财新传媒有限公司

承印者：北京华联印刷有限公司

开　本：787mm×1092mm 1/16　　印　张：14.5　字　数：240 千字

版　次：2023 年 2 月第 1 版　　印　次：2023 年 2 月第 1 次印刷

书　号：ISBN 978-7-5217-5088-1

定　价：58.00 元